Social Psychology

社会心理学
臨床心理学との接点

川俣甲子夫 編著

渡邊席子・栗林克匡・中野 星・本間芳文・佐々木淑子・扇子佐紀子

八千代出版

執筆者一覧（掲載順）

渡邊　席子　（北海道武蔵女子短期大学）　　　　　第1章・第3章
栗林　克匡　（北星学園大学社会福祉学部）　　　　第2章・第6章①②
川俣甲子夫　（札幌国際大学人文学部）　　　　　　第4章・第5章
中野　星　　（札幌国際大学人文学部）　　　　　　第6章③④・第7章
本間　芳文　（札幌国際大学人文学部）　　　　　　第8章：事例1・7
佐々木淑子　（札幌国際大学人文学部）　　　　　　第8章：事例2・5・8
扇子佐紀子　（札幌国際大学人文学部）　　　　　　第8章：事例3・4・6

目　次

序　章　なぜ社会心理学と臨床心理学が出会うのか …………………1
　1　人は世界をどのように理解するのか　1
　2　臨床心理学の目指すものは個人の適応　2
　3　社会心理学は個人が機能する基礎となる条件を検証する　3
　4　社会心理学はどんな学問か　4
　5　社会心理学の目標　5
　6　社会心理学と臨床心理学　6

第Ⅰ部　社会的行動

第1章　社会的行動と性格 ……………………………………………11
　1　社会化と発達　11
　2　文化または社会が異なることによる行動の違い　16
　3　性格と適応　20

第2章　社会の中の自己と他者との関わり …………………………29
　1　原因帰属　29
　2　自己開示と自己呈示　34
　3　ソーシャル・サポート　44

第3章　集団と個人 ……………………………………………………49
　1　集団の圧力・リーダーシップ　49
　2　態度・態度変容　55
　3　社会的比較・個人の自己確認　62

第Ⅱ部 社会と自己

第4章 社会的な自己 …………………………………………………… 69
1. 自己（自己意識／自己概念） *69*
2. 役割行動 *84*

第5章 自己認知と対人関係 …………………………………………… 93
1. 自己認知と対人行動 *93*
2. 対人影響過程 *106*
3. 抑うつと自己 *113*

第6章 社会的スキル …………………………………………………… 123
1. 社会的スキルとは *123*
2. 社会的スキルの欠如がもたらす不適応 *127*
3. 社会的スキル・トレーニングとグループワーク *129*
4. 体験学習の実際 *132*

第Ⅲ部 社会と臨床心理

第7章 臨床心理学の視点 ……………………………………………… 149
1. 臨床心理学とは何か *149*
2. 臨床心理士の働く機関 *152*
3. 心理療法とカウンセリング *152*
4. 心理アセスメント *157*
5. 心理アセスメントを心理療法・カウンセリングに生かす *165*
6. 社会心理学と臨床心理学との接点を求めて *167*

第8章 臨床心理学の実践 ……………………………………………… 171
事例1 社会化の第一歩としてのしつけ *171*
事例2 ライフイベントを乗り越える *180*
事例3 自己開示と不適応 *188*
事例4 リーダーとして生きる辛さ *195*
事例5 態度変容への介入 *202*

事例6　自我同一性の模索　*209*
事例7　青年期の自尊感情　*216*
事例8　社会的スキルの育成　*223*

引用文献　*231*
索　　引　*241*

序章
なぜ社会心理学と臨床心理学が出会うのか

1　人は世界をどのように理解するのか

　動物園でゴリラの飼育場に誤って落ちてしまった少年の救出劇を報じたイギリスのテレビ放送を見たことがあるだろうか。有名な事件だったので覚えている人もいると思う。少年が，ゴリラの飼育場と観客を隔てている壁の向こう側に落ちてしまった。少年は溝の中に横たわって気を失っているようで，動く気配を全く見せない。たまたま居合わせた大人たちもただ見守るほかに方法がなく，専門家の駆けつけるのを待っているばかりであった。
　このとき，1頭の大きなゴリラが近づき，気を失って横たわる少年をのぞき込み，そっと指でつついてその場に座ったのだ。大きなゴリラは2匹の小さめのゴリラが近づいてくるとそれを追い払い，ちょっと離れて興味津々で見ているほかのゴリラの視線を遮るように体を移動した。動物園のレスキューが到着し，少年を運び出すクルーが飼育場内に入ると，大きなゴリラは仲間の猿を檻の中に促し，自らも檻に待避した。
　なぜか人間は動物園でゴリラに惹かれるようである。しかしこのときばかりは，あの大きなゴリラが近づくのを見て人々は恐怖を感じた。ところで，ゴリラはなぜ倒れている少年をのぞき込んだり，指先で触れたりしたのだろう。ゴリラが近づいてくるほかのゴリラを追い払い，視線を遮ったりしたのはなぜだろう。人間が少年の救助のために飼育場に入ったときに，おとなしく仲間を引き連れて檻に戻ったのはどうしてだろう。またそれがなぜ，見守る人たちを驚かせたのだろう。そしてさらに，私たちは「いやぁ，ゴリラって，見かけとは違ってとっても優しいんだね，あのボスゴリラは仲間をよく

統率していたし，慎重だし，知的だね」などと感じるのはなぜだろう。

2　臨床心理学の目指すものは個人の適応

　心理学の目標は人間の行動を理解し調整することである。この場合の「人間」は時々曖昧になる。たとえばハトやネズミを研究の対象とした心理学者や，イヌの行動を研究した心理学者もいる。理屈はともかく，動物園のゴリラが予想に反して優しく親切に思えたり，心の友ともいえるペットを多くの人たちが持つことができることは誰もが認めるところだと思う。心理学は生き物に共通する心の機能を研究し，理解し調整する学問である。

　心の機能はあなたと私で全く同じなのだろうか。心理学の有名なエピソードに「ベッセルの個人差方程式」の発見がある。望遠鏡を覗いて，星の通過を報告する作業をすると，同じ現象の観察をしても報告される時間は個人によって多少違いがあるという。このことに注目したベッセル（Bessel, F. W.）は，個人別の補正式を考え出した。心の働きは，同じ条件でも一人ひとり違った結果になることを示すこの研究は，数学的工夫や，さまざまな実験を経て，個人差を研究する心理学を生み，ビネー（Binet, A.）やキャッテル（Cattel, J. M.）の心理検査に関する研究に受け継がれ，個人差や個性の研究に到達した。

　臨床心理学はちょっと事情が違う。本書の第Ⅲ部で説明されるが，臨床心理学は「心理的に障害を持った人の保健」を目的にしている。この定義の重要な点は，心理的障害は心理的機能の正常さが基準になるということである。この正常さが基準となることで，健康の増進の具体的な内容を決めることができる。森で発見され捕獲のために人に追い回されたゴリラが，凶暴で攻撃的な行動を示したことは，健康な証拠だったと考えられる。もしも，ゴリラの正常な心理的な機能が，常に侵入者を力ずくで排除することであるならば，ニュースになった動物園のゴリラはちょっと心理的に問題があることになってしまう。このように人間の心理的機能の基準がどのように状況に依存して

理解されるのかは特に臨床心理学では重大な問題になるのである。

3 社会心理学は個人が機能する基礎となる条件を検証する

　一方，社会心理学の目指すものは何であろうか。少し恐ろしい例で恐縮だが，生物学の授業で「脊髄カエル」の実験を見たことがあると思う。どんな実験かを簡単に振り返ってみたい。まず，カエルに麻酔をしてから，口に鋏をくわえさせる形でカエルの頭部を切り落とす。この手術で，カエルの中枢神経系は脊髄部分を残して，脳（大脳，小脳，延髄など）が取り除かれる。したがって，この手術を受けると脳が関連する高等な行動（考えたり，判断したり，見たり，聞いたりなど）ができなくなる。その後で，このカエルを垂直に吊り下げた状態に保ち，下肢に虫ピンを刺したり，足先を強い酸に浸す。するとこのカエルは，脳を欠いているにもかかわらず，刺激された足をピクリと引っ込めるのだ。

　動物の危険を回避する行動（有害刺激を回避する反射）は高次の神経系の活動を必要としないのである。見慣れないものや，なじみのないものに遭遇したときに，その刺激を回避することを自動的に実行すると考えるならば，見知らぬ少年が突然柵の中に侵入したときに，もしかすると，ゴリラはその大きな手で掴み上げて放り投げたり，叩き潰したりしてしまうかもしれない。しかし現実はそんなに単純ではなさそうだ。実際，あの動物園のゴリラは，仲間のゴリラが好奇心から近づくのを押し止めたり，少年が意識を取り戻し，周囲を見渡し，驚いて泣き叫び始めると，速やかに少年から遠くに離れて，少年に背中を向けて座るのだ。

　脊髄カエルは極端な例だが，心理学は人間や動物に共通する行動の基本原則を明らかにするものである。メトロノームの音を聞きながら，肉を与えられたイヌは，メトロノームの音を聞くとどんなときでも唾液を流し始める。しかし，同じことを人間にあてはめると少し話は変わる。幼稚園の子供たちにお絵かきをさせるのに，絵を描くたびにご褒美を与えると，ご褒美がなく

なるとたちまち絵を描かなくなるという研究がある。心を統制する基本原則に則ってさまざまな行動は準備されるが、人間の人間らしい行動は、生活の場面によって大きく変わる。生活の実際的な場面で、つまり周囲に人間がいる、または他人の影響下で起きる行動を解明する心理学が社会心理学である。

4 社会心理学はどんな学問か

「都会のネズミと田舎のネズミのお話」を聞いたことがあるだろうか。都会のネズミが田舎のネズミを訪ねていくと、たちまち田舎のネズミたちの間で大変評判になり、物珍しさに、あちこちで見物客が来るほどだった。そこで田舎のネズミのある研究者が都会のネズミを研究することになったと考えてほしい。都会のネズミの鼻には電気の知覚機能があるとか、さまざまな研究結果が出たが、都会のネズミの行動についてはどうしてもわからない部分がある。都会のネズミは自分以外の都会のネズミとどんな暮らしをしているかということである。他人と一緒にいるときにどんな感情を持ち、どんな振る舞いをし、どんなことを好むのかなど、お客のたった1匹の都会のネズミでは研究しようがない。

もし、2匹以上いるのならば、彼らの行動を予想し、実験し、結果を確認して説明をすることができる。もしこのような研究が可能であるならば、すべての都会のネズミの行動を予想することができる。もちろんこのような都会のネズミの行動特性に関する研究は、都会のネズミの集団を、駆り集めて都会のネズミの集団を造って実験することも考えられるが、実験に使われる都会のネズミは「人生」を失ってしまう。そこで、田舎のネズミは、都会のネズミの社会を訪れて、野外調査を展開することになる。さまざまな質問を用意し、生活場面での行動を観察し、仮説を導いて検証することになる。このような実証的な研究を通して、田舎のネズミの研究者は、都会のネズミの行動に対する質問に、いつでも答えることができるようになるのである。

もちろん、社会心理学は常に異なる文化の比較を前提とするものではなく、

同一の文化内での人間の行動を研究することが多い。しかし「文化や状況に規制された行動」を解明することは同じである。

5 社会心理学の目標

　社会心理学の研究はどんなことを説明できるのだろうか。社会生活で感じるストレス，健康問題，個人の評価・好き嫌い，消費者としての行動，セールス技術の訓練，広告やマーケティング，政策決定や投票分析，暴力問題や，司法や医療に関する正義，都市問題，環境保護や，公害問題，文化衝突や交渉等々，ありとあらゆる生活の場面で社会心理学の成果が活用される。
　現実に応用される場面をあげればこのように際限がないとも思えるような広がりを持つ社会心理学だが，基本となる領域は大まかに3つに分けて考えることができる。
　第1番目は集団・グループの中で起きるさまざまな心理学的問題である。社会的な葛藤，権力や服従，偏見，集団での意思決定など，国際間の紛争から，お隣同士の不仲までさまざまな問題が集団の機能を通して出現する。第2番目は，個人間のつきあいの中で起きる問題である。相手に影響を与える，相手を選択する，嫌う，排除する，暴力を振るうなどはこの中に含まれる問題である。さらに自分の危険を顧みない援助行動や，協力行動なども研究対象である。日常生活は何らかの意味で常に対人関係の中に存在している。攻撃や侵略も，相手に魅惑されることや結婚や恋愛も研究対象になる。第3番目は，個人の問題である。ストレスの感じやすさや心身の健康などは個人の問題に入る。さらに，個人がどのように自分の周囲を理解し意味を発見するのか，目の前の問題に対してどのように振る舞う傾向があるのか，自分自身をどのような人間だと感じているのかといった問題が含まれる。

6 社会心理学と臨床心理学

　この本では，臨床心理学と社会心理学を関連させて学んでみようと考えている。もちろんすべての問題を取り上げて，展開することは不可能である。そこで，第Ⅰ部では社会的行動の発達と集団の問題を取り上げ，このような場面が関連していると考えられる臨床心理的事例を第Ⅲ部で紹介する。人間は，生まれたときからすべての機能を発揮できるようになってはいない。むしろ，生理的な意味では，十分に準備ができないまま生まれると言われている。もちろんこのことはすばらしいことで，人間のさまざまな可能性を保証する妙手なのである。それだけに，一人前になるまでの，訓練と援助が重要になる。他人との関係と協調を身につけ，活用し，緊密な集団の中で一人ひとりがどのように振る舞う方法を早い時期に学ばなければならない。この学ぶべき項目を列挙すると次のようになる。社会化と発達，文化，性格，原因帰属，自己開示，ソーシャル・サポート，集団と個人，態度と態度変容，社会的比較などである。個人の性格などは生まれつきであると考えるよりは，社会的な生活の中で形成され，集団の中で他人と関係することで行動の規範を決めていくものなのである。

　第Ⅱ部では，個人と社会的な相互関係が中心になる。周囲に適応して，トラブルを起こさないことは，心身の健康のために大切なことである。しかし，すべてがお隣と同じ生活は耐えられないであろう。また，自分自身では何も決めることができず，すべて周囲に従う生活も考えられない。「私は私だ！ほっといてくれ」とつぶやいたことは誰でもあるだろう。でも「自分ってなんだろう」とか，「これから何をすればいいのかわからない」とか，「本当に自分はダメな人間だ！」などの悩みを誰でも感じたことがあると思う。自分自身がこんな人なのだという確信はどのように造られるのだろう。また，対人関係を通して，自分を確認し，訓練し，自分で援助したりすることがどのように可能なのだろうか。このような問題を第Ⅱ部で取り上げ，さらに関連する臨床心理的事例を第Ⅲ部で紹介する。ここでは自己のイメージや概念を

どのように形成するかが中心課題になる。自己意識，役割行動，自己認知の過程の理解をもとに，対人行動，対人影響過程，社会的スキルについて理解を進める。

　第Ⅲ部では第Ⅰ部，第Ⅱ部と関連する臨床心理学的事例をあげて，社会心理学との関連を具体的に考えていく。

第Ⅰ部

社会的行動

第1章

緒言及び目的

第1章

社会的行動と性格

　人は，社会に生まれ出でたときより己を取り巻く多種多様な環境からの影響を受け，常に新しい知識やスキルを身につけ，さまざまな内面的特性や行動様式を獲得し，成長してゆく存在である。この章では，個々の人間がいかにして環境からの影響を受け，いかにして社会に適応して生きていくのかについて，「社会化と発達」「文化または社会が異なることによる行動の違い」「性格と適応」という3つの観点から議論しつつ，人間と社会，文化との関係について考察する。

1　社会化と発達

　我々は自身を取り巻く環境からの影響を受け，変化し続ける存在である。成長するに従って徐々に広がりゆく人間関係の中で多様なことがらを学び取り，内在化することによって，自分たちが所属する社会集団に適応しようとする試みは，社会的生物であるところの人間にとって必要不可欠である。

　物心がついた頃からの自分自身の経験を振り返ってみれば，自分がたどってきた社会への適応の道筋をごく容易に実感することができるだろう。最初は家族という最小規模の集団に所属しているが，年齢を経て行動範囲が広がるにつれて社会関係も外へと開かれてゆく。保育園や幼稚園に通う年齢になると，同世代の子供たちとの共同生活という新しい対人関係課題にいやおうなしに取り組まなければならなくなり，集団の中での立ち回り方をまさに実地で身につけることになる。そして，自らを取り巻く環境が複雑になればなるほど，その環境で生きていくために必要とされるものもまた多様化してい

くことになる。

　以下，我々を取り巻く社会関係の複雑化，多様化に伴い，我々が適応的に生きていくために必要なことがらを獲得していくプロセスについて眺めてみよう。

1) しつけの意味

　幼かった頃のことを思い出していただきたい。望ましい行動をとって褒められ，望ましくない行動をとって叱られる経験を繰り返しながら，我々は成長してきたはずである。たとえば，欲しいものがあっても泣いたり駄々をこねたりせずにぐっと我慢したとき，両親から褒められた経験を持つ人は多いのではないだろうか。逆に，欲しいものを買ってもらえるまで店の真ん中で泣きじゃくり，両親から叱られた経験を持つ人もいるのではないだろうか。

　これは，いわゆる一般家庭におけるしつけの部類に入るものである。幼い子供に「いつ何時も自分の思うとおりに物事が進むわけがない。そうやってみなが我を貫くことに固執し，己にとって利益になることばかりを追求していては社会など成り立つ道理もない。ときには自分の欲求を取り下げ，忍耐を学ぶことも必要なのだ」と言ったところで，子供はその意味するところを正確に理解し，素直に言うことをきくだろうか。しつけの初期の段階において論理的に物事を理解させるのが難しいのならば，より容易に理解できる方法をとることが必要である。たとえば，望ましいことをしたならばアメ（＝物理的・非物理的褒美）がもらえるから望ましい行動をとり，望ましくないことをしたならばムチ（＝物理的・非物理的罰）を受けてしまうのだから望ましくない行動は控えるという単純な図式ならば，子供は，ある状況における自分の行動とその行動が導く結果の間にある因果関係を容易に理解できるだろう。無論，最終的には，アメとムチがなくとも，それが人間として大切なことだからする・しないのレベルに到達することが望ましいのは言うまでもない。

　以上のような考え方は，学習心理学の分野で多岐にわたって研究が行われ

ているオペラント条件づけの議論とも共通するものである。オペラント条件づけの詳細については学習心理学の教科書を参考にしていただくことにし，ここでは最低限，（アメやムチでコントロールすることそれ自体をよしとするかどうかの判断は別問題として）我々の行動が褒美や罰の力を借りてコントロールされうるのだということを理解したうえで，次の議論に移りたい。

2) 人のふり見て我がふり直せ

　こうして子供は，望ましい行動を頻発し，望ましくない行動を抑制した方が自分にとってよい結果をもたらすことを理解し，この図式に沿って新たな行動を学び取ったり，身につけるべきではない行動を回避するようになる。長ずるに従い，人は幼少時に親に教わったしつけという名の基本軸を自らの直接経験で肉づけし，自分が所属する社会集団で生きていくために必要なルールとして内在化していく。その社会集団で生きていくために必要な知識やスキルの基本的骨組みを子供に与える意味で，家庭でのしつけは大変重要なものである。

　さらに，我々が必要なことがらを学び取る術は，しつけのような直接的プロセスに限らない。他者の様子を見て，それに倣うことによって学び取ることも多々あるだろう。こういった間接的なプロセスは一般に，モデルとなる他者を見て，そこから行動を学び取る意味で「観察学習」と呼ばれている。

　先に出した例についてもう一度考えてみよう。デパートに行ったとき，大声で泣きながら駄々をこねている子供と，その子供を叱っている親の姿を第三者として目撃したならば，直接自分が経験しなくても，そのような行動をとったときは親に叱られるのだということを理解できる。また，周りの人々が呆れたような顔をしながら，あるいはみっともないと笑いながら通り過ぎていくのを見て，公共の場で駄々をこねて泣けば，他者からの失笑をかうのだと知るだろう。そして，その後同じような状況に直面したとき，第三者として経験したことを自らの直接経験に応用し，駄々をこねて恥をかくか，ぐっと我慢するか，いずれが自分にとってより望ましい結果をもたらす行動な

のかを考えたうえで，自分のなすべき行動を決定することができるようになるだろう。

　観察学習に関する代表的な研究としては，バンデューラによる子供を対象とした実験研究をあげることができる（Bandura, 1965）。バンデューラは実験に参加した子供たちを3つのグループに分け，第1のグループには攻撃行動をしたモデルがその攻撃に対して罰を受けるフィルムを，第2のグループには攻撃行動をしたモデルが報酬を受けるフィルムを，第3のグループには攻撃行動をしたモデルは罰も報酬も受けないフィルムをそれぞれ見せた。その後，子供たちを自由に遊ばせて様子を観察したところ，罰を受けたモデルを見た子供たちは，他のグループの子供に比べて攻撃的な行動を起こさなかったという。この結果は，攻撃行動をしたならば罰を受けてしまうことを子供がモデルから学び取った可能性を示唆している。

　加えてバンデューラは，フィルムの中で攻撃行動をとっているモデルを積極的にまねるよう子供たちを促し，遊びの中で攻撃的な行動が出現するかどうかをチェックした。すると，どのフィルムを見た子供たちも，モデルの攻撃行動を進んでまねたのだという。つまり，罰が与えられたモデルを見れば子供たちの実際の攻撃行動は抑制されやすくなるが，これは攻撃行動を観察学習できなくなるということと同義ではない。実際にモデルと同じ行動をするかどうかには罰の有無が関係しているが，見ただけで何かを学び取る学習過程そのものは，どのフィルムを見た子供でも成立してしまうのである。もし，この可能性が無視できないほど大きなものだとしたら，厄介な問題が起こるかもしれない。というのは，それが社会的に有害だとみなされる行動であったとしてもまねることなら可能であるし，さらに，攻撃行動に対する罰を受けずに済む場合は行動を抑制する枷がなくなり，実際に攻撃行動が発生する可能性が高まってしまうかもしれないからである。

　観察学習に関わる議論をするときには，テレビ，ビデオ，ゲーム，映画などの影響についての議論も合わせて出てくることが多い。苦情が多々寄せられ，問題があると判断されたテレビ番組が突如打ち切りになったり，過激な

表現が用いられているとみなされた映画やビデオ，ゲームなどに年齢制限が設けられるのも，善悪判断の価値基準が完全に確立していない年若い者たちがそれらをまねた行動を実際にとったり，あるいは将来的に暴力的な特性を強く有する人間に成長することを大人たちが危惧しているからであろう。

では実際のところ，過激な描写を含む映像はどれほどまで人間に影響を与えうるものなのだろうか。暴力的映像が人間の暴力的行動を実際に誘発する可能性を示した研究は，過去に数多く行われている。たとえばドナースタインやバーコビッツが関わった実験研究によれば，性的な暴力（女性へのレイプ）を扱ったフィルムは，男性の対女性暴力性をより増長させる可能性があるという（Donnerstein, 1980：Donnerstein & Berkowitz, 1981）。また最近では，湯川ら（2001）が，他者から挑発を受け，さらに暴力的な映像を見ることによってネガティブな感情が引き起こされ，攻撃行動が誘発される可能性を実験によって示している。非常に陰うつな予測を立てるならば，暴力的な映像を長期的に，かつ頻繁に目にする人間が暴力的に振る舞うことを学び取り，自己正当化し，ふとしたとき（たまたまむしゃくしゃしたときなど）に実際に暴力的な行動を起こす可能性が全くないとは言えないのである。

ずいぶんとマイナスの意味合いの強いことを述べてしまったが，筆者は，人間が観察学習によって必ず望ましくない行動をまねてしまうのだと結論づけたいわけではない。むしろ筆者は，なぜ人間が観察学習という機能を身につけているのか，その理由を問うことが重要であると考える。端的に言えば，観察学習をすることが人間にとって役に立つからこそ，人間はこの機能を有するようになったのである。観察学習が人間にとって問題ばかりをもたらし，観察学習を行った人間に対して不利な結果を導くものならば，そもそもこういった機能を維持している意味がわからなくなってしまう。

観察学習は，困った問題を誘発する可能性をたしかに有している。だが，それと同等以上のメリットを持つのも確かである。観察学習の存在に関して合理的基盤があるとすれば，コスト削減とリスク回避を筆頭に上げることができるだろう。すべての行動を直接的なプロセスによって身につけるのは，

事実上不可能である。なぜなら，後天的に培われる行動を身につけるために直接的なプロセスだけを用いていたのでは，労力も時間もかかりすぎるからである。何より，ある行動をとることによってアメがもらえるかムチを食らうか，すべて自らが直接経験して確かめる場合，それがアメなら問題ないが，とてつもないムチであるかもしれないというリスクを常に背負わなければならない。あえてリスクを負う可能性のある行動をとるよりは，誰かの行動を観察し，その結果を知ったうえで回避できるリスクは事前に回避した方がよほど効率的ではないだろうか。

2　文化または社会が異なることによる行動の違い

　手近なところに辞書があるなら，ためしに「文化」の意味を調べて欲しい。おそらく，微妙な表現の差はあれども，文化とは人間が作り出したもの一般であると定義されているだろう。次に「社会」の意味を調べてみよう。こちらも微妙な表現の差はあっても，世の中，他者一般であると定義されているのではないだろうか。研究者の立場や見解によって学術的な定義もまた微妙に異なるが，非常に単純に考えれば，文化も社会も，いずれも個人を取り巻き，個人と密接に関係する環境，あるいは環境を形づくる一要因として定義可能である。

　この意味から言うと，先にあげたしつけや観察学習は，我々が，我々自身を取り巻く環境からたくさんのことを学ぶための手段であると考えられる。家庭も，第三者も，テレビに映った映像も，我々を取り巻く環境要因であり，また，我々を形づくる基礎を与えるものである。そして，これらの環境が異なれば当然，我々が学び取る内容もまた異なってくるだろう。

　次のトピックとして，我々が所属する社会集団や文化圏と我々自身との間にある関係を取り上げ，さらに議論を深めてゆこう。

1) 社会・文化の相違がもたらすもの

　異なる文化圏，異なる社会で生まれ育った人々の間には，容姿の相違のように目で見てわかる単純なものだけでなく，内面・行動面・知覚の様式にも何か違いがあるように思える。

　福井（1991）はその著書『認識と文化』の中で，エチオピア南西部に暮らすボディという民族とともに過ごすうち，彼らが驚くほど豊かで詳細な色彩感覚を持ち，かつ，その色彩分類がきわめて構造的であることに気づいた。福井によれば，ボディ社会では非常に大切に扱われ，生活の糧として，ときにそれ以上の神聖な役割を果たすものとして奉られているウシに関してはとりわけ，色はもちろん模様についても細かな分類がなされているのだという。

　渡辺（2002）は著書『異文化と関わる心理学』の中で，自身がフィリピンに滞在していたときの一エピソードについて語っている。彼が親しい現地の友人に土産を渡したところ，「これはいい」「すてきだ」などのプラスの反応は返ってくるものの，「ありがとう」との礼の言葉だけはついぞ聞くことができなかったという。後になって，日本では親しき中にも礼儀ありとの言葉どおり，どんなに親しい間柄であっても，よくしてもらったなら態度や言葉で感謝の意を表すのが当然であるが，フィリピンにおいては，親しい間にありながら改まった礼の言葉を発するのは他人行儀だとみなされることを知ったのだという。つまり，その友人が礼を言わなかったのは，親しい友人同士であると認識していたからであり，決して非礼をはたらいたわけではなかったのだ。

　上の2つの例は，ある文化圏や社会にもともと所属していなかった者の目から見た，その文化圏・社会における特異な点を示した例である。特異な点を詳細に記述し，さらに他文化圏と比較分析することもまた，学術的に大変重要な意味を持っている。比較を行えば，自文化圏・社会と他文化圏・社会の相違点がより明確に現れてくるだろう。

　たとえば東と唐澤（1988）は，日本人とアメリカ人の道徳的価値基準の相違に関する研究を行っている。結論として得られたのは，ある人物の行動に

道徳的逸脱があるかどうかを判断するために着目する情報の質が，日本人とアメリカ人とでは異なっている可能性である。日本人は判断対象となる行為をした本人の内情（気持ちや人格など）についての情報により着目するが，アメリカ人は本人の内情よりもむしろ客観的で第三者的なことがら（法に照らし合わせて罰せられるべきか，どれほど損害を与えたかなど）に照らし合わせて正しいと判断できるかどうかを重視している傾向が見られたのだという。

さらに，山岸を中心とした研究グループの一連の実験・調査研究では，日米には一般的信頼（他者一般に対する信頼感）に差が見られ，アメリカ人の方が高い一般的信頼を有していることが繰り返し示されている（Yamagishi, 1988：Yamagishi & Yamagishi, 1994）。経験的に考えると，人と人との結びつきを重視する日本人の方が他者をより信頼しているように思えるが，これらの調査は，経験的信念とは逆の結果，すなわち，アメリカ人の方が日本人よりも他者一般をより信頼している可能性を一貫して示していた。

上にあげた研究例すべてに共通するのは，ある人間が生まれ育った社会や，そこに存在する文化的要因が，その人間の持つ文化圏・社会に特有の知識やスキル，さまざまな内面的特性，行動様式と密接な関係を持っているという，至極当然の指摘である。

2) 環境と人間の交互作用

だがここで，ひとつの素朴な疑問が生じる。なぜ，文化や社会が異なると，そこに暮らす人間もまた異なった特性を持つのだろうか。ある文化や社会が，そこに生きる人間にある特定の特性を生じさせたのか。それとも，ある特定の特性を持つ人間がいるからこそ，ある文化や社会が生じたのか。人間と，文化・社会＝環境あるいは環境を形づくる要因との間にある因果関係をどのように捉えたらよいのだろうか。

我々は，自分が生まれ育った環境から多大な影響を受けて生きている。これは否定しようのない，確固たる，厳然たる事実である。しかし，よく考えてみて欲しい。今我々を取り巻く環境は，数年前とは様相を異にしているは

ずだ。10年前とも，20年前とも違うはずだ。ましてや，侍が闊歩していた時代，貴族が幅を利かせていた時代，呪術があたり前のように用いられていた時代とも違うのは明白である。では，なぜ環境は変化するのだろうか。環境を変化させたものは何なのだろうか。

　いずれかを原因，もう一方を結果と考えれば，議論をわかりやすく，かつ楽に進めることができる。どうして人々に違いがあるのか，それは文化が違うからだ，あるいは社会が違うからだと言えば，それで説明が完結するからである。ならば，なぜ多種多様な文化や社会が生まれるのか。それは，人間が存在し，それらの環境を生み出し，支えているからにほかならない。こうなってくると，人間と環境との間にある因果関係の矢印の向きは混沌そのもので，何が原因で何が結果なのかわからなくなってしまう。

　そこで，ひとつの解釈を紹介しよう。人間と環境の間には「鶏が先か，卵が先か」の謎解きのような関係が存在していると考えると，無理に因果を一方向だけに限らずとも，この問題について解釈を与えることが可能になる。むしろ，どちらがどちらを先に変えたのかはこの際あまり重要な問題ではない。いずれの要因もともに変化を与え合い，かつともに変化していることこそが重要なポイントであり，さらに，ともに変化し続ける人間と環境が「均衡を保って」今の状態を作り上げていることにこそ，大いなる意味がある。これが人間と環境の交互作用関係であり，実に社会心理学的なものの見方ではないかと筆者は考える。

　もう少し言葉を付け足してみよう。筆者の言葉を使って説明するなら，人間と環境との関係は，均衡状態となり，互いに切り崩せない「セット」のようなものであると言える（渡邊，2001）。人間と環境は互いが互いの原因であり結果であって，切り離して考えることができないほどの密接な結びつきを持っていると考えると，文化であろうと地域であろうと出身学校であろうと，それぞれの環境にはそこで生きていくために必要な知識や独特のスキル，さまざまな内面的特性，行動様式があり，それらが人々に内在化され，さらには，それらを内在化した人々自身がその環境を支える一要素となっているの

だと理解できるだろう。

　ボディの人々が豊かな色彩感覚を有するのも，フィリピンでは親しい友人には改まった礼を言わないのも，それがその環境にとって意味のある特性であり，そうした方がよりよく生きてゆける社会関係の中にいるからこその意味を持つ。日本人よりもアメリカ人の方が客観的事実に敏感で，他者一般を信頼する傾向が強いのも，アメリカ社会が日本社会に比べて，そのような傾向を持っていた方が有利な環境だからである。そして同時に，その環境において意味のある特性を持っている人々がその環境を作り，支えている。ここに，社会心理学ならではの，環境レベルと個人レベルの密接なリンケージを見てとることができるだろう。

3　性格と適応

　このように我々は，環境からの影響を受け，また環境にも影響を与えて生活をしながら適応的に生きる術を学び取っている。しかし，学び取ったことがらが，どのような場合にも適応的に機能するわけではない。今自身が学び取り，内在化した知識やスキル，さまざまな内面的特性，行動様式は，他の環境に転移したときにもまた同様の効果をもって完璧に役立つわけではない。ある環境に適応した個人が，突如として全く違う環境に放り出されたら，あるいはじわじわと変化してゆく環境に適応するのが遅れたら，いったい何が起こるのだろうか。

　この節では，性格と適応という2つのキーワードを，環境という第3のキーワードと結びつけて考察してゆく。これまでに繰り返し述べてきたように，我々の内面的特性は，我々が生きてきた環境と分かちがたい強い関係性を有している。筆者の研究上の立場である行動科学的観点から言うと，我々の行動を導き出す源となる性格，人格（パーソナリティ）など，さまざまな内面的特性を直接抽出することは困難である。そのため，目に見える範囲での行動的側面からの判断に頼るしかない。たとえば質問紙形式の調査やインタビュ

ーによって人の内面を推し量ろうとしても，結局はその人物の「書き記す」行動や「語る」行動が内面的特性を反映しているであろうと仮定したうえで，「書き記した」結果や，「語った」内容から内面を推測しているに過ぎない。よってこれ以後，内面そのものというよりは，内面が目に見える形で現れたものとしての行動に焦点を絞って議論を展開したい。

1) 異文化に適応する

　日本では一般に，人前で必要以上に己の能力や資質をひけらかすことなく，謙遜することが美徳であるとされる。あなたはとても頭のいい人ですね，と褒められたら，我々はとっさにどんな反応を示すだろう。「そうでしょうか？」「いやいや，そんなことはありませんよ」などと返すことはあるかもしれない。しかし，褒められたことそのものを即座に，何の逡巡もなく認めて，堂々と「ありがとう」と返事をすることはまずないだろう。ましてや，「やっぱりそう思いますか？　実は私もそう思っていました」などと返そうものなら相手にどんな印象を与えてしまうか，想像するまでもない。

　このように，内心では嬉しくても，その嬉しさを表現するのをためらう気持ちが，褒められたことに対して素直に喜びを示そうとする気持ちをブロックしてしまった経験を，我々は多少なりとも持っているだろう。では，なぜこうした反応をしてしまうのだろうか。第1の理由として，日本社会ではおくゆかしく，謙遜的であることが美徳であるとみなされ，かつ，そうあろうとする人々がいるからこそ，謙遜は美徳なりという共通見解が維持されている事実があげられる。先に人間と環境の間の密接なリンケージについて説明したように，我々自身と日本社会のあり方との間には，片方が他方の結果であり，かつ原因でもあるとの関係が成り立っている。この関係の中に埋め込まれ，謙遜的な振る舞いをし，そのような言動が望ましいとされる社会を自ら維持している我々日本人は，当然のことながら，謙遜的でない考え方が社会的に望ましいとはみなされないことをよく知っている。謙遜的に振る舞うことがよしとされる社会を謙遜的な人々が支え，そのような社会だからこそ

謙遜的であることが適応的であるという図式が存在していることを，暗黙のうちに我々は理解し，うまく立ち回っているのである。

しかし，おくゆかしくあることや謙遜することが，いかなる場合も美徳として通用するわけではない。突如として全く異なる環境に放り出されれば，あたり前だと，これが常識だと信じていたことがまるで通じなくなるかもしれない。環境が変われば，その環境に適応的とされる知識・スキル・特性もまた異なっているのだから，その環境に適応的な諸特性を有していなければ，混乱したり失敗したりするのもある意味やむをえないことである。

こういった例としては，いわゆるカルチャーショックをあげることができる。カルチャーショックについて考えるにあたり，これを擬似体験できるシミュレーションゲーム「バファバファ」(Shirts, 1977) を紹介しよう。オリジナルをアレンジしたさまざまなバージョンが存在しているようなので，ここではごく基本的なことのみ説明しておく。

参加者は α 国と β 国という架空の国の国民になるべく，それぞれの国に特有のルールを学び取る。α 国は身分制度のある社会だが，人と人とのつながりは密で，雰囲気は明るく楽しげである。また，何人たりとも決して破ってはならない決まりがある。これに対して β 国では貨幣経済が成り立っており，β 国民は β 語という独特の言語を用いて交流している。経済的に優位に立つことが優れた人間である証ゆえ，みな黙々と経済的活動にいそしんでいる。参加者が自分の国のルールを完全にマスターしたら，双方の国から大使を派遣し合う。大使となった参加者は相手側の国に数分間滞在し，相手の国の人々との交流を持ったのち，自国に帰る。そして，自分の目で見た異国の様子をみなに伝える。大使の派遣は数度にわたって行われ，ゲームは終了する。ゲーム終了後，全員が相手側の国に対してはもちろん，自分の国についてもどのように感じたかを討論し合う。

このゲームを通じて，参加者たちは，自分があたり前のものとして認識していたルールが通用しない異国に突然放り出されたとき，異国の環境に溶け込むことがいかに難しいかを擬似的に体験することができる。数年前，筆者

は専門学校生を対象に授業の一環としてこのゲームを行ったのだが,それぞれの国に所属する参加者は,他国に対してかなりの混乱を覚えていたようだ。たとえば,α国に派遣されたβ国所属のある学生は,それとは知らずにα国のタブーに触れ,α国の最高権力者によって国外追放されてしまったことを報告した。またβ国に派遣されたα国所属の学生は,入国したとたんにβ国の国民に詰め寄られ,入国の際に渡されていたβ国の通貨を奪われてしまったことを報告した。そのような報告を伝え聞いた参加者たちは,ゲーム終了後の討論にて,自分の国の方をもう一方の国よりも魅力的に感じ,もしも本当に国民として生活するならば,相手国よりも自分の国の方がよいと感想を述べていた。

　このゲームは,適応的に生きるために手に入れ,慣れ親しみ,強く内在化された自国のルール・常識がいかに大きな存在であるかを再確認させてくれる。驚いたことに,たった数十分のゲームの中で身につけた架空のルールですら,相応の影響力を持つのである。ならば,生まれてからずっと慣れ親しんできた環境から全く別の環境に移ったときに受ける実際のカルチャーショックがいかほどのものであるか,予測するのはきわめて容易であろう。我々が日本から海外へ留学,あるいは転勤した場合,逆に,海外出身者が日本に留学・転勤してきた場合などは,どんなに強いカルチャーショックを受けたとしても,仕事や勉学を放り出してすぐに帰国するわけにはいかない。何としてもそれを乗り越え,新たな知識やスキルを身につけることによって,新しい環境に適応していかなければならないのである。そのストレスたるや相当なものであることは想像にがたくない。

2) ライフイベントを乗り越える

　生来の知識やスキルを改めなければならなくなるのは,カルチャーショックに限ったことではない。我々は,一生を通じて何度か人生の転機に遭遇し,そのたびに新たな知識やスキルを内在化したり,あるいはこれまでに得たものをマイナーチェンジしなければならなくなる。この本を手にしているみな

さんもつい最近，大学に入るという転機を経験したばかりであろう。とりわけ，親元を離れて暮らし始めた人は，大きく変化した生活にストレスを感じたり，不安を覚えたりしているのではないだろうか。人生の転機と言えるさまざまなことがら，すなわちライフイベントは，程度の差こそあれどんな人にでも訪れる。そして我々は，これらの多様なライフイベントに直面し，それを乗り越えてゆくことによって新たな経験を積み上げ，蓄積されてきたこれまでの経験と統合し内在化して，複雑な知識やスキル，内面的特性，行動様式を手に入れ，よりよき生活を営んでいるのである。

まず，保育園や幼稚園にあがることで，家族を中心に生活していたそれまでの様相が一気に変化し，大勢の同年代の子供とともに過ごす時間を持つことになる。義務教育を終える中学3年次には，高校受験というイベントをこなし，高校3年次には大学受験というイベントを経て，みなさん自身を取り巻く人間関係も環境も大きく変わってきただろう。就職して社会に出たならば，同年代が中心だったそれまでの人間関係がまたもやがらりと変わるはずである。社会人として働いている間に人生のパートナーを見つけて結婚するかもしれないし，子供が生まれるかもしれない。仕事を途中で辞めるかもしれないし，転職するかもしれない。やがて子供は精神的にも経済的にも自立して巣立ってゆくであろうし，人生のパートナーたる配偶者を失くす人もいるだろう。定年を迎え，余生を静かに過ごす人もいれば，何らかの仕事をしながら過ごす人もいるかもしれない。以上のように，一生の間に起こりうるライフイベントには多様なものがある。この本は大学生向けであるから，受験というライフイベントを経て大学に入学し，卒業するまでの間を特に取り上げ，考えてみよう。

大学受験を終えて，大学生活というつかの間の自由を手に入れた学生は，親からは半分自立しているが，完全に自立しているわけではない。年齢的には大人とみなされるが，社会人として働き，社会人として相応の責任を担っているわけでもない。「学生なのだから許されるだろう」と「年齢はもう大人のだからしっかりしなければ」という相反する要素を持つ，いわば，「宙

ぶらりん」な時期である。また，大学入学時は目新しいことに夢中になっているが，やがて進路を決定するという現実的な問題に突き当たり，いったい自分は何をしたいのか，何になりたいのか，自分には何が向いているのか，「自分探し」をする時期でもある。

　大学生活を送る中で多くの人が直面するのは，これが本当に自分の望んでいた学生生活なのか，という懐疑であろう。もっと自由だと思っていたのに，実際には時間割や卒業要件単位に縛られており，授業は期待していたほど楽しくない。もっと楽しいことを見つけてそちらに生活のウェイトを移す人もいれば，本当に自分が望んでいることは何なのか，真剣に悩む人もいるに違いない。

　島田（2001）はその著書『大学授業の生態誌』の中で，授業中の私語や試験前のノートコピーの氾濫の様相を通じ，楽をして得をとろうとする現代の学生像を浮き彫りにしている。島田は，大学の単位は己の力で「獲得するもの」ではなく，友だちからノートを借りるなどして要領よく「かせぐもの」になっていると述べている。筆者自身もまた，今をうまく，楽に生きようとする学生に対して，それなりに思うところがある。たとえば，講義でやや難しい課題や宿題を出すとブーイングが起こったり，授業評価アンケートに文句が羅列される。このような状況を見るにつけ，今の学生が大学で学ぶことの意義をどう捉えているのか，わからなくなってくるというのが正直なところだ。しかし，だれた環境に「適応」して「要領よく生きて」いるのだとしたら，（それが良いか悪いかはさておき）「楽をして要領よく生きること」こそがその環境における適応的行動になってしまう。こういった雰囲気ができあがってしまうと，最初はやる気がある学生であっても，よほどの決意がない限りは，徐々に勉学熱が冷めてゆくのを防ぎきるのは難しいだろう。

　無論，すべての学生が要領よく，刹那主義的に生きているわけではない。目的を持って勉学にいそしみ，課外活動に熱心に取り組み，社会人予備軍として必要と思われる技能を身につけるために努力し，希望していた就職先の内定を見事取りつけたり，あるいは大学院に進んでさらに学問を深めようと

する学生も多々いる。だがその半面，勉強することに積極的な意味を見出せず，楽しいことに没頭し，学業が二の次になる学生もいる。あまりにも真剣に自分の進路について悩んだ結果，後にも先にも進めなくなり，大学に出てくることができなくなる学生もいる。進路決定までに紆余曲折があったにせよ，さまざまな経験を通じて，学生である間に自分探しをある程度完了し，己の生きる指針を自分なりに定めることができたならば，結果論としてその学生の大学時代は決して悪くなかったと言っていいだろう。問題なのは，自分とは何かという疑問をぐるぐると繰り返し，いつか何かやりたいことが見つかるだろうと思いながら日々を過ごしているうちに，次のライフイベントである就職に向けて具体的な活動をしなければならないタイムリミットを迎え，気ばかりが焦り，不安に潰されてしまう例である。

　藤井（1999）は，女子大学生を対象に，就職に関わる心配や戸惑いと精神的健康との関係について調査および分析を行った。その結果は，就職活動に対して過度な不安を抱くと，ストレスがたまったりうつ状態に陥るなど，精神的健康を害する可能性を示している。また榊（1997）は，心理的，社会的な弱点（コンプレックス）を指摘し，それを強く意識させ，何とかしたいと思わせる説得テクニックが，悪徳商法や悪質な自己啓発セミナーの勧誘手口に見られることを報告している。今のあなたでは到底就職することなどかなわない，もっともっと自分を磨いて明るく朗らかな人間になればよい結果を出せる，と言葉巧みに操られ，法外な料金をとることだけを目的とする悪質な自己啓発セミナーに足を踏み入れてしまった学生からの相談を，筆者自身も実際に受けたことがある。

　では，いかにしてこの時期を乗り切るべきなのかという議論に関して，筆者は唯一無二の絶対的な答えを持っていない。この章全体の内容を踏まえ，あくまでも社会心理学的，かつ行動科学的立場から言えるのは，閉塞状態に陥ったとき，自分の今の状況を環境のせいにしているだけでは何も変わらないということくらいだろう。環境の中にも，自分の中にも，状況を打破するためのヒントはいくらでも隠されている。環境と人間とは，そもそも表裏一

体の関係にある。そこにいる人間が変われば環境も変わる。環境が変わればまた人間とて変わる。この構造の存在に気づき，変えてくれるのを待つのではなく，自ら変えてみようと行動を起こせるかどうかにすべてはかかっているのだ。

●この章で読んで欲しい本

大渕憲一　1993『人を傷つける心：攻撃性の社会心理学』サイエンス社
→本章では一部しか紹介できなかった攻撃行動の学習や，メディアの影響の話をわかりやすくまとめてあることに加え，そもそもなぜ我々が攻撃するのかについても学べる本。

柏木惠子・北山 忍・東 洋　1997『文化心理学：理論と実証』東京大学出版会
→実にさまざまな切り口から「文化」を読み解き，学ぶことができる本。やや難解であるが，その分奥も深い。

溝上慎一編，串崎真志・田口真奈・谷本奈穂・橋本広信　2002『大学生論：戦後大学生論の系譜をふまえて』ナカニシヤ出版
→大学生が直面するさまざまな問題についてまとめ上げた本。客観的に「大学生」たる自分を見つめるヒントを与えてくれるだろう。

第2章
社会の中の自己と他者との関わり

1 原因帰属

1) 原因帰属とは

我々は，身のまわりに起こるさまざまな出来事や，自己や他者の行動の背景にある原因を推論することがある。このような推論過程を原因帰属（causal attribution）という。たとえば，「目前にテストが迫っているのにやる気が起きない」「学校でいじめが行われている」「講義中に居眠りしている人がいる」といった問題の背景には，何か原因があるはずである。ではいったい，我々はどのように原因帰属しているのであろうか。

(1) 他者行動の原因帰属

　A　対応推論理論　　ジョーンズとデーヴィス（Jones & Davis, 1965）は，対人認知において他者の属性を推測する際の帰属過程について，「対応」という概念を中心に理論化した。対応とは，人物の行為と人物の属性との間に認められる関連の強さである。たとえば，講義をサボるという行為が講義をサボろうとする意図のもとに行われれば，その人の怠惰な性格という内的属性との対応が高いことになる。この推論の対応度が高くなる条件として，行為者が考慮した行為の選択肢の中から，選ばれた行為のみに伴い，選ばれなかった行為には伴わない結果である「非共通効果」に着目した。この非共通効果の数が少なくかつあまり望ましくないもののとき，行為者の独特の内的特性を明確に表すと考えられる。たとえば，Aさんが就職活動でX，Y，Zの3社から内定をもらった。各会社の特徴は表2-1のようであった。この中からAさんがX社を選択した場合，他社との非共通効果は「海外勤務の可能性」

表2-1 就職先の選択 (浦, 1990 より一部修正)

考慮された特性	X社	Y社	Z社
業種	製造	製造	製造
給料	高い	高い	高い
自宅からの距離	遠い	遠い	遠い
海外勤務の可能性	ある	ない	ない

の1点のみで，かつその効果はあまり多くの人が望まないようなものと言えよう。このような場合，Aさんの内的属性として「挑戦心に富んだ人物」という帰属が明確になる。

　B　共変モデル（ANOVAモデル）　　ケリー（Kelley, 1967）は，同様の事態を何度も繰り返して観察することができる場合には，「ある効果をもたらす原因は，その効果が観察される時には存在し，その効果が観察されないときには存在しないような条件に求められる」と考えた。ある要因（原因）と結果が共変するかに着目する点は，統計学でいう分散分析（ANOVA）の考え方に通じるものがある。さて，その条件には，実体（行為の対象あるいは刺激となる事物），人（行為の主体），時／実態（人と実体が出会うときとその様態）があげられる。条件を特定するために，①一貫性：その人がその対象に対し時間や状況を越えて一貫して反応する程度，②弁別性：その人がまさにその対象に対してだけ反応する程度，③合意性：他者もその人と同じように反応する程度，という3つの情報を収集する必要がある。

　たとえば「学校でいじめが行われている」という問題で，その原因がいじめる者にあるのかいじめられる者にあるのか，それともそのときの状況によるのかを特定するために，このモデルを適用してみる。AさんはBさんをいつもいじめているが（一貫性高い），Bさんだけでなくそのほかにもいじめている者がいて（弁別性低い），しかもAさん以外の者はいじめには加わっていない（合意性低い）場合には，Aさん自体に攻撃的な性格があるという原因（人への帰属）を考えることができよう。なお，一貫性（高い）・弁別性（高い）・合意性（高い）というパターンでは実体への帰属が行われ，一貫性（低

い）・弁別性（高い）・合意性（低い）というパターンでは状況への帰属が行われやすい。

C 因果スキーマ　共変モデルでは，繰り返しの観察で得られた情報をもとに帰属を行うが，実際には1度だけの観察で原因帰属を行うことも多々ある。ケリー（Kelley, 1972）は，その場合は多重十分原因と多重必要原因という因果スキーマが用いられると考えた。多重十分原因は，特定の効果を生じさせるいくつかの原因のうち，そのひとつでも存在すれば効果を引き出すことができる場合である。この場合には割増原理と割引原理が適用される。追い風で本塁打を打てば打者の能力が割り引かれるが，向かい風で本塁打を打てば打者の能力が割り増されて判断される。また多重必要原因とは，特定の効果を生じさせる原因がいくつかあり，それらが単独では効果を引き出すことができず，すべてが存在するときに初めて効果が引き出せる場合である。たとえば，ボウリングでパーフェクトが出たときには，そのプレイヤーの高い身体能力，集中力，運などがすべて揃ったからだと思うであろう。

(2) **自己の原因帰属**

A 自己知覚理論（self-perception theory）　ベム（Bem, 1965 : 1972）によると，自己の態度や感情や性格を理解するための内的手がかりが弱く曖昧な場合には，他者の「行動」を観察してその人の態度や性格などを推論するのと同じように，外に現れた自己の行動やそのときの状況を手がかりにして自己の態度や性格を推論しているという。たとえば，あなたが所有しているものの中で最も大切なものは何だろうか。いろいろなものを持っていて，どれが本当に大切なものだか意外とわからなかったりする。しかし，地震などの災害で家からまず第1に持ち出したものがあれば，その自分の行動を手がかりにして，自分の価値観がはっきりとする。

B 情動の2要因理論（two-factor theory of emotion）　シャクター（Schachter, 1964）は，情動を経験するには，生理的覚醒の知覚と認知的評価によって自己が情動をラベルづけする過程との2つの要因が必要であると考えた。生理的喚起を伴う状況下での異性に対する恋愛感情もこの理論から説

明できる。たとえば，ダットンとアロン（Dutton & Aron, 1974）の実験では，つり橋という不安的な場所を渡った直後の男性に女性実験者がインタビューし，実験内容の問い合わせ用の電話番号を手渡したところ，その男性は頑丈な橋を渡った男性条件よりも高い割合で電話をかけてきた。心拍数の増加という生理的覚醒を，つり橋を渡ることによる不安感情ではなく，異性への恋愛感情とラベルづけしてしまったことがその背景にある。また，両親や周囲の人の反対といった障害があると，カップルの恋愛感情がますます高まるという「ロミオとジュリエット効果」も，交際を反対する者への憤りから生じた生理的覚醒を，恋人への恋愛感情のために生じたとラベルづけしたことから説明できる。

(3) **達成課題での成功と失敗の帰属**

ワイナーら（Weiner, et al., 1971）は，達成課題における成否の原因として，能力，努力，課題の困難度，運の4つの要因を取り上げ，これらを統制の位置（原因の所在：内的・外的）と安定性（安定・不安定）の2次元に分類した（表2-2参照）。その後，この2つの原因の次元に統制可能性という次元を加えた。ワイナーは原因帰属がその後の期待や感情・行動に及ぼす影響も考慮している。課題の結果を能力や課題の困難度といった安定要因に帰せば，成功時には次回の成功を期待し，失敗時には次回の失敗を期待することになる。努力や運のような不安定な原因に帰属すれば，成功あるいは失敗しても次はどうなるかわからないという期待を抱くことになる。

表2-2　ワイナーの原因帰属

安定性	統制の位置	
	内的	外的
安定	能力	課題の困難度
不安定	努力	運

2) 原因帰属と不適応
(1) 不眠

不眠症の人は，眠れない原因を自分の内的な要因に帰属し，そのことで自分自身を追い込んでしまい，さらに不眠を悪化させていると考えられる。ヴァリンズとニスベット（Valins & Nisbett, 1971）の実験では不眠症の者を，「飲むと興奮する」と告げられ偽薬が与えられる条件，「飲むと落ち着く」と告げられ偽薬が与えられる条件，偽薬なし条件に割り当てたところ，「落ち着く」と言われた条件の者は実験前より眠るまでに時間がかかったが，「興奮する」と言われた条件の者は実験前よりも早く眠りについた。これは，自分が眠れない原因を薬のせい（外的要因）にすることができ，安心して眠りにつけたためと考えられる。通常の偽薬効果とは異なるこの現象は，逆偽薬効果と呼ばれる。

(2) 対人不安

人前で話をする場合に，不安が高まってうまく話せなくなってしまうことがある。この問題も原因帰属のあり方を変化させることで，適応的な行動に導くことができる。対人場面において過度の不安が生じた場合，生理的覚醒が生ずる。この点に着目して，ブロットとジンバルドー（Brodt & Zimbardo, 1981）は，シャイな女性被験者に，さまざまな周波数のノイズを聞かせた後に魅力的な男性と会話する場面を設定した。その際，半数の被験者には「騒音が心拍数の増加など生理的覚醒を喚起させる」と告げ，残りの半数には「口の渇きなど覚醒に無関係の効果が起こる」と告げた。その結果，魅力的な異性と話すことに伴う心拍の増加をノイズのせいにできる場合は，シャイな人でも，シャイでない被験者と同じくらい発言していた。

(3) 抑うつ／意欲の低下

勉強や仕事などで，どうもやる気が起きない，やろうと思っているのに行動が伴わないなどということがある。この背景には「学習性無力感（learned helplessness）」があると考えられる。セリグマンら（Seligman et al., 1968）は，イヌを用いた実験で，自分の力では統制できない電気ショックを何度も経験

させられると，一切の行動を放棄して電気ショックを甘受するようになってしまい，電気ショックを回避できる場面においても，全くあるいはほとんど避けようとせず，適応行動への動機づけが失われてしまうことを見出した。セリグマンは，学習性無力感を抑うつのモデルとして考えており，自分の行動と結果との間に随伴性がないという歪んだ認知を問題としている。

エイブラムソンら（Abramson et al., 1978）の改訂学習性無力感の理論では，否定的で統制不可能な経験がなされたときに内的な原因帰属をすると，自己評価の低下を伴う抑うつを生じやすいと考えた。彼らは，原因帰属の次元として，内的−外的，安定−不安定，全体的−特殊的をあげ，これらが抑うつの慢性化の程度と般化の程度を規定するとしている。大学生を対象とした調査で，抑うつ的な者は，悪い結果を内的で安定的全体的な原因に帰属していたことが明らかとなっている（Seligman et al., 1979）。

2 自己開示と自己呈示

自己と他者が出会い，関係が形成されるとき，自分をいかに他者に表現していくかは重要な問題である。自分がどのような人間であるのか，自分の考えや感情を表出しなければ，お互いに真の理解を得ることはできない。以下では，自己の表出に関して自己開示（self-disclosure）と自己呈示（self-presentation）を取り上げ，その肯定的および否定的な側面について見ていく。

1) 自己開示とは

日常の他者との会話の中で自分のことについて話す機会は多々ある。自分の趣味や興味のあること，悩み，性格について打ち明けたりする。自己開示とは，他者に対して言語を介して伝達される自分自身に関する情報およびその伝達行為を指す（小口, 1999）。基本的には，他者に対して特に意図は持たずに「真の自分」についての情報を伝える。他者との関係において自己開示を捉える際に，ジョハリの窓という概念が役に立つ。ジョハリの窓は，図2−

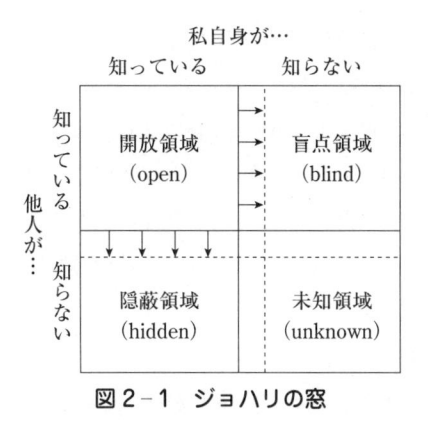

```
                私自身が…
            知っている    知らない
        ┌─────────┬─────────┐
    知    │         │→ → →    │
    っ    │ 開放領域 │ 盲点領域 │
    て    │ （open） │ （blind）│
    い    │         │→ → →    │
    る    ├─ ─ ─ ─ ─┼─ ─ ─ ─ ─┤
 他人が… ↓ ↓ ↓ ↓ │         │
    知    │ 隠蔽領域 │ 未知領域 │
    ら    │ （hidden）│（unknown）│
    な    │         │         │
    い    └─────────┴─────────┘
```

図 2-1　ジョハリの窓

1に示すとおり自分自身に関する情報を，自分が知っているかいないかと，他者が知っているかいないかとの2次元によって分類した4つの領域（開放，盲点，隠蔽，未知）のことで，ジョセフ・ルフト（Joseph Luft）とハリー・インガム（Harry Ingram）の2人の名を合成してジョハリと命名された。自己開示とは，盲点領域や隠蔽領域を小さくし開放領域を拡大していくことと言えよう。

2）　自己開示の肯定的影響

　自己開示は，開示者と聞き手の両者にさまざまな影響を与える。では自己開示を行うことで，どのようなことがもたらされるのであろうか。安藤（1990）を手がかりにまとめると以下のようになる。

(1)　**身体的・心理的健康の促進**

　重要な他者に対する自己開示はカタルシスをもたらし（感情浄化），身体的・心理的な健康を促進する。ペネベイカーとオ'ヘーロン（Pennebaker & O'Heeron, 1984）は，外傷的な出来事（配偶者の死など）の体験について，他者に告白した人の方が身体的症状の訴えが少ないことを見出した。またペネベイカーとビール（Pennebaker & Beall, 1986）は，大学生を対象として4日間にわたり人生における外傷的な出来事あるいは些細な出来事を書いてもらった。

外傷的な出来事を書くように求められた群は，外傷的経験の事実のみを書く群（外傷事実群），外傷経験についての感情のみを書く群（外傷感情群），外傷経験の事実と感情の両方書く群（外傷連合群）に分けられた。その結果，外傷感情群と外傷連合群の学生は，他の群よりも病気になることが少なく，より健康であることが確認された。自己開示により健康が促進されるには，自己開示の行為そのものではなく質が大切である。外傷体験を思い出したときの感情を開示することが重要と言えよう。

(2) **自己規定の促進**

自己開示する際には他者（からの注視）が存在し，注意が自己に向く。この状態を客体的自覚状態といい，自己の意見や態度の曖昧さを減少させ，一貫性・統合性を求める傾向が強まる（Wicklund, 1982）。また，フェスティンガー（Festinger, 1954）の社会的比較過程理論では，客観的には評価できない自己の側面についての評価を明瞭にするために，自分と類似した他者と自分を比較するとしている。自己開示することで他者から何らかの評価が得られるが，そのフィードバックによって気づかなかった自分の一面を認識し，自己概念の安定化が図られる。

(3) **2者関係の発展**

自己開示は，開示者にとっても受け手にとっても報酬的である。開示者にとっては，前述のカタルシスや自己規定促進が報酬となる。受け手にとっては，開示者から好意や信頼を受けていることがわかるという意味で報酬的である。相互に開示が交わされることで2者関係が発展し強化されていく。

(4) **社会的コントロール**

自己開示は，他者が自分に対して抱く印象をコントロールしたり，2者関係の性質を規定するために戦略的に用いることもできる。この場合，自己呈示的な自己開示と言えよう。具体的な戦略として以下のようなものある。

まず第1に，個人関与性（personalism）の原理を用いた自己開示をする。個人関与性とは，「相互作用場面において，行為者が認知者Aにある行為を行ったときに，行為者はその認知者Aだからこそ，その行為を行ったのであり，

他の者にはその行為をしないとAが認知すること」である（廣兼, 1995）。自己開示をしたのは「あなただけ」であることを強調すると，開示された者は開示者に対して好意を抱きやすい。

第2に，自己開示の返報性を利用する。一般に自己開示を受けた人は，それと同程度にプライベートな内容の自己開示を相手に返す傾向がある。まず最初に自分から自己開示をすることで，積極的に相手の開示を引き出すことができ，2者関係の進展を図る。逆に自らの開示を抑制することで，相手との関係を終結へと導くこともできる。

第3に，自己開示のタイミングを調整する。意図的に会話の後期に内面的な自己開示をすると，相手は好意を抱きやすくなる。会話の早い段階で内面的な自己開示を行うと，その原因を開示者自身の特性（おしゃべりな人）に帰属するが，遅くに内面を開示するときは，受け手（自分）のポジティブな特性（聞き上手，受けのよさなど）に帰属する。その結果，遅いタイミングの自己開示の方が魅力を感じる。状況に応じて適切な会話の内面性があり，その範囲から逸脱した自己開示をする人は否定的に評価される。

第4に，自己開示の質と量を調整する。アーガイルとディーン（Argyle & Dean, 1965）の親密感均衡仮説によると，2者間の相互作用状況においては，対人距離，アイコンタクト，話題の内面性の程度など，親密度に関わるそれぞれの次元について接近－回避傾向のバランスが保たれており，その2者関係に適切な水準の親密度が全体的に決定されている。開示者が，開示量や内面性を変化させることで，相手との親密度を調整することができる。

3） 自己開示の否定的影響

自己開示によって肯定的な結果がもたらされる一方で，リスクが伴うこともある。個人的な情報を開示することで，開示者と聞き手の両者にもたらす否定的影響には以下のようなものがある（コワルスキ，2001）。

第1に，自己開示する自己の情報の中でも否定的なものや外傷的なものは，他者から拒否されたり排斥されたりすることが多い（Coates, et al., 1979）。たと

えば，自分は過去に自殺を考えたことがあるとか重大な罪を犯したことがあるという開示は，聞き手にとって負担の大きいものとなるだろう。開示者にとって開示したいのに開示できないということが新たな心理的不適応を生み出すことになってしまう。

　第2に，自分の開示内容，特にプライバシーに関わる内容について，聞き手が第三者に漏らしてしまったり，その情報を使って自分に圧力をかけたり，自分の評判をおとしめるために利用したりといった心配が発生しうる。相手に有利な情報を与えることで，相手を優位にしてしまうことになる。

　第3に，自己開示によって悪印象を与えてしまう可能性がある。開示内容自体が否定的なものであったり，開示した方がよいことを開示しないことで不正直と思われると，他者に悪い印象をもたらすことになる。

　第4に，自己開示を伴う自己呈示は自己知覚に影響を及ぼしうる。たとえば，他者からソーシャル・サポートを得ようとして，自分の辛い思いや状況に対処できずに苦慮している事実を開示すると，実際にはさほどでもないのに自分は本当に対処できないと知覚するようになってしまうかもしれない。

　以上のような自己開示の否定的影響が足枷となって，自分の抱える悩みや問題について，安心して打ち明けることができないとき，カウンセラーは非常に有効な話し相手となりうるだろう。カウンセラーは，開示者を拒否することなく，感情的に巻き込まれない姿勢をとる訓練もされており，他者からどんな話をされても動揺することは少ないはずである。またそこで知り得た情報が漏洩する心配も最小限に押さえることができる。

4）自己呈示とは・自己呈示の分類

　自己呈示とは，「他者の自分に対する認知あるいは評価を統制するために，自己に関する情報を伝達しようとする意図を伴った行動」である（栗林，1995）。前述の自己開示と異なる点は，①自己開示は言語的な伝達であるが，自己呈示は非言語的な伝達も含む，②自己開示は意図的であるかどうかは関わりないが，自己呈示は意図的であることを前提とするということである，

	戦術的	戦略的
防衛的	弁解 ⎱ 釈明 正当化 ⎰ セルフ・ハンディキャッピング 謝罪 社会的志向的行動	アルコール依存 薬物乱用 恐怖症 心気症 精神病 学習性無力感
主張的	取り入り 威嚇 自己宣伝 示範 哀願 称賛付与 価値高揚	魅力 尊敬 威信 地位 信憑性 信頼性

図2-2 自己呈示行動の分類
(Tadeschi & Norman, 1985：安藤，1990 より)

③自己開示は記述概念であるが，自己呈示は行動の記述概念だけではなく，説明概念ともなりうる。自己呈示的自己開示はありうるが，自己開示的自己呈示はありえない。

　テデスキーとノーマン（Tedeschi & Norman, 1985）は，自己呈示を「戦術的-戦略的」「防衛的-主張的」という2つの次元からなる4領域に分類した。戦術的（tactical）自己呈示は，特定の対人場面において一時的に生じるものであり，戦略的（strategic）自己呈示は，多くの場面においてこうした戦術を組み合わせ，長期にわたって特定の印象を他者に与えようとすることである。また防衛的自己呈示は，他者が自分に対して否定的な印象を抱く可能性があるとき，それを少しでも肯定的なものに変えようとする試みで，主張的自己呈示は，他者の行動に対する反応ではなく，特定の印象を他者に与えることを目的にして，行為者自身が積極的に行うものである（図2-2参照）。戦術的自己呈示の中から代表的なものについて紹介する。

　「釈明（account）」は，不適切な行動について行為者自身が行う言明のことである。釈明は，弁解（excuse）と正当化（justification）に分けることができ

る。弁解は，否定的な事象に対する自分の責任を回避しようとする試みで，正当化は，少なくとも部分的には自分に責任があることを認めたうえで，その行為の否定的意味合いを弱めようとする言明のことである。「セルフ・ハンディキャッピング（self-handicapping）」は，自分の何らかの特性が評価の対象になる可能性があり，またそこで高い評価を受けられるかどうか確信が持てないとき，遂行を妨害するハンディキャップがあることを他者に主張したり，自らハンディキャップを作り出す行為のことである（安藤, 1987）。失敗したとき，ハンディキャップの存在により，能力の欠如が原因であるということが割り引かれ，成功したときは，ハンディキャップを背負っての成功ということで，能力の高さが割り増しされる。セルフ・ハンディキャップには，薬物・アルコールの摂取，努力の抑制，不利な遂行条件の選択，困難な目標の選択，不安・不調の主張などがある。「謝罪（apology）」とは，自分の行為が非難に値することを認め，その責任を受け入れる言明や表現のことである。謝罪には，①罪悪感，悔恨，困惑の表出，②何が適切な行動であったかを認識していることを示す言明，③誤った行動をした"悪い"自分に対する非難，④悔悛や償いといった"正しい"行為が将来起こることの保証，⑤罪のあがないの遂行および補償の申し出などの要素が含まれる。

「取り入り（ingratiation）」は，報酬をもたらしうる他者が自分に好意を持つように仕向ける不当に意図された行動のことである。お世辞，意見同調，親切な行為などが行われる。「威嚇（intimidation）」は，否定的な結果が生じるのではないかという恐怖感を相手に抱かせることである。相手に喚起される感情としては取り入りとは正反対であるが，対人的勢力を増そうとする点では同じである。相手に恐怖を抱かせるためには，自分が相手に苦痛を与える資源を持っていることと同時に，それを実際に用いることがあることを示す必要がある。「自己宣伝（self-promotion）」は，自分が能力のある人間であると見られることを目的に自己描写を行うことである。就職活動での面接など自分を売り込む必要があるときに用いられる。「示範（exemplification）」とは，自分が道徳的に価値があり完璧な人間であるという印象を他者に与えようと

する目的のために，滅私的行為や献身的努力などを実行することである。「哀願（supplication）」とは，自活能力の欠如あるいは他者への依存性を強調することで，相手の社会的責任あるいは義務の規範を顕現化することである。これにより相手から擁護を受けることができるが，呈示者には自尊心の低下などコストが伴う。

5） 自己呈示と不適応
⑴ 自己呈示の失敗と対人不安

　他者との関係の中で，我々は自己呈示を日常的に行っているが，自己呈示の失敗は対人不安と密接に関係している。対人不安とは，「現実のあるいは想像上の対人場面において，他者からの評価に直面したり，もしくはそれを予測したりすることから生じる不安状態」と定義されている（Schlenker & Leary, 1982）。そしてシュレンカーとリアリィは，他者に対してある印象を与えたいと強く動機づけられているが，その印象をうまく相手に与えることができるかどうか疑わしいときに対人不安が生起するという自己呈示理論を提唱した。自己呈示の動機づけを高める要因には，相互作用の相手が魅力的，地位や権力のある者の場合，また自分自身が承認欲求が高いとか否定的評価懸念が高いといった性格特性を持っている場合をあげることができる。自己呈示の効率に関する要因は，どのような自己呈示が最も効果的であるかに関する自己呈示の効力期待と，期待どおりの評価が得られるかどうかに関する自己呈示の結果期待があげられる。

　たとえば，就職面接の場面は，第1希望の企業の場合には自己呈示への動機づけが高まるのに対し，滑り止めで面接した場合には動機づけが高まらず，そのため不安も高まらずに済む。また面接時に，本当の自分とは違って，常に前向きで何事にも全力を尽くし，自分なりの考えを持っているような印象を与えねばならないときには，どのように自己呈示すればよいのかわからず不安を感じてしまうことになる。また面談の練習をして自己アピールの仕方を身につけていたとしても，気難しい面接官が相手では，そのアピールの効

果があったかどうか疑問に感じることもある。このような場合には，対人不安を喚起しやすいのである。

(2) 病気を装う

我々は，嫌な行事や手伝いなどをさぼるために仮病を使うことがある。パーソンズ（1973）によると，病人は病気になっている間は通常の社会義務を免除される。我々は病人に対しては，いつもと同じ活動の質や量を期待しない。また，病人は他者からある程度面倒を見てもらう権利を持つ。病気を装うことで，さまざまな利益を得ることができるのである。

仮病の場合，意識的だが病的ではない（一時的な）演技である。意識的で病的な（長期的な）演技としては，「詐病」と「虚偽性障害」がある（図2-3参

仮病	最もよく見られる形。いやなことを避ける口実としてあるいは人の関心を引くために，軽い症状（腹痛・頭痛など）を利用すること。悪意はなく，小さな実質的・精神的利得を引き出すためのもの。	ミュンヒハウゼン症候群	慢性の虚偽性障害で，病気のふりをすることが生活の中心を占めるようになってしまう。発覚するまで演技を続け，嘘が見つかると，他の場所へ移動して同じ行動を繰り返す。一ケ所に定住することが難しいという特徴がある。
詐病	有形の利益を得るため，意図的に軽い症状を誇張したり，架空の症状を訴えたりすること。精神疾患ではないが，人格障害の有無を調べるために，精神科のカウンセリングを行うことが望ましい。	代理人によるミュンヒハウゼン症候群	「かわいそうな病気の子の親」として同情やなぐさめを得るために，子どもが病気であると偽ったり，子どもをわざと病気にさせたりすること。
虚偽性障害	情緒面での満足感を得るため，心理的・身体的症状を意図的に利用すること。	成人の代理人によるミュンヒハウゼン症候群	「代理人によるミュンヒハウゼン症候群」とほぼ同じだが，病気を引き起こす相手が成人である。「介護者」として，同情や励ましを引き出すのが目的。

図2-3 病気の演技の分類（フェルドマン・フォード，1998より一部修正）

照)。たとえば，犯罪者が刑務所よりも病院の方が過ごしやすいので病気のふりをしたり，癌を装い鎮痛剤として麻薬を求めたり，社会保障の給付を受けるために病気を装うような場合は「詐病」と言えよう。ブラジンスキーとブラジンスキー (Braginsky & Braginsky, 1967) は，30人の長期の分裂病患者を3条件に分けて面接を行った。「開放病棟」条件では，開放病棟か閉鎖病棟かへ入るのを決めるための面接と称し，「退院」条件では，退院させるのが適切かどうかの面接と称し，「精神状態」条件では，患者が病院内でどう暮らしているかを調べる面接と称した。その結果，患者は病院に留まれるように，また閉鎖病棟に移されないように自分の印象を操作していた。開放病棟条件の患者は，他の条件に比べ心理的問題の兆候を少なく示し，面接者に対して自分をよりポジティブに表現し，報告した身体的・精神的問題の数も少なかった。

　このような詐病に対して，他者に優しくしてもらいたいとか，困惑する医者を見て喜びたいなど精神的な満足感を求めて嘘をつく場合は「虚偽性障害」と言える。「虚偽性障害」が慢性化したものに「ミュンヒハウゼン症候群」があり，奇想天外な経歴をまことしやかに語る，入院するために自分でわざと症状を引き起こす，放浪を繰り返すといった特徴を持つ。なお，ミュンヒハウゼン症候群の場合は自分自身の中に病気を作り出すが，子供を病人に仕立てたうえでその子の親としての自分への同情や慰めを求めようとする「代理人によるミュンヒハウゼン症候群」もある。

(3) 非行・反社会的行動

　前述のように，自分は弱く無力な存在であることをアピールすることで，自分に有利な結果を獲得する一方で，威嚇的・攻撃的な自己呈示を用いることによって望ましい結果を得ようとする者もいる。威嚇的な自己呈示には，以下のような機能がある (リアリー・ミラー, 1989)。第1に，攻撃的なイメージを相手に抱かせることで，自分の要求を他者に受け入れやすくする。第2に，自分が身体的・言語的な攻撃を受けたときに自分の社会的イメージを守る。報復的な攻撃をすることで，攻撃者や周囲の者に「自分は軽くあしらわ

れるような人間ではない」と示すのである。第3に，非行グループなど徒党集団では，敵意をあらわに図々しく向こう見ずなイメージを示すメンバーを賞賛する。このような集団の中では，攻撃的な人間だという価値あるイメージは，暴力を行使することで獲得できる。

3 ソーシャル・サポート

1) ソーシャル・サポートとは

悩みの相談に乗ってくれる，引越の手伝いをしてくれるなど，ひとりでは解決が困難な問題を抱えたときの他者からの援助はありがたいものである。個人を取り巻く他者との友好的なつながり（社会的ネットワーク）を通して実際に得られる，あるいは得ることができると期待できる援助のことをソーシャル・サポートという。ソーシャル・サポートは，①個人が持っている社会的ネットワークの広さや密度（という社会的包絡），②必要なときに他者からどのような支援を得られるかに関する予測や期待という知覚サポート，③他者から実際に受けた支援という実行サポートという観点から研究がなされてきた。

ハウス（House, 1981）はソーシャル・サポートを，①情報的援助（専門知識に関する情報の提供など，有益な情報や知識を与えて困難に対処できるように促すサポート），②道具的援助（仕事を手伝ったり，お金を貸したりするなど，直接的な行為を伴ったサポート），③情緒的援助（共感したり，信頼するなど，人と人との情緒的な結びつきと関係するサポート），④評価的援助（意見に賛成したり，仕事ぶりを認めるなど，その人の考えや行為を認めるサポート）という4つのタイプに分類している。このうち①と②は道具的サポート，③と④は情緒的サポートに大別できる。

2) ソーシャル・サポートの肯定的影響

ソーシャル・サポートによって，どのような肯定的な影響がもたらされるのであろうか。ルック（Rook, 1984）は，ソーシャル・サポートの機能として，

表2-3 社会的再適応評定尺度（Holmes & Rahe, 1967：坂野，1996より）

項目	点数	項目	点数
配偶者の死	100	子どもの家庭離れ（結婚・入寮など）	29
離婚	73	親戚とのトラブル	29
夫妻別居	65	著明な個人的業績	28
服役期間	63	妻の就職や離職	26
近親者の死	63	入学または卒業	26
傷害・疾患	53	生活状況の変化（新築・改装など）	25
結婚	50	個人的習慣の改変（服装・交際など）	24
失業	47	上司とのトラブル	23
夫（妻）への忍従	45	仕事の時間や状況の変化	20
退職	45	転居	20
家族の健康の変化	44	転校	20
妊娠	40	レクリエーションの変化	20
性的障害	39	社会的活動の変化（クラブ・ダンスなど）	18
家族の増加（誕生・養子・老人の入居など）	39	1万ドル以下の借金（車・テレビの購入など）	17
仕事の変動（破産・合併など）	39	睡眠習慣の変化	16
家計の変動（向上と悪化）	38	同居する家族数の変化	15
親友の死	37	食習慣の変化（小食・食事時刻の変更など）	15
転職	36	休暇	13
配偶者との口論回数の変化	35	クリスマス	12
1万ドル以上の借金	31	軽微な違法行為（交通違反など）	11
抵当権の喪失	30		
職務上の責任の変化（昇進・降格など）	29		

①困難な問題に対処しようとする動機づけを高める，②直面した問題に対しての認知的な分析と可能な解決方法を示す，③不安を低減したり，ストレスに満ちた出来事から生じる否定的感情を和らげたりする，④個人の社会的ネットワークを通じてのサービスや物質的援助によって，人生における深刻な出来事に対処するのに必要な資質を拡張する，という4点をあげている。

　これまでにストレスとソーシャル・サポートとの関係を調べた研究が数多く行われてきた。ストレスとは，外部からの刺激によって生じる生体内の「ひずみ」状態で，非特異的に示される適応性の反応である（Selye, 1956）。日

常生活の中で，個人に新しい適応や対処を求めたり，それまでの生活様式に重大な変化をもたらす出来事をライフイベントと呼ぶ。進学や就職で新しい環境に移り，新しい人間関係を始めたりすると，慣れるまでの間はストレスを経験することになる。ホームズとレイ（Holmes & Rahe, 1967）は社会的再適応評定尺度を作成している（表2-3）。過去1年間の自分の生活の変化に該当するものを選び，その点数を合計していく。合計が150点以上ならば，その後1年間にストレスに関連する疾患にかかる確率は50％，300点以上ならば70％に達するとしている。

ストレスに対するサポートの効果は直接的なものとして現れる場合もあれば，ストレスの悪影響を緩衝する形で現れる場合もある。前者は直接仮説と言われ，ストレスの高低に関わりなくサポートは心身の健康に一定の効果をもたらしうると考える。後者はストレス緩衝仮説と言われるもので，サポートの効果はストレスが低いときには見られないが，ストレスが高く，個人の対処能力を超えるときにその衝撃を緩和すると考える。知覚サポートに関する研究では緩衝仮説が支持され，社会的ネットワークの広さ（人数）に関する研究では直接仮説が支持されている。なお，ストレスがある程度のレベルを超えてしまうともはやサポートの効果はなくなるという限定仮説も提出されている（Hisata, et al., 1990）。

ソーシャル・サポートは，学校生活，病院や福祉施設など臨床場面，地域活動，災害現場など実践的な場面での研究も行われている。

3）　ソーシャル・サポートの否定的影響

ソーシャル・サポートは対人関係において個人に望ましい影響を与えるものであるが，サポートの送り手の意志に反して受け手にネガティブな影響を与えることもある。

第1に，サポートが受け手に「小さな親切，大きなお世話」と受け取られてしまうことがある。菅沼と浦（1997）の実験では，ある課題を遂行する際に，十分な意欲と能力を持った友人が助言する場合にはサポートの受け手の

遂行に促進が見られたが，意欲や能力の伴わない友人の助言には心理的反発を生じ課題遂行が抑制された。誰のサポートでもよいというわけではなく，適当な人物からのサポートが望ましいと言えよう。

　第2に，期待はずれのサポートが不適応を招くこともある。稲葉（1998）のソーシャル・サポートの文脈モデルでは，①サポートの期待が大きいほど，そのサポートの欠如は受け手に心理的不満を生む，②サポートの提供が規範化（当然視）されているほど，そのサポートの欠如は受け手に心理的不満を生む，としている。中村と浦（2000）は大学新入生を対象に調査を行ったところ，大学入学後にストレスをたびたび感じていた新入生は，旧友からのサポート受容が期待していたほどのものではない場合に，不健康度や抑うつの程度が高まり，自尊心が低下していた。

　さらに中村と浦の調査結果から，期待以上のサポートを得ることによる適応の低下も確認されている。入学後のストレスがさほど高くない新入生において，新たな友人からのサポートが期待以上のときに自尊心が低下し，旧友からのサポートが期待以上のときに不健康度が増大した。この背景には，友人関係というのは本来対等であるはずだが，サポートが生じるとサポートする者とサポートされる者とに地位の格差が生じたということがある。このことは個人の自尊心に脅威を与えてしまう。あまりにストレスの大きい状況では，まずその状況への適応が優先されるため自尊心への脅威の悪影響は小さくて済むが，ストレスの小さい状況では，自尊心への脅威が顕現化してしまうと考えられる。

　以上のことから有効なサポートには，受け手の必要とするサポートを提供すること，期待サポート量と実行サポート量の適合を考慮すること，受け手の自尊心を損なわない配慮をすることが求められる。

●この章で読んで欲しい本
蘭　千壽・外山みどり編　1991『帰属過程の心理学』ナカニシヤ出版
→原因帰属についての基礎から応用について手際よくまとめられた好著。

安藤清志　1995『見せる自分・見せない自分：自己呈示の社会心理学』サイエンス社
→さまざまな自己呈示についての紹介と，自己呈示がもたらす影響などをわかりやすく，網羅的に紹介している。

浦　光博　1992『支えあう人と人：ソーシャル・サポートの社会心理学』サイエンス社
→ソーシャル・サポート研究を多角的なアプローチから紹介している。平易な表現かつ充実した内容。

第3章

集団と個人

　人間は社会的生物であり，何らかの集団（職場，学校，地域，国家等々）に所属し，同じ集団に所属する他メンバーと関わり合いを持ちながら生活している。この章では，社会集団の一員として生活する我々が直面する身近なことがらの中から，"集団の圧力・リーダーシップ""態度・態度変容""社会的比較・個人の自己確認"を取り上げ，議論を進めていく。

1　集団の圧力・リーダーシップ

　世の中にはさまざまな規模，構成人員からなる集団が存在している。そして我々は，自分以外の集団成員たちとともに過ごしているとき，ひとりでいる場合とは異なる行動をとったり，自分の本来の思考にそぐわない行動をしてしまうことがある。このとき，どのようなプロセスによって我々の行動が影響を受けるのかに関する基本的な議論を以下にあげてみよう。

1）"集団の中にいる私"と"ひとりの私"

　このような状況を想定してほしい。

> 　数十人の受講者がいる授業で，先生が問題を出した。そして，その問題の答えをA・B・Cの3つの中からひとつだけ選んで挙手するよう言った。自分は，3つの選択肢のうちCが正しいと自信を持って判断した。ところが実際に挙手が始まってみると，自分を除く他の受講者全員がBを選んだ。

　さて，上記の状況に直面したとき，みなさんは当初の判断のとおりCを選び，たったひとりでも堂々と挙手するだろうか。それとも，何食わぬ顔でB

に鞍替えするだろうか。頭の中だけで答えをシミュレートしたならば，他人が何を選ぼうとも自分はCを選ぶと答える人が多くいるかもしれない。だが，自分が今授業を受けているこの教室内で同じ事態が実際に起こったとしたら，みなさんは本当に，何の躊躇も逡巡もなくCを選ぶことができるだろうか。

　この状況をもっと簡略化し，わかりやすい形にして行われた実験が過去に存在する。どんな社会心理学の教科書にも必ずと言っていいほど引用されているアッシュの実験である（Asch, 1951）。アッシュは，サクラ7，8名の中にひとりだけ本物の実験参加者を混ぜ，以下に示すような判断課題をいくつか出題した。

　実験参加者は，最初に左側のカードを見せられ，次に右側のカードを見せられる。そして，最初に見たカードに描かれた線と同じ長さの線を，次に見せられたカードに描かれた3本の線の中から選びとる。ここで出される課題は，ごく普通の知覚・思考能力を持ってさえいれば誰でも正しい答えを導くことができるきわめて簡単なものである。アッシュは用意した問題18問のうち12問について，あらかじめサクラたちに間違った解答をするよう指示しておいた。この実験において，全くサクラに惑わされず，正しい答えだけを解答し続けた実験参加者はたったの26％だった。間違えようのない簡単な課題だったにもかかわらず，残りの74％はサクラに多かれ少なかれ同調し，平均して4問もサクラと同じ誤った判断をしてしまったというのだ。アッシュの実験は，ひとりでいる場合と，周りに他者がいる場合とでは，我々

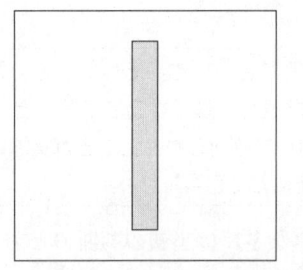

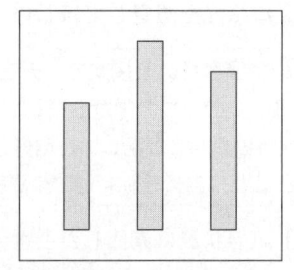

図3-1　アッシュが用いた課題の一例（Asch, 1951）

が実際に発現する行動も異なる可能性を明確に示したものと言える。

さて，もう少し身近な例として授業態度をあげて考えてみよう。仲のよい友だちと隣同士の席に座り，一緒に授業を受けていれば，どうしても友だちとおしゃべりをしたくなってしまうだろう。どうやらそう思っているのは自分だけではなく，一緒に受講している友だちも，そして，他の受講者もみな同様であるらしい。ある一点から始まった私語は，次第にさざなみのように教室中に広がってゆく。たまりかねて教員が注意するとそのときだけは静まるが，やがてどこからともなく話が始まり，またもや教室中に広まってゆく，以下エンドレス，という経験をしたことのある人は多いのではないだろうか。

この例にあげた学生たちは，他の学生と結託し合って意図的に私語を教室中に広めようとしたわけではない。いつの間にかそういうことになっていて，本来の目的である「講義を聴いて勉強する」状況ではなくなってしまったと考える方が自然である。ではなぜ，「いつの間にかそういうこと」になってしまうのだろうか。

大勢の中のひとりとして集団の中に埋没していると，自分ひとりくらいなら大丈夫，と思いやすくなる。正直な話，みなが私語をしているのだから自分だって少しくらい私語をしてもいいだろうと，一瞬だけでも思ったことのある人は決して少なくないだろう。しかし仮に，私語が一向に収まらないことに怒り狂った教員が，少しでも話をした者を教室からつまみ出すと宣言し，見つけるたびに授業を中断して学生をつまみ出し始めたとしたらどうなるだろうか。つまみ出された学生は，自業自得とはいえ授業を受ける権利を剥奪されてしまう。このような事態になれば，真面目に静かに授業を受けていた学生も巻き添えを食らってしまうに違いない。教員が学生をつまみ出すたびに授業は中断され，なおかつ教員の機嫌も次第に悪くなり，授業の雰囲気までもが悪化してしまっては，真面目に勉強したくて講義に出てきている側にとってはたまったものではない。つまり，みんながやっているから自分も，と私語をした結果，私語をしていた張本人たちにとってはもちろん，私語をしていなかった者にとっても実に居心地の悪い環境ができあがってしまう可

能性があるのだ。これは，"社会的ジレンマ"とも呼ぶことのできる事態である。社会的ジレンマとは，多くの人間が短期的な自己利益を追求する行動選択をした結果，その場では利益を得るかもしれないが，長期的に見ると実は損をしてしまう状況のことを示す（Dawes, 1980）。この例では，多くの個人が一時のメリット（友だちとおしゃべりをする楽しさ）を優先するあまり，長い目で見たときには受講者全員が損失を被ってしまっている（私語をしていた人間は授業を受けることができなくなり，私語をしていなかった人間も，授業中断や雰囲気の悪化によって嫌な思いをする）。ほんのささやかな個人の利益追求が，誰も望まない結果を導くとは，何とも皮肉な話である。

もちろん学生たちは，授業中の私語は常識的に考えればいけないことであり，マナー違反だと知っているはずだ。にもかかわらず流されてしまう者が出るこの状況は，先に紹介したアッシュの同調実験における状況と共通する点を有している。アッシュの実験に参加した本物の実験参加者もまた，心の底からサクラに同調していたとは考えにくい。ひとりで問題に取り組んでいたなら，あえて間違った解答を選びはしなかっただろう。このように，表面上他者と同じ行動を発現させる場合は公的同調と呼ばれ，本心からそのとおりだと考えて他者に同調する場合は私的同調と呼ばれ，区別されている（Brehm, Krassin & Fein, 1999）。

アッシュの実験や私語の例では，実験参加者や受講者は公的同調をしてしまっているものと考えられる。さらに私語の例では，公的同調を行った結果として社会的ジレンマ状態が生じ，誰にとっても望ましくない"意図せざる"状況が生じてしまっている。では，公的同調行動がさらなる大きな問題を引き起こすのを抑制するための打開策はあるのだろうか。

2) リーダーの役割

人間はそもそも，楽な方へ楽な方へと流れやすい生き物である。何の規制も受けず放置されていれば，つい，目先にちらついた短期的利益を追求したくなるものである。しかし，だからといってそれをそのまま放置しておくわ

けにはいかない。このような場合に我々人間がとる方法のひとつとして考えられるのが，強い権限を持つ存在によって集団の規範を維持することである。

　先にあげた授業態度の例においては，教室で最も強い権限を持つのは教員である。私語を放置しておけば，集団全体の雰囲気が"皆に同調した方がよい"雰囲気になってしまう。そのような雰囲気が一度できあがってしまってから対策を練っても，後手後手に回ってしまう可能性が高い。これを防ぐには，集団のそもそもの目標である勉強により取り組みやすくするための環境を維持するべく，円滑な授業運営に支障をきたすほどの私語が起こった場合に重いペナルティ（たとえば，単位を認定しない）を科すというルールを（良し悪しの問題はさておき）いちばん最初のガイダンス授業時に教員の名のもとに知らしめ，先に警告を与えておくのも解決方法のひとつであろう。ごく普通の理解力を持っている人間ならば，ペナルティを受けた場合のリスクの大きさを理解し，目に余る逸脱行為を控えるはずである。あるいは，座席をひとつずつあけて座らせたり，座席指定をすることで学生たちが友人同士で話をしにくい環境をつくり，構造的に私語を抑制する方法をとってもよいだろう。こうすることによって，同調していてもかまわない（むしろその方が楽しい）環境が存在する故に個人が同調行動を選びやすくなり，かつ，個人が同調行動をとることによってますます同調した方がよい環境が強固になるという，困った悪循環を初期段階である程度ブロックできるかもしれない。

　こういったルールを徹底させようとしたなら，学生からの抵抗や批判もあるだろう。だが，そういった抵抗や批判にひるまず，勉強がしたくて受講している学生の権利を守ることもまた，教員の義務である。さらに，学生たちに意欲を持って勉強してもらえる授業づくりにも心を砕かなければならない。この意味で教員は，教室というフィールドで受講生を集団の目標である学びへと導く役割を担ったリーダーでもあると言えよう。

　教室の場合同様，一般的な集団には，その集団の目標を達成し，集団自体をうまく運営していくためのまとめ役たるリーダーが存在している。リーダーが集団成員に対して与えうる影響，すなわちリーダーシップを重要視した

研究者によって，1950年代から現在までに膨大な数の研究が行われてきた。たとえば三隅（1984）は，リーダーシップ行動をP行動（Performance：目標達成のための行動）とM行動（Maintenance：集団維持のための行動）の2次元構造を持つものとして描写し，PM理論をまとめ上げた。P行動には，目標達成を重視するP行動と，その傾向の弱いp行動の2種が，M行動には，集団維持を重視するM行動と，その傾向の弱いm行動がある。2軸2種類のリーダーシップ行動を組み合わせると，全部で4種（PM型，Pm型，pM型，pm型）のリーダーシップの型が存在することになる。これらを比較した結果，PM型が最も望ましいとされ，pm型は最も望ましくない型であり，残りの2つはその間に位置するとの研究報告がなされている。つまり，集団の目標を達成すべく，ときにはフォロワーを厳しく叱咤する一方で，ここぞというときにはフォローに回り，ねぎらいの言葉をかけたり褒めたりできるバランスのとれたリーダーが最も望ましく，目標を意識せず，フォロワーも放置している無責任リーダーは最も望ましくないのである。

　また筆者は，仮想社会に複数の集団を想定し，それらの集団間で競争状態がある場合を想定したコンピューター・シミュレーション研究を行った。コンピューター・シミュレーションの結果は，集団競争に勝つという目標のもと，フォロワーの働きの度合いに応じて公正な報酬分配を行い，かつ，楽をして得を取ろうとするただ乗り者を躊躇なく罰する"正しく厳しい"リーダーの率いる集団には，よく働くすばらしい部下が集まり，きわめて高い生産性を発揮することができ，最終的に集団間競争でも生き残りやすくなる可能性を示していた（渡邊，2002）。

　さらにハーシィらは，"状況対応リーダーシップ"の議論を打ち出している（Hersey, et al., 1996）。彼らによれば，さまざまな状況要因（リーダー，フォロワー，マネジャー，同僚，組織風土，職務要請，時間）の中でもとりわけ重要なのは，リーダー行動とフォロワーとの関係であるという。リーダー行動は支援的な行動である共労的行動と，ガイダンスを与える支持的行動の2つの次元の行動から成り立っており，フォロワーのレディネス（フォロワーの能力と意

欲）の程度によってどのようなリーダー行動がふさわしいかもまた変化するというのが彼らの考え方の骨子である。この研究の特徴は，なぜそのリーダーシップがよいのか，という"Why"の問いを立てるのではなく，どのようにリーダーシップをとるべきか，という"How"の問いを立て，臨機応変に状況を分析しようとすることによって，より現実的な議論の展開を試みている点であろう。

　以上の議論を，先に出した授業態度の例を用いてまとめてみよう。勉強するための環境を作ることに心を砕き，授業改革に努め，ときには叱り，よいパフォーマンスをあげた学生がいれば惜しみなく褒め，行き詰まっている学生がいれば力づけ，解決のヒントを与える教員は，教室における理想的なリーダーと呼べるだろう。こうして，勉強しようとする雰囲気が強くなった教室において，学生たちの意欲が以前よりも高くなった場合には，その意欲の程度に応じてリーダーシップの形を変えてゆくこともまた必要である。あれをしなさいこれをしなさいと指示的なことを言わず，学生の自発性に任せる部分を多くしてみたり，授業内容のレベルを上げることでより高い目標を目指すことも可能になるかもしれない。逆に，注意もせずに私語を放置し，授業が成り立たなくなっても何の方策も立てず，授業時間の消化に徹するやる気のない教員が最悪なのは言うまでもない。

　以上のように，集団のパフォーマンスを上げ，かつ，円滑な運営を可能にするには，リーダーの力量はもちろん，フォロワーの行動が重要な意味を持つことは疑う余地もない。だがしかし，すばらしいリーダーとすばらしいフォロワーが揃い，反社会的な目標を達成しようとしている集団があった場合には，実にやっかいな問題を引き起こすかもしれない。この議論については，もう少し後から改めて取り上げることにしよう。

2　態度・態度変容

　態度は一般に，人が，ある特定の状況や対象に対して行動をとる源になる

ものであると定義される。また，態度変容は一般に，説得によって態度が変化することであると定義される。そして説得とは，ある意図を持ち，コミュニケーションを通じて，他者の態度を変える試みであると定義される。態度，態度変容，説得の3つのキーワードの関係を噛み砕いて表現したなら，「ある態度を持つ人間を，ある意図を持って説得することにより，態度変容が起こる」となる。このときに用いられる説得テクニックには実にさまざまなものがあり，多くの研究によってその効果が実証されてきた。この節では，数ある説得研究の中から最も代表的な説得テクニックを3つ紹介し，さらに，学術的研究を悪用した場合にはどのような事態が起こりうるのかについて考察してみたい。

1）説得のテクニック(1) ―フット・イン・ザ・ドアー

まずは，架空のエピソードをひとつあげてみよう。

> あるブティックの前を通りかかったとき，店の中に素敵な洋服がたくさん置いてあるのが目に入った。買うつもりはなかったので通り過ぎようとしたら，絶妙なタイミングで出てきた店員が見るだけでも見ていってはいかがですか，と声をかけ，店の中へと自分を招き入れた。さらに店員は，お手ごろな値段のシャツをいくつか持ってきて見せてくれた。なかなかよいデザインだし，値段も手ごろだったので，購入することに決めた。

この例において店員が応用しているのが，説得のテクニックのひとつである"フット・イン・ザ・ドア (foot-in-the-door)"テクニックである。

フリードマンとフレーザーによれば，いきなり大きな要請をされれば断る人も多いが，最初に小さな要請を受け入れさせてから改めて大きな要請をすると，大きな要請がより受け入れられやすくなるのだという（Freedman & Fraser, 1966）。上にあげた架空の例において，店員はこの考え方を利用し，まんまと客に買い物をさせている。最初に店員は，客に声をかけて店の中へと招き入れた。客は，店員の要請を断る権限を持っていたにもかかわらず，店員の言葉に従って店に入ってしまった。つまり，ここで客は，店員の小さな

要請を受け入れてしまったことになる。続いて店員は，手ごろな値段のシャツを客に見せる。ここでも，客には購入しないという選択肢があったはずなのに，つい購入してしまっている。いったいなぜこのようなことが起こったのだろうか。

　上記の現象を説明しうる理論のひとつが，ベムによって提唱された"自己知覚理論"(Bem, 1972)である（第Ⅱ部においてさらに詳しく議論がなされているので，そちらを参照していただきたい）。この理論によれば，人間は自分のとった行動の理由がはっきりしないとき，自らの行動を自己観察することによってその理由を推測しようとするのだという。上の例をこの理論によって解釈すると，次のような議論が可能になる。客は，断って帰ってしまえばよかったのに，店員の要請を受け入れて店に足を踏み入れ，買い物までしてしまった。なぜか。普通，店に入るときには，何かを買おうとする意志が多かれ少なかれ働いているだろう。ということは，客もそのとき，ほんのわずかではあったかもしれないが，新しい服が欲しいと思っていたのかもしれない。だとすれば，自分が店に入ったのは心のどこかで新しい服を買おうと思っていたからであり，結局買い物をしてしまったのもうなずけると，客は自分の行動の理由を見出し，納得できる。

2) 説得のテクニック(2) —ドア・イン・ザ・フェイス—

　もうひとつ別なエピソードを紹介しよう。

> あるブティックに見るだけのつもりでふらりと立ち寄ったら，店員が近づいてきた。新作だと言って勧めてくれた服はとても素敵なデザインだったが，簡単に手の出る値段ではなかった。やむなく断りを入れると，店員は新たにもっと廉価で，しかも同じくらい魅力的なデザインの服を出してきた。これならば手が出ると思い，購入を決めた。

　上のエピソードでも，店員は客にまんまと買い物をさせている。このテクニックは"ドア・イン・ザ・フェイス (door-in-the-face)"と呼ばれる説得技法のひとつである。

第3章　集団と個人　57

上記の技法の効果を実験研究によって実証したチャルディーニらによれば，受け入れられる可能性の低い大きな要請をしてあえて断らせ，その後小さな要請をすると，最初からいきなり小さな要請をしたときよりもその小さな要請が受け入れられやすくなるのだという（Cialdini, et al., 1975）。

　上の例の店員は，おそらくは断られるであろうことを予測したうえで価格帯が高めの服を客に勧めた。案の定客が断ったので，似たようなデザインの廉価な服を新たに勧めると，購入しないという選択肢もあったはずなのに，客はまんまと購入を決めてくれた。そもそも確実に買い物をしようとする明確な目的を持っていたわけでもなかったというのに，なぜ客は勧めを断らずに買い物をしたのだろうか。

　ドア・イン・ザ・フェイスが有効に働く理由についてはさまざまな解釈があるが，実感としてわかりやすいのは，相手が譲歩してくれたのだからこちらも折れなければと思う互恵的な譲歩の概念であろう（Cialdini, et al., 1975）。誰かが自分のために何かをしてくれたとき，我々は経験的に，その気持ちには報いようと思いやすくなる。たとえば，誕生日のプレゼントをもらったらお返しをしたいと思うだろうし，困ったときに助けてもらったら次は自分がその人の助けになりたいと願うだろう。この例の店員は，できるだけ高い服を買わせた方が自分の店の利益になるのに，あえて価格を下げた提案をした。客の側からすれば，店員のこの行動は，自分のために譲歩し，自分が手を出しやすい値段のものを勧めてくれた誠意ある行動であるように見える。ならば自分も店員のせっかくの譲歩に報いるべきであろうと思い，2番目に勧められた服を購入したと考えられる。

3) 説得のテクニック(3) —ロー・ボール—

では，このような例についても考えてみよう。

> 新しい服を買おうとしてあるブティックに立ち寄ったとき，とても気に入ったデザインの服を見つけた。店員に勧められて試着をしてみると，とてもよく似合う。嬉々として購入を決め，レジに運んでいくと，なぜか値札よりも高い金額を請求された。不審に思って訊ねてみれば，どうやら付属物だと思っていたベルトが実は付属物ではなかったらしく，別会計として加算されたようだ。だが，このベルトがまた非常に気に入ったデザインで，服だけ買ってベルトを買わないという選択はどうしてもできなかった。そこで，やや予算はオーバーしてしまうが，ベルトも一緒に思い切って買うことにした。

このエピソードは，"ロー・ボール（low-ball）"と呼ばれる説得技法を用いた一例である。チャルディーニらは，この技法は，一度ある決定をなしてしまった後で話がやや違うことを知っても，一度行った決定がなかなか変わらないという人間の特性を利用したものだと説明している（Cialdini, et al., 1978）。またこの技法は，場合によっては悪質なおとり広告に用いられることもあるという。

上の例の客は，最初から買い物をする気満々であり，店員に勧められて服もベルトも試着して，それらを所有した自己イメージを確固たるものにし，もはや買わずには帰れない状態になっている。悪意をもって解釈したなら，店員はもとよりベルトも購入させようともくろみ，実は別会計だということを客に告げぬまま，服とベルトを一緒に勧めたのかもしれないのである。店員は，これらはセットですと明言していない。よって，客に嘘をついたことにもならない。

ロー・ボールが有効である理由についてもさまざまな解釈がある。たとえばチャルディーニ（Cialdini, 1988）は，人は一度何かを決定すると，それを変えたがらず一貫した行動をとりやすいことを理由としてあげている。すぐに自分の決定を変える人間はしばしば，一貫性がないという意味で社会的に望ましくない，いい加減な人間であると思われてしまう。このような理由から我々は，一貫性を保つことをあたり前のこととして受け入れ，実行してい

る。よって，一貫性を保つことが不利になるような状況でもつい，意見を変えることなく貫き通してしまうのである。どうしても欲しくて，しかも一度買うと言ってしまった手前ベルト代くらいでその決定を撤回するのは，実際にそのような場面に直面するとなかなか難しいであろうことは想像に難くない。それが店員の側のねらいならばまさに，我々はまんまと術中にはまってしまったことになる。

4) "道具"としての知識

ここまでに出てきた学術的知見を上手に使えば，店の経営者は自分の店の売り上げを伸ばすことができるかもしれない。普段の生活にこれらの知見を応用したならば，不用意に事を荒立てずに人に頼みごとをするのがうまくなるかもしれない。

だが，何よりも危惧すべきは，もしも誰かが悪徳な意図を持ってこれを利用したなら，我々は知らないうちに行動をコントロールされ，なおかつ，本当は誰かの意図に操られているのに，あたかも自分自身が決定したかのように錯覚してしまうかもしれない危険性であろう。学術的知見は，我々がものを考え，解釈するときに使える便利な道具である。しかし残念なことに，道具である以上，使う者によってその効果もまた異なってしまうのである。

ここで紹介したことを含めた多くの学術的知見を統合し，悪用しようとした最たる例として，悪質なマインドコントロールをあげることができる。マインドコントロールという言葉を聞いたとき，反社会的かつ非人道的な活動を行う破壊的カルト集団を思い浮かべた人はかなり多いと思う。西田（1998）は，破壊的カルト集団の幹部が，それとは知られぬうちに，組織の目標達成のためにメンバーの認知，感情，行動をコントロールすることをカルト・マインドコントロールとして紹介した。カルト・マインドコントロールの成立と維持に関わるプロセスには，学術的に解釈可能なテクニックが多用されている。西田（1998）によれば，カルト・マインドコントロールの最初のプロセスには，フット・イン・ザ・ドアに似た現象が見られるという。たとえば，

親しい人や親戚が実は破壊的カルト集団のエージェントで，その事実をにおわせることなく軽い活動（サークル活動や自己啓発セミナーなど）に参加するよう誘ってくる場合がある。親密な関係にある人からの誘いは断りにくいし，その程度ならば別にいいだろうと最初の一歩を踏み出して参加したが最後，その後もずるずると深みにはまり続けてしまうというのだ。

　破壊的カルト集団に足を踏み入れた人々がどうなってゆくのかについて，西田と黒田（2003）は多くの文献をレビューしている。破壊的カルト集団に足を踏み入れた人々は，集団に所属することによって新たなアイデンティティや人生の目標を得て心理的幸福を獲得する。また，規律に反することには罰を，集団にとって望ましい行動には報酬を与えられ（第1章で紹介した，アメとムチを使っての行動コントロールが応用されている），全生活をコントロールされて，集団のリーダーに対して全面的に依存・服従するよう求められる。このような生活を続けていたメンバーはやがて，自分の力で意思決定することもままならなくなり，集団のために働くロボットのようになってしまうこともあるという。

　さらに悪いことには，人間は権威に弱い。その集団がどれだけ反社会的な目的を持っていたとしても，絶対的な権威を持つリーダーが命じれば，その命に盲目的に従ってしまうという恐るべき傾向を持っている。権威ある実験者に威厳をもって促されれば，ごく普通の人間であっても，激しい苦痛をもたらす強烈な電気ショックを他者に与え続ける可能性を示したミルグラムによる一連の実験研究が，人間がいかに権力に服従しやすいかを繰り返し証明している（Milgram, 1974）。

　学術的研究はそもそも，人間のことを知りたいと願う純粋でアカデミックな問題意識のもとになされたものであり，そこから得られた結果も，人間や社会についての貴重な知見である。しかし，どんなに便利ですばらしい知見であっても，使う側の意図によっては人を傷つける道具へと変えられてしまう皮肉な事実を，カルト・マインドコントロールの例は如実に示している。

3 社会的比較・個人の自己確認

　社会的比較とは，自分と，自分とよく似た他者を比較し，自分自身をよりよく知ろうとすることである。社会的比較の議論は多岐にわたって展開されており，限られた字数ですべてを消化しきることはできない。よってここでは，ごく一般的な話を紹介したうえで，1および2で議論してきた内容とも関連づけながらまとめてみたい。

1) 日常生活と社会的比較

　我々は常日頃より何かと社会的比較をしながら生活している。たとえば高校時代，テストが終わって答案を返してもらったとき，同じくらいのレベルの大学を目指す友だちと点数を教え合い，一喜一憂した経験はないだろうか。結婚式の披露宴というものに初めて出席したとき，自分と同じくらいの年齢の他の参加者と自分を比較して，マナーがその場にふさわしいかどうかこっそり判断しようとしたことはないだろうか。

　フェスティンガーは，人が環境に適応して生きていくためには，自分とよく似た他者との比較をすることが必要不可欠であると考え，社会的比較の諸側面を"社会的比較過程理論"としてまとめあげた (Festinger, 1954)。他者と比較して自分のとった点数がよいのか悪いのかを知ること，あるいは，自分のマナーが披露宴にふさわしいものかどうかを確かめることは，自分の能力を正しく査定したり，自分の行動がその場に適応しているかどうかを判断するためには欠かせない。もしも，こういった比較を一切せずに主観的にのみものごとを捉え，己の思うままに行動していたら，環境に全く適応的でない非常識なことをしてしまっても，全く気づくことができないかもしれない。それを防ぐために，今の自分の様相を客観的に，かつ正確に知ることは大変重要である。

　また社会的比較は，他者と比べて自分をより好ましく，優れたものとして捉える自己高揚や，他者と比べて自分がより劣っていると捉える自己卑下と

も関連している。伊藤（1999）は大学生を対象とした調査を行い，自分が重要だと考えている領域については自己高揚が起こりやすく，そうでない領域については自己卑下が起こりやすい傾向があることを示唆している。伊藤によれば，自分にとって大切だと判断したこと（この研究では「平均的な他者と比べて優しいか」など）については自己高揚が起こり，自分がより優れていると判断する傾向が見られたが，自分にとってさほど大切ではないと判断したこと（この研究では「平均的な他者と比べて容姿が優れているか」など）については自己卑下が起こり，自分の方が劣っていると判断する傾向が見られたという。自分にとって大切だと思えることについて他者と比較し，自分が優れていることを確認したなら，自尊心が高まることは容易に理解できる。また，自分にとってさほど大切ではないことで自分が優れていなかったとしても，自尊心がひどく傷つけられることはない。この意味で我々は，実に合理的に社会的比較を使いこなしていると言えるだろう。

2） 社会的比較と適応

　本章の①で議論した同調の話も，②で議論したカルト・マインドコントロールの話も，実は社会的比較の文脈から考察することが可能である。

　①で紹介したアッシュの実験において，実験参加者は公的同調をした。実験参加者たちは，自分の答えこそ正しいことが明白なのにもかかわらず，自分以外の実験参加者（サクラ）に表面上の行動を合わせたのである。これは，実験場面という未知の状況において自分の行動の真偽を図るため，他者の様子をうかがい，自分の行動を他者に合わせて修正したとも捉えることができる。そう考えたとしたならば，実験参加者の行動はきわめて合理的である。つまり，その場はあえて自分の真意にそぐわない行動をすることで，逸脱して見えてしまう可能性を回避したのである。

　②で述べたカルト・マインドコントロールについても，社会的比較の文脈から見直すことができる。西田（1998）は，カルト・マインドコントロールを維持する機構のひとつとして，集団に所属している者たちが接触できる情

報そのものを限定してしまう方法をあげている。仲間同士での自由な会話を禁じたり，集団外部からの情報を遮断することによって構造的に情報を操作すると，破壊的カルト集団のメンバーたちは，自分の考えや行動が社会全体に比してどのような意味を持つのかを客観的に判断することができなくてしまう。さらに，集団外部の人々は自分の所属する集団を害悪とみなし，迫害しようとしているとの認識を植え付けられ，自分たちだけが正しいと思い込まされる。つまり，破壊的カルト集団に所属する人々は，自分たちは選ばれた者であり，それ以外の人々は選ばれることを拒否した愚か者であるとの自己高揚的意味での社会的比較を行うことはあっても，それ以外の比較を行う可能性を断ち切られている。それどころか，同じ集団に所属している他者が同じ状態に置かれていれば，彼らとの社会的比較を行うことによって，破壊的カルト集団内のルールに盲目的に従うことこそが適応的な行動であると結論づけ，自身の行動を正当化してしまいやすくなるのである。

　①の同調の例にしても，②のカルト・マインドコンロトールの例にしても，実験参加者や集団に所属する人々はある意味「誤った」行動をしている。しかし実験参加者は，正しい答えをあえて口に出すことよりも，その場で逸脱者とみなされずに済む行動を選んだという意味で合理的判断を下しているし，カルト・マインドコントロールを受けた者も，破壊的カルト集団内に限定して適応的な行動をしている場合（良し悪しの価値判断を別にすれば），非合理的なことをしているとは言い切れなくなる。

　ここで非常に難しいのは，何が「正しい」適応なのかを誰がどう判断すべきかということである。この世の中に唯一無二の絶対的な正しさが存在しない以上，これまでに展開されてきた議論を用いたとしても，この問いに対する明確な答えを出すことはできない。周囲に合わせて行動を修正することは，その社会のルールに合わせた適応的な行動をするために必要不可欠である。ただし，「適応しているかどうか」は社会的文脈に依存するものであり，ある文脈においては適応的でも，他文脈において適応的とは必ずしも言えず，また，今適応的でも将来も適応的であるとの保証もないということを念頭に

置いたうえで，我々は注意深く情報を集め，その時点での最適解を見極めていかなければならないのである。

●この章で読んで欲しい本
榊　博文　2002『説得と影響：交渉のための社会心理学』ブレーン出版
→説得コミュニケーションの技法や，同調，服従について包括的に議論されている本。引用されている実験数も非常に多く，この分野の少し詳しい参考書としての使い勝手はかなりものである。
高田利武　1992『他者と比べる自分』サイエンス社
→社会的比較についてコンパクトにまとめられた本。もう少しだけ社会的比較について知りたい人には最適のボリュームである。

第II部

社会と自己

第4章

社会的な自己

1 自己（自己意識／自己概念）

　おそらく皆さんは「あなたの星座は何座ですか」「あなたの血液型は何型ですか」という質問をこれまでに何度も受けたことがあると思う。またときには，週刊誌をめくって占いの記事を読んでみたことがあると思う。そしてときには「あたっているな，そのとおりだ」と感じたこともあったかもしれない。星座や血液型が世界中の人間の性格を12種類やまたは4種類で説明できる便利な道具だという以上に，このような記事が，我々に好まれる原因は「自分自身を理解する道具である」ことにある。

1）鏡に映る顔

　今朝，みなさんは洗面台に向かい，自分の顔を見，洗面し，「顔を作り」「髭をあたった」と思う。今日はずいぶん疲れているなと思うとき，それは鏡の中の顔が疲れて見えるからであり，それは自分自身の顔がそのように見えていることを知っているからである。

　キノボリウオ科のベタという魚は大変に派手な色彩で美しく，観賞用として有名な魚だが，縄張りの防衛行動が発達しており，闘魚と呼ばれる。この魚の前に鏡を置くと，あたかも縄張りを侵されたときのように，水中に入れられた鏡の中の自分の姿に向かって攻撃を仕掛ける。

　ルネ・ザゾ（René Zazzo, 1993）は乳児期の子供の顔に目印を付け，鏡を見せてどんな反応が出現するかを月齢順に整理している。生後10ヶ月ほどすると子供たちは鏡に映る自分の顔に興味を示し，子供の顔に目印を付けてから

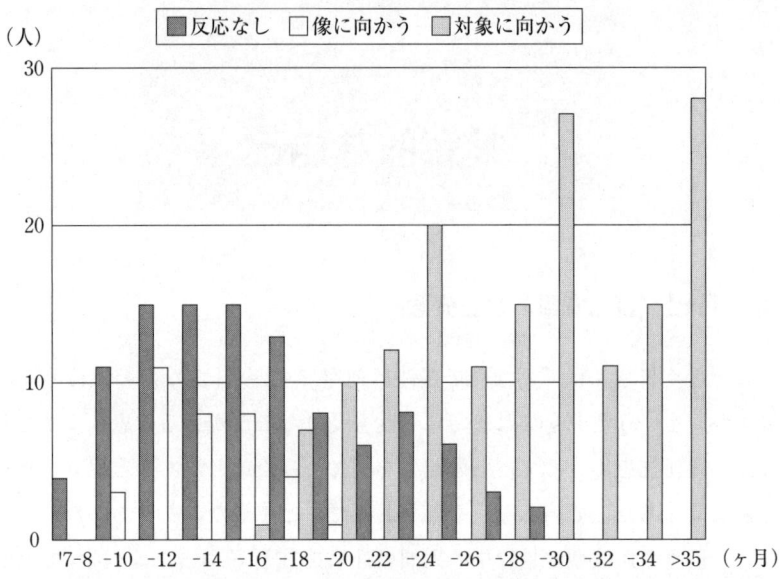

図 4-1 鏡に映った自己像に対して，子供の示した注意の頻度（René Zazzo, 1993）

　鏡を見せると，何人かの子供たちは指を突き出して鏡の中にある顔の印に触れようとする行動を起こす。しかし，16ヶ月を過ぎる頃になると，鏡の中の自分の像ではなく，自分自身の顔や顔の目印に触れようとする。20ヶ月を過ぎると，鏡に関心を持つ子供はすべて自分自身の顔に手を持っていくようになる。16ヶ月からの2ヶ月間に劇的な変化が起きるようだ（図4-1）。
　ギャラップ（Gallup, 1970）は同じような結果をチンパンジーを使って確かめている。チンパンジーの実験では，仲間から隔離されて育てられた3匹はいずれも，鏡に映った自分に対して自己認識を示さなかった。その後2匹を一緒に過ごさせるようにし，残りの1匹を隔離したまま飼育し，しばらくして再検査すると，2匹で一緒に飼育されたチンパンジーは鏡を見ると，顔に付けられた印に手を持っていったが，隔離されたままのチンパンジーは自分自身の顔に手を持っていかず，依然として自己認識ができなかった。

2) 自己の客体視

　日常の生活の中で我々はさまざまなことを考え思いめぐらす。「昨日は雨に降られてしまった，スーツをクリーニングに出さなければいけなくて，さらに洗車にも行かなければならなくて，ついでに明日のプレゼントも用意しなければならない」などと通勤時のラッシュにもみくちゃになりながら，予定を立てている状況は誰にでもあることである。このようにいろいろと思いをめぐらせているときに，その内容には当然自分自身のことも含まれている。自分自身や自分に関連することをいろいろ思い浮かべているとき，我々はどんな感情を味わっているのだろう。

　チクセントミハイとフィガースキー（Csikszentmihalyi & Figurski, 1982）は，我々が朝起きてから寝るまでの間に，どんなことを考えているか，そのときに自分自身への注目がどのように関係しているか調べている。100名以上の被験者と1日に8回ほど，不定期に電話で連絡をとり，「そのときに何を考え」「どのように感じているか，関与の強さ，能動性」「その考えていることは自発的な行為か否か」を聞き取り，確認した。その結果，「テレビ・ラジオ」「食事」などの活動と「自己」に関することを考えている場合を比べてみると，「自己」に関することは他の2つと同じ程度に頻繁に考えに浮かんできている。しかし，自分自身に関することを考えることはできれば回避し

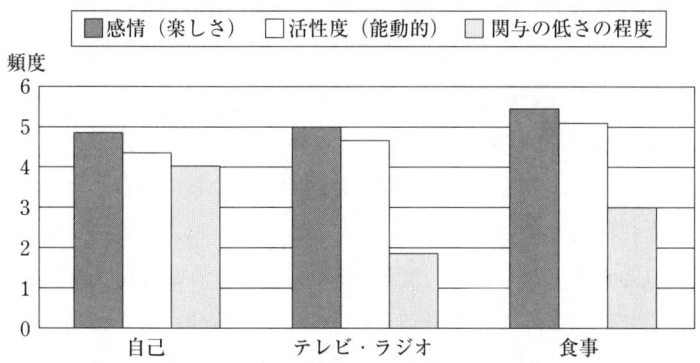

図4-2　日常生活で感じることとそのときの感情に関する調査
（Csikszentmihalyi & Figurski, 1982）

たい（図では，関与の低さが示されている），（食事などに比べ）比較的楽しいことではないと感じていることが示された（図4-2）。「食事」「テレビ・ラジオ」など自分自身の関与性の高い問題について注意をめぐらせている場合には，比較的楽しい・快適な感情を持っているのだが，「自分自身」に関する事柄について考えている場合には，自我関与は低く楽しさや活動性も低い状態であることが示された。

3） 自己の二重性

テレビの番組についてあれこれ考えたり，今晩の食事について考えたりすることは，避けたいとは思わないが，自分自身について考えたりすることはできれば避けたいと感じるのはどうしてなのだろうか。

デュバルとビックランド（Duval & Wicklund, 1972）は，自己客体視（objective self-awareness）の理論によってこのような心の動きを説明している。この理論によると，人間が自分自身を知覚の対象として認識すると，理想的自己との比較が起き，その結果不快感が喚起され，この負の情緒を解消する動機づけが起きると仮定されている。ここで理想的自己と呼ぶものは，「夢や希望や正義をもたらす最高のもの」という意味での理想ではなく，あくまでも現実の自己像と比較されるより望ましいものとしての自己のイメージを指す。現実の自己の客観的知覚は，自分が持っている理想化された自己像と比較されることで，現実と理想の自己との間にくい違いが起き，その差異感に基づいて，不快感が喚起されると説明されるのである。

自己の意識は，「主体的な自己」と「客体的自己」の区別を前提としている。ミード（Mead, 1934）は自己意識を行動の主体としての自己と，客体としての自己とに区別している。客体としての自己は，他人との相互関係によって決定される社会的なもので，他者が演じるであろうと仮定される役割行動を自分自身に適用することで成立する。つまり，自分がある状況のもとでどのように振る舞うべきかは，他人が同じ状況に置かれたときにその行動を観察して得られると思われる一般的な行為を取り上げて，自分の行動の規範と

することで決まると考えるのである。自分を取り巻く集団の提供する「一般化された他人」が，自己の主体性として取り込まれ，社会的に承認されるのだ。このように集団に依拠して形成された自己意識は，現実に行動する現実的自己を提供する。自分自身への注目の状態が強まると，現実によって規定される客体的自己の比較対象として，理想的な自己像が喚起されることになる。

　日常生活の中で，自分の活用できる資源が他者によって制限されたり，脅かされたと感じることがある。このような場合に我々は，制限や脅威を排除する活動を動機づけられる。この制約を回復する作業を開始することを仮定する理論がリアクタンス理論である（Brehm, 1966）。たとえば，自分では必要としないとわかっているものであっても，それを他人が使おうとするとひとり占めして使わせない子供などは，単にたくさんのものを所有したい欲求だけではなく，自分が利用できる潜在的可能性を失うことに対して反応しているのだと考えられる。このような喪失の可能性は，所有している自己と失った自己を比較することで自覚される。

　ロジャーズ（Rogers, 1951）は，現実の自己と理想の自己の不均衡が，さまざまな心理的問題を生み出すもとになることに注目して，「自己不一致」という状態を考えている。西洋文明のもとで「自己・自我」の概念を育んできた者にとって，おそらく自己不一致の考え方は大変に納得しやすい考え方だろうと思われる。ヒギンズ（Higgins, 1987）の自己不一致の理論では「現実の自分」「理想の自分」のほかに，社会的な約束によって決められる「かくあるべき自己」の3つ目の自己を仮定している。ヒギンズによれば自己不一致は，現実の自己と理想の自己の不一致，現実の自己とかくあるべき自己との不一致の2種類が考えられている。ヒギンズの2種類の自己不一致はロジャーズのいう自己不一致と，さらに，義務や責任が問題になる自己不一致があるということである。

　エプスタイン（Epstein, 1973）は，自己概念の機能として自尊感情を維持すること，快と不快のバランスを調整すること，世界に関する知識を整理する

ことの3つをあげている。ヒギンズ（Higgins, 1996）は自己の制御機能（self-regulation）に注目して，自己の働きを説明する。現在，自分の体験している現実的自己がどのような資源を利用できるか，もし理想自己が現実に活動すると仮定すれば利用可能な資源は何かなど，常に現在の状況を検討し，結果を望ましい状態に近づけるよう活動の統制をすることが自己の基本命題であると考えるのである。このような理想的状態を目標に現実の活動を維持する自己制御機能は，どのように形成されるのだろう。日々の生活経験に基づいて，自分と他人の関係についての随伴性規則（出来事同士の出現確率のパターン）を抽象して一連の規則（自己要約；self digest）を持つことである。この自己要約には，「現在の状況をモニターする現実自己」と「制御する方向を示す理想自己」「自己の視点」が組み込まれていることになる。エプスタインが自己の3つの機能として掲げたように，自己要約は日常生活の場面で予想される自己の機能を高め，心理的問題を解決するために重要な役割を果たす。

4）社会的比較による自己評価の欲求

　ルネ・ザゾ（René Zazzo, 1993）の研究に見られるように，鏡に映った自分の視覚的像は生後16ヶ月頃から自分自身のものとして認知される。誰もが人前で緊張する体験を持っていることからわかるように，自分自身が映像として多くの人々に眺められることは，特別な感情を人々に引き起こす。テレビのニュース番組などで現場からの中継画面になると，レポーターの後ろに，たまたま居合わせた人たちや，ときにはそのために馳せ参じた多くの「野次馬」が，満面の笑みで携帯電話を振り回しながら画面の奥を占拠しているシーンはそれほど珍しいことではなくなった。マラソン競技の実況などでも，沿道で中継カメラを追いかける人を見かける。このほかにも，誰かそばで見ている人がいるだけで生じる，社会的促進や社会的抑制の現象はよく知られている。いずれにしても，他者の存在が自分自身への注意を増大させ，行動に影響を与えている例である（Zajonc, 1965：Cottrell, 1972など）。

　次節に示すように，他者の存在はわれわれの行動にさまざまな影響を与え

る。その基本的メカニズムは，自己意識が中心的な役割を果たしている。この自己意識は，知覚の対象としての自己イメージで，客体的自己と呼ばれるものである。鏡に映った眼前の像が自分自身であることを理解するには成熟と経験が必要である。一般的には，ある刺激が与えられるとその刺激に対する認知・感情・行動が派生する。知識が確認され，信念や評価が生まれ，感情がわき起こり，ふさわしい行動が決定される。この3つの側面は態度の要素として説明されるものである（Rosenberg & Hovland, 1960）。態度の成分にはそれぞれ一貫性が想定される。この一貫性こそが複雑な事象の集合である世界を整理する定規を人間に提供してくれるものになる。

　ヒギンズの自己要約の機能や，態度の一貫性などは，複雑な刺激の複合によって構成される日常生活を，扱いやすいものに整理する重要な機能を果たす。しかし，この過程は本人には気づかれずに進行する。一連の自動的な過程を終えた結果だけを取り出すと，予想もつかない結末が引き起こされることさえある。ベム（Bem, 1965）は被験者に何枚かの人物写真を次々と観察させた。このときに部屋に設置したスピーカーから被験者自身の心臓の鼓動を流して，被験者自身に聞こえるようにする。自分の鼓動を聞きながら次々と写真を観察する途中で，特定の写真を観察するときに，スピーカーから流す心拍数を人工的に増加させる実験的操作を加える。すべての写真の観察終了後に，どの写真が魅力的であったかと尋ねられた被験者は，心拍数を操作された写真を選ぶことが多くなる。もちろん実験的操作は特定の1枚だけに加えるのではないので，写真の人物自体の持つ魅力に関係して選ばれるのではなく，鼓動が速くなったという情報によって選択が起きていると考えられる。感情は行動と認知に密接に結びついており，心拍の変化という行動成分とその認知（解釈）によって感情の評定が決定されることをこの実験は示している。

　客体的自己が知覚の対象であることは，我々が自己に関する態度（自己意識）を保持していることを意味している。自分自身に対する態度である自己意識を公的自己意識と私的自己意識に分類するとき（Fenigstein, et al., 1975），

自己意識は自分自身に対する2つの態度特性を測定されることで明らかになる。公的自己意識を強く示す人は，外見や表情や行動に注目し，他者の評価を重視し，他者の規範に同調する傾向が強いという特徴を持っている。私的自己意識を強く示す人は，自己の内面や感情に注目し，自分自身の評価を重視し，自律的行動を重んじる傾向が強いという特徴を持っている。そしてこのような傾向はその時々で変化するのではなく，一貫してその人物を彩るものとなっている。あなたの自己意識を次の自意識尺度によって測定してみよう。

5） 自意識尺度

　自己概念が，他者との関係の上に形成されること，それはさまざまな外的な刺激と行為の結果によって変化する可能性を持つこと，そして，その変化は穏やかで，むしろ一貫性を示すことができる程度に緩やかなものであることなどから，安定と変化の均衡状態が，自己概念にとって重要な問題であることは想像される。しかし，ジェームズ（James, W.）やミード（Mead, J. H.）が考えるように，自己が社会的であり，"認識してくれる人の分だけ" "自分自身が関心のある意見を持つ人たちのグループの分だけ" "誰もが多くの自己を持っている" のであれば，さまざまな社会的な状況の中で，常に均衡を保つことはかなり困難な作業を強いるものであろう。バン・デン・ベルク（Van Den Berg, J. H., 1963）は多くの自己はコミュニティの統一によって保たれるが，自己の光源である社会が統一性を失うと，それに応じて無意識がもたらされると考えている。

　ここでは次ページに示した自意識尺度によって各自の自己意識特性をチェックしてみよう。

6） 同一性障害（同一性拡散）

　エリクソン（Erikson, E. H.）は自我の同一性という概念を提出した。人間は成長の過程で何度も同一化を繰り返し，その都度，重要な発達の課題を達成

表4-1 自意識尺度

以下の質問にどの程度あてはまるか、「まったくあてはまらない（1点）」「あてはまらない（2点）」「ややあてはまらない（3点）」「どちらとも言えない（4点）」「ややあてはまる（5点）」「あてはまる（6点）」「非常にあてはまる（7点）」の最も近いものを選んで答えなさい。

【公的自意識】	【私的自意識】
自分が他人にどう思われているか気になる	自分がどんな人間か自覚しようと努めている
世間体が気になる	その時々の気持ちの動きを自分自身で掴んでいたい
人に会うとき、どんなふうに振る舞えばいいのか気になる	自分自身の内面のことに、強い関心がある
自分の発言を他人がどう受け取ったか気になる	自分が本当は何をしたいのか考えながら行動する
人に見られていると、つい格好をつけてしまう	ふと、一歩離れたところから自分を眺めてみることがある
自分の容姿を気にする方だ	自分を反省してみることが多い
自分についてのうわさに関心がある	他人を見るように自分を眺めてみることがある
人前で何かをするとき、自分のしぐさや姿が気になる	しばしば、自分の心を理解しようとする
他人からの評価を考えながら行動する	常に、自分自身を見つめる目を忘れないようにしている
初対面の人に、自分の印象を悪くしないように気遣う	気分が変わると自分自身でそれを敏感に感じ取る方だ
人の目に映る自分の姿に心を配る	

公的・私的自意識の平均値（菅原，1984）

	男性		女性	
	平均	SD	平均	SD
公的自意識	52.8	9.9	56.4	8.3
私的自意識	50.3	9.0	54.0	7.7

して成長していくと考えられている。たとえば、我々が生まれてすぐに直面する課題は「基本的な信頼」の獲得であるとされる。生理的早産の状態で歩くことはおろか、欲求を満たす術を持たない乳児が、安心して自分の世界に留まることが可能になるためには、自分を支える環境である母親との関係を通じ、自分の世界に関する基本的な信頼を確立することが必要なことであると考えられる。生後30分もすると自分の足で立ち上がり、母乳を求めて母

親を追う草食哺乳動物と比べるとその意味が理解できる。

　エリクソンの発達段階では青年期に到達すると，我々は"自我の同一性の確立"という課題に遭遇する。「自分は何者か」と自問したときにどのように答えることができるだろうか。大変に難しい質問で，どう答えればいいかわからないと感じる人も多いと思う。エリクソンはこの課題はすんなりと達成できるものだとは言わない。社会的に一人前の大人としての自分を発見するために，さまざまな試みを展開し，ときには失敗することもあるのだと言う。そこで青年期は，"心理的モラトリアム"を与えられ，義務や責任を求められない時期を経験することになる。それでも"自分が何者かわからない"，"自我同一性の拡散"という事態も起きうる。ピーターパン・シンドロームや青い鳥シンドロームなどと呼ばれる若者の特徴的な行動は，このような背景を持っている。

　米国精神医学会（APA）の精神疾患の診断・統計マニュアル（DSM-Ⅳ）では，同一性障害は『臨床的関与の対象となることのある他の状態』として分類されているが，それ以前の版であるDSM Ⅲ-Rには，同一性障害の診断基準がある。「長期的な目標，職業選択，交友パターン，性的対象志向，性行動，宗教的同一化，道徳的価値，集団への帰属などの内の3つの側面以上で，悩み，社会生活や職業生活の障害を引き起こし，3か月以上それが続いている」状況が診断基準である。自分が何をしようとしているか決められない，友だちも決まらないし，正しいこと望ましいことも見当がつかず，集中できず，何もする気が起きない。こんな体験に似た経験を多くの人は経験していると思う。ここで問題になっていることが"自我の同一性"である。

7）自己概念

　自分自身を感じたり，表現したりするときには，自分自身が映像や感覚として静的に知覚されるだけでなく，意味のある行動の主体「私」として知覚されることが必要である。では具体的に自己をどのように捉えることが可能なのだろう。

まず自分は言葉によってどのように表されるかを考えてみよう。オスグッド（Osgood, C. E.）はセマンティック・デファレンシャル法（SP法）と呼ばれる方法を用い，我々が特定の対象物にどんな意味を見出しているかを理解する方法を工夫した。それはたとえば「明るい－暗い」の形容詞対の尺度を考えたときに，どの程度明るい（または暗い）と感じるか，1から5までの尺度

表4-2　自己概念尺度（長島ほか，1967）

以下に，性格を表した様々な特徴が，対になって示されています。それぞれの対について，「現在のあなた」に最も近いところひとつに○を付けてください

とても	かなり	やや	どちらでもない・わからない	やや	かなり	とても	
鈍感な	├──	──	──	──	──	──┤	敏感な
短気な	├──	──	──	──	──	──┤	気長な
強い	├──	──	──	──	──	──┤	弱い
陽気な	├──	──	──	──	──	──┤	陰気な
物覚えの良い	├──	──	──	──	──	──┤	忘れっぽい
不正確な	├──	──	──	──	──	──┤	正確な
勤勉な	├──	──	──	──	──	──┤	怠惰な
感情的な	├──	──	──	──	──	──┤	理性的な
派手な	├──	──	──	──	──	──┤	地味な
厳しい	├──	──	──	──	──	──┤	優しい
感覚的な	├──	──	──	──	──	──┤	理知的な
強気な	├──	──	──	──	──	──┤	弱気な
孤独な	├──	──	──	──	──	──┤	社交的な
無口な	├──	──	──	──	──	──┤	おしゃべりな
まじめな	├──	──	──	──	──	──┤	ふまじめな
かたい	├──	──	──	──	──	──┤	柔らかい
にぎやかな	├──	──	──	──	──	──┤	静かな
角のある	├──	──	──	──	──	──┤	丸い
素直な	├──	──	──	──	──	──┤	強情な
臆病な	├──	──	──	──	──	──┤	勇敢な

省略

で答えるというものである。同じ方法で「重い－軽い」「素早い－鈍重な」など一連の対項目に答え，その結果をまとめることで，その対象の特徴を我々がどのように評価または認識しているかを知ることができるのである。自分自身について同様の質問をして，結果を求める方法で作られたものが自己概念尺度である（長島ほか，1967）。

では，表4-2の「自己概念尺度」に答えた後で，改めて「自分はどのように表されるか」と自問してみよう。

それぞれの形容詞対の上に記された判断をすべて並べて，「なるほど自分はこれだ」と手放しで納得できる人は多くはないと思う。たしかに，誠実に一つひとつに答え，それぞれは十分に自分の特性を表してはいるのだが，その結果が私のすべてではないと感じるかもしれない。それは「あなたはこれこれの特徴を持つ人だ」と決めつけられてしまうとブレームの唱えるリアクタンスが起き，可能性としての自分や，理想的な自分が否定されてしまったように感じられるからであろう。

ロジャーズは，人間学的心理学（Humanistic Psychology）と呼ばれる考えを基本にして，クライエント中心療法と呼ばれるカウンセリングの方法を確立した。ロジャーズは自己実現の動機を人間の基本的なものと仮定している。来談者（クライエント）は自己の経験と自己概念とが不一致の状態にあり，これが不適応の状態であると考える。そして，人間には自己成長を押し進める力があり，自分自身の自己概念と経験の間にある不一致に気づき（覚知）すれば，不適応の事態は解消されると考えている。したがってカウンセラーの基本技法は傾聴で，絶対の信頼を持って来談者の声に耳を傾け，来談者が自分自身を語り表現することによって，自分自身を覚知することを援助することが可能なのだと考える。

8) 自己概念の定義

自己概念を測定するという作業を通して，複雑な自己機能の一端がうかが

えたと思う。自我は現実的な行動を支える基本である。現実の行動は，さまざまな要因で規定され出現する。自我はこの結果を社会的な経験として取り込んで発達し，理想と可能性を現実に反映させよりよい適応的な行動を生み出す機能を担っているのである。

ロイドとフィッツ（Roid & Fitts, 1988：1994）は自己概念を測定するTSCS（テネシー自己概念尺度）を作成している。TSCSの自己概念では内的準拠枠と外的準拠枠を区別している。

内的準拠枠は「同一性・自己充足性・行動性」に関する自分自身に対する認知から成立する。「同一性」は自分が自分自身をどのように認識しているかということである。自分の性質は他人も気づくようなはっきりとしたものであることが望ましいが，他者が直接観察できるような表面的なものとは限らない。「自己充足性」は自己認識内容に対して，自分自身が感じる満足の度合いを示す。「行動性」は自分の遂行する行為を指し，他人も観察できるものである。これらの内的準拠枠の認識は自分自身の価値を決定するものである。

外的準拠枠は，身体的，倫理的，個人的，家族的，社会的自己などという具体的な自己の展開する場面ごとの行動内容と評価を規定する。たとえば，自分は身体的にどんな人間かと聞かれれば，内的準拠枠と身体的自己の組み合わせによって，「自分の体つき，外見は自分で説明できる特定のスタイルがあり，他人からもあの人はこんな特徴だと認められ，自分自身で好ましいと感じる」ものとして表現される。

自己概念の説明としてはこのほかに，ロジャーズの自己のように，「理想や本音の自己」と「現実の経験としての自己」という側面を強調する説明もある。現実に体験している自分自身は，常に自己概念の基本となるものである。これが自分自身の視点からのものであろうと，他者によって視られているものであろうと，他者から評価されたものであろうと，満足いくものでも不満足なものであっても，今ここのこの場面で，自己の認識が成立している。しかし，「理想・本音」と表現された場合には，現実に今ここにある自己を

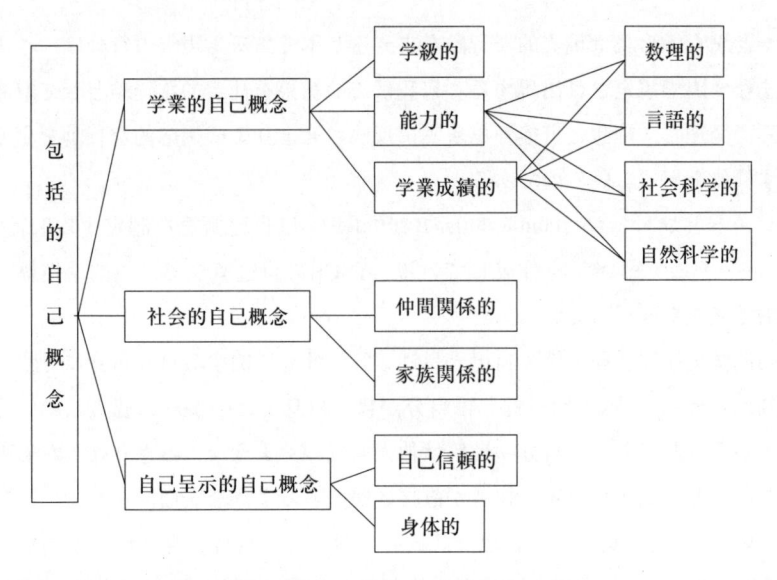

図4-3 ソンとハッティの自己概念の多次元階層モデル（Song & Hattie, 1984）

指してはいない。たとえば義務的自己（ought-self）とか可能自己（possible selves）と呼ばれる自己が考えられる。「こうなりたい，こうあらねばならない，ときにはそうなりたくはない自己」は現実には存在しないものであっても，現実の自己に大きな影響を与える。両者の乖離があまりにも大きくなれば，ロジャーズが指摘するように現実の自己概念を否定したり，拒否する場合もときには現れることになる。

　自己概念が含むさまざまな特性を一覧にして眺めてみれば，おおよそ次にあげる側面を区別できる。（記述的次元，評価的次元，感情次元，重要視次元，可能次元）×（安定性次元，複雑性次元，明確性次元）×（本人の視点，他者の視点）×（理想，過去，将来そして現実）などさまざまな特性が考えられる。これらを組み合わせると複雑な自己概念ができそうだが，これらの多岐にわたるものをすべて一時に仮定することは現実的ではない。「自分は何者か」といった質問はその質問に至る経緯を持ち，全くの制約のない質問として発せられることはないと思われるからである。

ロイドとフィッツのTSCSで内的・外的準拠枠とされた項目は，一般的なカテゴリーの例で，そのほかにも知能・学力・運動能力・身体的特性・人間関係・社会的特性等々さまざまな要因を区別できる。これらの要因をすべて包括する総合的な自己概念のモデルとして，ソンとハッティ（Song & Hattie, 1984）に代表される，階層構造を持つモデル（図4-3）や，各領域の自己概念が相互に重なり合う多次元自己概念モデル（MSCSモデル（Bracken, 1992））が考えられている。

　しかし，自己概念が階層化していたり，相互に重なり合ったりする包括的な自己概念が，日々の生活でさまざまに変化する自己に対するダイナミックな評価を支えることは困難であるという指摘もある。ごく普通の観客が映画館を出るときには一様に肩を怒らせていたり，一様に優しい表情をしていたりすることはよく語られるエピソードである。このような現象は状況的，文脈的効果と呼ばれるが，数時間の経験がその時々の自己概念を劇的に変化させているのである。

　自己概念の形成において社会的な文脈の効果を重視する考え方は，作業自己概念（working self-concept）または作動的な自己概念（dynamic self-concept）という考え方に代表される。記憶におけるプライム効果に見られるように，活性化されるその時々の自己概念が社会的文脈に依存して決められるということである。もちろん，その時々の状況に対応して自己概念が根底から変化するのではなく，安定し中心的役割を果たす部分と，状況に対応して一時的に活性化されて表現される周辺的な自己意識が区別できる。

　人間には自己をよりよい状況に置き，その力を生き生きと発揮させる能力が備わっているとロジャーズは考える。このときの「自分自身の自己概念と経験とのくい違い」に気づくということはどういうことだろう。自己概念は，現在または過去において実行した経験に基づく自己概念のほかに，比較対象されるもうひとつの自己概念というものがあると考えている。過去におけるさまざまな経験は，行動を生み出す主体としての自己，行動として現れた自己，他人との関わりの認識，価値などを生み出し，これらを通じて自己概念

と呼ばれるものが形成されると考えられる。あなたはどんな人ですか，「重いですか，軽いですか，7から1までの数字で答えなさい」と尋ねられて，我々が参照するのは経験を通して形成された自己概念ということになる。したがって，「あなたは（私は），これこれの人だ！」と自己概念の一部を取り上げて具体的に記述された場合，比較対象となるもうひとつの自己概念が意識に登場することになり「ふむ，ふむ，はたしてこれが私のすべてだろうか？」と疑問を感じることになるのだろう。ちなみに，ロジャーズは他人から見たときの自己概念を「自己構造」という言い方で，自分自身が視点になる場合のものと区別している。

2 役割行動

自分で自分を理解することはかなり複雑で困難な作業である。しかし，自分がどんな人なのかを理解できなければ，毎日の暮しの中のさまざまな場面で，何をすればよいのかを決められないということは誰にでも想像できる。この節では自分を理解するときに大切な材料を提供する社会や集団の問題について考察する。

1） 社会行動の基礎

人間社会から隔離されて育った子供たちの例に見られるように，社会的剥奪条件下では人間らしさと言われるような行動は発達しない。人間の行動の基礎をホーマンズ (Homans, 1974) は，社会的単位の中で展開されるものであると説明している。つまり，人間の行動は反応の連続を周囲の人間から引き出す刺激である。そこにはホーマンズが成功命題と呼ぶ行動の基本原理，強化の法則が成り立っている。しかしこの成功命題は「行動の原因」を説明するものではない。パブロフの犬が唾液を流す原因は，メトロノームの音刺激であると言えるが，それでも過去に肉の塊の刺激受容体験がなければ，学習が成立しないという意味では相変わらず"原因"は肉の塊であると言うこと

もできる。単純な反射を考えるとき，その反射行動を引き出すものとしての直接的原因は，先行する無条件刺激である。しかしあなたの微笑みの原因は何かと尋ねられたとしたら，それほど単純に答えを用意できるものではないだろう。それは常に同じ先行刺激によって引き起こされるものではないし，ひとつの刺激が常に同一の効果を発揮するとは限らない。その微笑みが生じた場面，つまりいつ，どこで，誰が，誰に，どのように生じたのかによって，つまり規範，影響過程，勢力など一連の社会的過程によってその原因（意味）は大きく異なるのである。

　人間の持つ他人との関係は，一般的には開放的なシステムである。私と相手との関係は2人だけで完結するのではなく，私には私に連なる，複数の人間関係があり，相手にも同様に人間関係がある。それぞれの背後の人間関係は，お互いの相手がそのすべてを知り尽くすことは不可能であり，常に入れ替わる。境界が明確ではないシステム「我々」は「我々」外の誰かから常に影響を受けることになるし，現実に「我々」の予想を超える変動が「我々」の行動に影響を与えることになる。相手が突然よそよそしくなるのは，私に原因がある場合もあるが，相手に影響を与える別の人間関係が働いている場合もある。テイラー（Taylor, 1970）の指摘するように，システムであることは平衡性・バランスを持つことである。このようなシステムを実現するものは"集団"と呼ばれる。我々の行動は社会的であり，自分と他人で構成する集団によって基礎を与えられるのである。

2）集団と行動

　テイラーは集団を以下の5つの特性を持つ人間の集合の単位（ユニット）であると考えている（Taylor, 1970）。①2人またはそれ以上の人間から構成されている。②相互作用（コミュニケーション）が存在する。③一個あるいはそれ以上の象徴的対象が存在する。④各人が，他の人間と一個以上の象徴的対象に対して，関係性または方向性を持っている。⑤各人が自分の属するユニットを意識している。つまり，複数の人間が相互に影響し合いながら，特定の

対象に向かい，ある種の感情を喚起し，お互いが他の存在と区別される存在として認識している状態が集団であると考えられている。我々の周囲には集団に属さない個体を見出すことはおそらく不可能であり，誰もが自分の所属する特定の集団の課題を遂行しているのである。多くの人々の抱える精神的問題は，この集団の有り様と関わって発生すると言って過言ではないのである。

　ある特定の集団に参加する個人の行動は，その集団に特有の規範により規制されていると考えられる。ゴッフマン（Goffman, 1963）はこの規制について「関与の範囲に関する規則，及びその境界に払わなければならない配慮は，明らかに，集まりそれ自体を尊重するための規則である」と表現している。集団に参加することは，その場面にふさわしい振る舞いを約束することであり，多過ぎる関与と少な過ぎる関与を回避することで，参加者の負荷を軽減する機能を果たしている。もし，あるメンバーの多過ぎる関与（少な過ぎる関与）が示されると集団の他のメンバーにとっては不快となったり，場合によっては危害が及ぶことを予想させたりすることになる。たとえば家族は社会的集団だが，父親や母親が役割を果たす適切な行動を拒否してしまえば，家族の機能は崩壊してしまう。

　日常の生活ではひとつの空間が複数の集団に同時に占められ。それぞれの集団に属する個人に，それぞれにふさわしい行動を要求する。病院内で患者が白衣を着る場面があるとすれば混乱を引き起こすだろうし，清掃を請け負った人たちが白衣姿で作業をしていれば，たとえ医師の提供すべきサービスそのものに欠陥がなくても，患者たちに不審を招くことは必定である。ある社会的場面に参加する個々人にはそれぞれに担うべき役割行動が指定され，規範を守ることで相互の結びつきが安定して保たれているのである。

3）フォーマルグループ

　身のまわりの集団を思い浮かべると，ご近所の主婦のお仲間集団，テニスサークルの集まり，共同購入のグループなどさまざまなものがあげられる。

これらの集団に比べて，自治会の役員会，会社の営業3課のプロジェクト・チームなどはいくつかの点で区別される性質を持っている。

特定の組織に属し，特定の目的を持ち，所属するメンバー個々の役割，職務，権限，責任や，他の集団との関係が明確に決められた集団をフォーマルグループと呼び，その他の集団と区別される。一方，職場の飲み友だちや同じフロアーの同僚の親睦会などは，規則や会員としての公的な登録などは明示されていない。もちろん個々人の活動がすべてフォーマルな集団によってだけ規制されるものではないことは，工具の労働環境と作業効率を取り上げて，インフォーマルグループの動機づけについて報告したメイヨ（Mayo, E.）らのホーソン研究によって典型的に示されている（Roethlisberger & Dickson, 1941）。

4) 役　　割

集団が形成されると，そこに含まれる成員と課題が明確になる。小学校の国語のクラス集団では，歴史的な発見である「数字の0の発見」に関するテキストを用いることはあるが，算数の計算「0に1を加えると1になることの説明」を考察する機会ははるかに少ないのである。もし同じ集団が，対象を変えて算数のクラスになれば両者の出現の確からしさは逆転する。

授業が始まり，クラスの学習が開始されるときに，「これから算数の勉強を始めましょう」「これから国語の勉強を始めましょう」と集団の対象と対象への関係性を宣言するのは教師であり，生徒がこれに代わることは稀なことである。また，このような宣言をしなければ，教師の補足的役割を担う生徒は教師の宣言を期待し，「今日は何をするの？」「庭で遊んでいいですか？」などと催促するかもしれない。ビドルとトーマス（Biddle & Thomas, 1966）は役割を，区別される特定の位置を占める個人に対して要求される一群の行動セットであると定義している。家庭集団では，父・母・長男・長女などが区別され，それぞれの人物の区分に相応しい労働や相互の報酬性の行動など，さまざまな活動の束が相互に結びついている。

この人物と行動の結びつきを規定する原理に関しては，以下にあげるように多くのことが指摘されている（Biddle & Thomas, 1966）。①複数の行動が選択可能な場合に，決め手となるような差異，②集団内の誰からも理解できるような，その行動の意味や価値についての共通認識，③誰が誰に働きかけるのかといったメンバー同士の関わり，④行為を担う資格や適切性等，人物の個別性，⑤行為の主体とその対象となる人物の，お互いの依存的関係や報酬決定性，⑥行為や結果に対する評価，などである。このような基準は役割規範や役割期待として集団内における個人の役割を規定し，個人がどのような行動に従事すべきなのかを決定する。

5）集団規範

　集団内の個人の行動は，個々の成員が自由に選択できるものではなく，役割や規範によって一定の範囲内に規制される。このような規制は思考方法（準拠枠），評価（態度），報酬（凝集性）などの規範への同調を生み出すことになる。シャクター（Schachter, 1951）の実験では，集団の規範から逸脱する個人への働きかけの変化が，コミュニケーションの量として示されている。集団になじまない成員がいれば，ほかのメンバーはコミュニケーションを活性

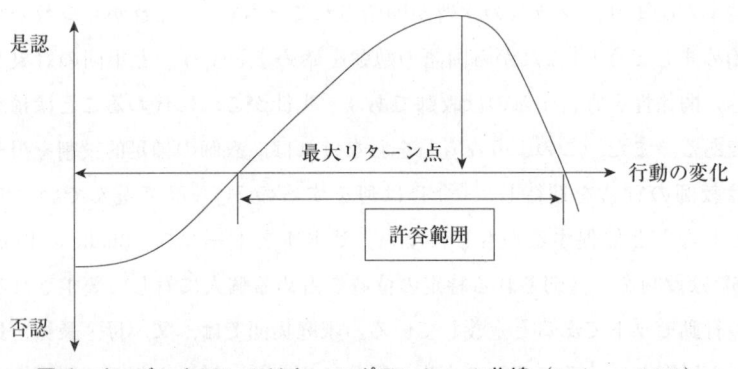

図4-4　ジャクソンのリターンポテンシャル曲線（Jackson, 1960）

化して，なじまない成員の行動を変化させようと試みる。もし彼が規範から逸脱し続けるならば，やがてほかのメンバーは働きかけを停止してしまう。ジャクソン（Jackson, 1960）は，集団規範の社会的圧力としての機能を，リターンポテンシャル曲線と呼ぶグラフによって表現している。行動の変位と集団からの受容・拒否の程度の関連によって，規範そのものの社会的圧力としての強さ，理想とされる行動，規範の許容範囲，規範の性質（支持的・否定的），成員間の一致度など圧力の性質が図示される（図4-4）。また，アッシュ（Asch, S. E.）やミルグラム（Milgram, S.）らの一連の同調に関する実験は，いかに個人が集団や社会に規制されているかを示すものだが，同時に個人の判断が集団に依存する強さを示すものでもある。

6） 自己意識と不適応

臨床心理学の分野での事例は第8章において紹介されるが，自己意識が健康な精神生活を維持するために大きな働きを持つことをいくつかの例によって理解しよう。

ギボンズら（Gibbons, et al., 1985）は，情緒に障害を持つ患者の示す気分の判断が，自己意識の高まりによって亢進することを検討している。抑うつを示す被験者と統制群の被験者に，鏡を用いて自己意識を高める操作を施すと

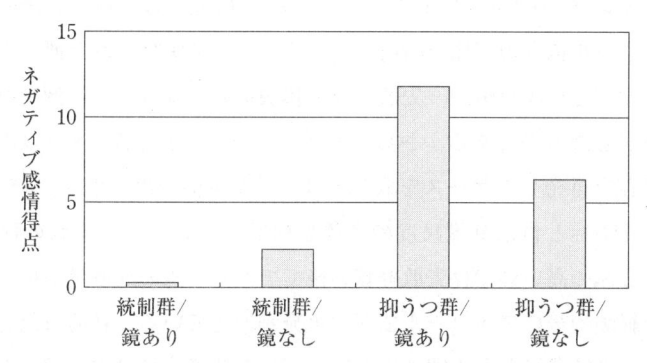

図4-5 鏡に映った自己像によって引き出される抑うつ患者の自覚的感情
　　　（Gibbons, et al., 1985）

病状の自覚状態が高まり、抑うつ傾向を持つ者に著しい効果が認められた（図4-5）。鏡に映る自分を見ることはさまざまな実験に使われる自己意識を高める操作だが、ここでは抑うつ傾向を持つ場合にその効果が大きいことが示されている。

アルコール摂取と自己知覚の関連に関する研究は、アルコールがセルフ・スキーマの利用を妨げる効果を持つことに注目している。我々は与えられた複雑な環境の中で、すべての条件を考慮して行動を決めるのではなく、自分がいつも習慣としている考え方や行動様式（セルフ・スキーマ）に従って、自動的に行動していると考えられる。セルフ・スキーマは自分の特性に関する自分自身で持っている知識の体系を指すが、自分に与えられている情報を分析評価し、現在の状況にふさわしい行動を決める指針を提供する。

いつもの行動や感情の下敷きになる考え方（セルフ・スキーマ）によって導かれる不安や抑うつなどの、自己注目によって引き起こされるネガティブな感情の発生を、アルコールを摂取すると回避することができるというものである。図4-5に示したように、抑うつ状況の被験者に鏡を見せることで自己注意が喚起され、ネガティブな感情報告が増えるのだが、アルコールを摂取すると自己注目を抑制しこのような感情を回避することができると考えられている。

ハルとヤング（Hull & Young, 1983a：1983b）の研究では、自己評価のプロセスとアルコール依存の関係を検討している。ここで実施された研究のひとつは、自己意識と自尊感情が、失敗と成功体験後のアルコール飲酒量へ与える影響を検討したものである。さらにもうひとつは、治療後3ヶ月以内にアルコール依存を再発したケースを取り上げ、日常生活の出来事（ポジティブとネガティブな経験）と自己意識尺度の関係を検討している。いずれの研究でも、私的自己意識の高い群では失敗経験の後でアルコールの飲酒量が増え、ネガティブな経験の後にアルコール依存の再発が増えている。私的自己意識は自己の感情への敏感さと、集団の圧力への抵抗や他者への対立を示しやすい傾向を強化する。私的自己意識の低い群では、失敗経験後の飲酒量の増加や、

ネガティブまたはポジティブな経験後のアルコール依存の再発に差がないことが示された。

　自己意識は自分を社会的存在として意味づけ，社会的役割を担うように評価し，日常生活で現実的な行動を遂行できるように指針を与える大事な機能を持っている。しかしもう一方で，自分自身への注意の過度の集中が，精神の適切な活動に対して阻害的に作用することも示されているのである。

●この章で読んで欲しい本

バン・デン・ベルク，J. H.（早坂泰次郎訳）　1980『引き裂かれた人間　引き裂く社会』勁草書房（Van Den Berg, J. H. 1974 *Divided Existence and Complex Society : An Histrical Approach.*）

→かつて日本には「多重人格」と呼ばれるような人格の障害は稀であったが，しばらく前から半ば流行りのようにあちこちで，関心が渦巻いた。この本では，社会や文化との関連を精神心理学的観点から解説している。

クラインク，C.（島津一夫監訳）　1984『自己知覚』誠信書房（Kleinke, C. 1978　*Self-Perception : The Psychology of Personal Awareness.*）

→自己に関する問題を行動主義の立場から実証的な研究を中心に，シャクター，ベムの考えを基本として展開している。前半は，自己の身体的状況の理解を，後半は態度や行動の統制など表現された行動の解釈を中心にしている。

第5章
自己認知と対人関係

1 自己認知と対人行動

1) 社会的アイデンティティ (social identity)

　他者との交わりによって自己が規定され，個人の行動が社会によって条件づけられている。同様の関係は集団間にも成り立ち，特定の社会集団は，その他の集団から区別される特性を構成員が共有していると考えられる。この成員に共有された特性に注目して自己を規定するときに生まれる意識が社会的アイデンティティである。自己意識が個人的な領域であることに対して，社会的アイデンティティは集団に共有される認識である。

　集団の役割は補足的役割を必要とし，公的自己意識の働きを前提としている。これらの認識は個人の集団内の位置を決め，役割を決め，自己意識に影響し，集合的な自尊感情の維持・高揚を動機づけ，その個人の生活を方向づける。自己意識の発生が他者を前提として，鏡像的に決まり，集団の数だけ自己意識が生まれるとすると，集団間の相互作用を通して生まれる社会的アイデンティティは自己意識の双子の兄弟であるとも言えるだろう。社会的アイデンティティもまた集団内の自己の評価を決め，行動を規制する。集団内の個人の役割取得の場合と同じように，集団の特性を決めることによって，集団外に対しても，何らかの規制や，評価が展開されていると考えられる。このような問題は対集団行動と呼ばれ，集団間の差別や対立の問題として研究されている。

　社会的アイデンティティが関連すると思われる問題は，国家間の葛藤，人種葛藤，社会的地位格差といった国家や民族の問題から，さらに細かな個人

レベルの問題にまで広がっている。外国から日本に嫁いで，伝統的な生活様式の色濃く残る地域で生活する女性のエピソードを聞くことがある。本人も周囲の人たちもお互いに問題を感じながら暮らしていることもあるように聞く。都市や農村における外国人の移入者の直面する問題などは，ますます注目される問題となっていくと思う。

ターナー（Turner, et al., 1987）の自己カテゴリー化理論（self-categorization theory）は，個人の集団成員化の問題として多くの議論を提供している。対集団行動と呼ばれる一連の行動は，ある個人が，自分の所属する集団（内集団）とそれ以外の集団（外集団）を明確に区別していて，しかも集団内の個人の差異が明確ではなく，集団内の誰もが同じような行動を示すような状況を典型として起きる行動である。

日本人ばかりの地域社会に，外国から一家が越してきた。このような状況で内集団・外集団の比較が起こり，お互いに社会的カテゴリー化の結果，集団内ひいきが起こり，差別が起きる。また別の例では，ひとつのクラスの中に部分的な集団が形成され，カテゴリー化の効果がさまざまな場面で現れる事態が想定される。カテゴリー化が生じることでお互いの集団間の葛藤が高まり差別が生じる。

国際協力プログラムが抱える問題は，援助集団と非援助集団の社会的カテゴリーを強化してしまうことにあると言われる。モデルとなる多くの国際協力や国際交流が，集団対集団ではなく個人的な活動を重視し，個人的結びつきを強調することの意味はここにある。

ブルーワーとミラー（Brewer & Miller, 1984）は，社会的カテゴリーを肯定的対人関係に基づいて非カテゴリー化する方法として，心理的分化（differentiation）と個人化（personalization）の過程をあげている。これはカテゴリー集団に含まれる個人の特定性に注目しカテゴリー化を弱めるとともに，自己と他者の個人的関係に基づく直接的な結びつきを形成することを意味している。我々は「ある性質を持っているかいないか」といった単純な違いだけで集団を形成しているとは限らない。社会的カテゴリーは集団内の類似性と集団間

の差異によって生み出されると考えられる。複数の属性が交差するカテゴリーを作ることで単一のカテゴリーよりも集団間の類似性が高まり，その分だけ差異が減少され，差別的対応が減少すると予想される。

ブラウンとターナー（Brown & Turner, 1979）は，2種類のカテゴリーを組み合わせた交差カテゴリーが対集団間の差別を生み出すか，それとも解消するかを検討している。しかし結果的には，単にカテゴリーをクロスさせただけでは，このような社会的カテゴリー化による対集団差別は解消しないことが示された。

オウクスとターナー（Oakes & Turner, 1980）は，2枚の絵のどちらを好むかの違いだけで2つの集団を作り，そこに形成された社会的カテゴリーが，内集団メンバーに有利な決定を下し，さらに自己評価も高めることを示している。特定の集団へ所属することによって得られる社会的カテゴリーは，個人の社会的アイデンティティの形成に影響する。社会的アイデンティティは社会的カテゴリーによる自己概念の形成と，付随する感情を個人に与え，個人に有利な評価を生み出すことになる。自分自身について文章を綴る20文章法などを含む39問の測定項目によって自己評価を測定すると，カテゴリー化された被験者は，統制群に比べて高い自己評価をくだしている（図5-1）。したがって，個人はできるだけ肯定的社会的アイデンティティを追求し，外集団と内集団の比較を実施，内集団に有利な結果を引き出すことになる。こ

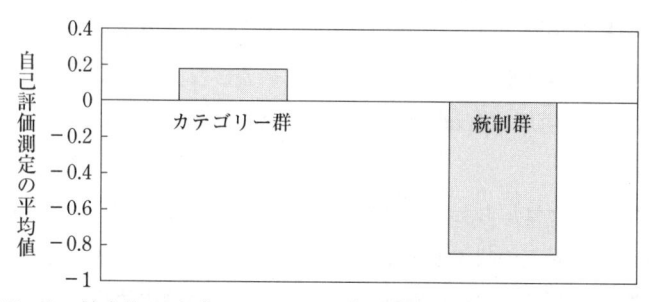

図5-1 社会的アイデンティティと自己評価（Oakes & Turner, 1980）
20文章法による自己評価尺度の平均値

の作業に失敗したり，社会的カテゴリーを獲得できない場合には，個人は集団を離れたり，さらに肯定的な材料を探す活動を継続することになる。

2) 変化する自己概念

あなたの周囲にいる料理好きの友人やワイン好きの友人に，目の前の料理やワインの味を聞いてみよう。「おいしい」「甘い」「辛い」といった常套表現を超えて，その色艶，香り，舌触り，喉越し，後に残る余韻などこれでもかというほどの表現を聞くことができるだろう。人間の認識は単純なものから出発し，徐々に複雑化する。自己の概念も同様に，「身体的」「行動的」な単純なものから，「心理的」「精神的」「社会的」な複雑なものへと発達していく。発達に伴い「好ましくない」ことも次第に変化し複雑なものになっていく。

第4章でも触れたように，ヒギンズ (Higgins, 1996) は，複雑な状況に対応してそれぞれの場面でリファレンスする自己内容を決定する方法として，自己概念を調べる「自己ダイジェスト（自己要約）」機能を想定している。もし状況が要求する複雑に分化した場面に対応するにふさわしい「私」を，瞬時に探し出して活用できなければ，常に自分の行動がその場にふさわしいものであるか逐次確認しなければならず，手探りで生活することになってしまう。

さらに自己の複雑さは自己の細分化・自己の行動レパートリーの範疇の多様化ということであり，ある状況に対応する自己がそれぞれに異なった独自の機能を分担し果たすようになることでもある。リンビル (Linville, 1985) は，自分のすべての機能や性質を常に動員する必要はなく，多くの側面に分岐したうちの一部を活用すればいいと考える（自己複雑性モデル；self-complexity model）。

複雑化することは煩わしいことだと思うかもしれない。しかし自己の複雑性が高ければ，現実の状況から受けるストレスは，もしあったとしても自己の一部に限定され，相対的に意味が軽減され十分に適応的な対応が可能になると予想できる。しかし，もし自己概念が単純であれば，現実から受けるス

トレスは自己概念の広範な部分に影響し，行動のさまざまな部分が圧力を受け，重篤な障害を生み出す可能性も高いと考えられる。

　自己概念の発達と複雑化は現実の認識と対応し，その個人の置かれた状況に適応するように考えられるが，現実と自己概念の対応はどのようになされるのだろう。仮に社会的状況や個人的条件が同一であるとすれば，そこで作用する自己意識も同一になると想像できる。もし個別の状況に応じて別々の処理がなされ，同一の状況に対して個々の違いが強調された対応が出現すると仮定すると，同じ場面で個人によって反応がまちまちになるということになる。ひとりの人間に置き換えれば，同じ場面でも，その時々で反応が異なるということになる。ところが現実には，ある出来事は多くの人に共通の反応を引き起こし，ある人は同じ場面にいつも同じ反応を示す。人間には，複雑な刺激をまとまりのあるものに変換して理解したり，いつも同じ方略で対応するような傾向が備わっていると考えられる。当然，複雑な自己の機能に関しても同様の方略が推測される。ではこの同一性を支える方略はどんなものなのだろうか。

　マーカス（Markus, 1977）の一連の自己スキーマ研究は，この問題に回答を用意する。スキーマとは考え方や認識の方法がパターン化されたものである。我々は基本スキーマと領域別スキーマという複数の自己スキーマを持っている。基本スキーマは自己の性別，氏名，年齢，容貌，所属などを処理し，文字どおり自己理解の基本を支える。領域スキーマは個別の問題に対応するものである。たとえば男性的スキーマを持つ人，女性的スキーマを持つ人，スキーマを持たないそれぞれの人たちに，単語を提示し自分にあてはまるか否かを瞬時に判断させる実験を施す。スキーマを持つ人は対応する単語に対する反応時間は短く，試行後の再生テストでも高率を示す。記憶におけるプライム効果に共通する，知識の枠組みや記憶を，スキーマが提供していると考えられる。

　コーエン（Cohen, 1981）は，司書またはウエイトレスとして紹介された登場人物の誕生日の食事風景を映像資料として観察させた後，時間をおいて再

認テストを実施すると，それぞれの職業に一致する特徴が選択的によく記憶されていることを示した。

　自己概念と日常生活で感じるストレスには，負の相関があると考えられている。両者の因果関係は一様には判断されるべきではないが，我々は事前に形成されたスキーマを活用し，その状況にふさわしい自己意識を発揮して行動を決定すると予想される。自己スキーマが未分化であれば活性化するべきスキーマが不安定であり，したがってそこで展開されるべき行動の適切性も不安定なものにならざるをえないと予想される。就職活動や入学試験の面接に備えて，自分の特徴や動機についておさらいをするときに，「自己理解のための分析をする」作業は，自己スキーマを発見することでもある。

3）　自己概念の安定性

　自己概念は状況に対応して「自己」を選択し，その場にふさわしい振る舞いを保証する。自己のアイデンティティは常に確保され，自己の意識は一貫性を保たれる。グリーンワルド（Greenwald, 1980）は全体主義的自己（totalitarian ego）と呼ぶ自己の機能を論じている。個々人の「自己」は体験を蓄積し，知識を積み重ねある種の自己のデータベースを構築していると考えられる。検索のフィルターは，個人の現実により指示されるスキーマとして提供される。検索のフィルタと，データベースの選択は「自己」の責任に任され，当然ながら自己に「都合のよい」ものが選択されることになる。グリーンワルドの指摘する「自己」の方略は「自己中心性」「保守性」「ベネフェクタンス」の3つである。

(1)　**自己中心性**（egocentricity）

　単語を記憶する場合に，言葉が自分自身と関連づけて処理された場合には，それ以外の場合よりも再認されやすいことは知られている。ピグマリオン効果などに見られるように，本来は自分には関連しない出来事であっても自分の影響の存在を予想してしまう統制力の幻想は，至るところに見られる。さらに，自分自身を常に因果関係の両端に位置づけて考える傾向など，自分自

身が出来事の中心であると認知する傾向もよく認められる。

ランガー（Langer, 1975）の実験では，53名の会社員に1枚1ドルで50ドル当たる宝くじが売られた。独立変数として，くじを自ら選択して1枚を選ぶ群と，自分で選べず一方的に1枚が与えられる群が用意された。抽選日の朝に「ある人物がくじを買いたいと言っているが，すべて売り切れている。いくらであなたの持っているくじを譲るか？」と聞かれる。一方的にくじを渡された非選択群では，1枚のくじが平均1.96ドルで売られるが，選択群では1枚の平均は8.67ドルだった。「売りたくない」と答えた15名のうち10名は選択群に属していた。

世界地図はかつてヨーロッパを中心として作成された。東京国際空港にある国際航空路線図の中心には「東京」が置かれている。常に出発点が自分自身であるという思い込みからか，特に不思議とは感じない。

(2) **保守性**（conservatism）

すでに決定したことを維持しようとする傾向で，認知一般に認められる傾向である。スナイダーとカンター（Snyder & Canter, 1979）の実験では，ある人物の外向性と内向性を示すエピソードが同数含まれる文章を読ませ，その人物が応募中の職業（または現在就業中の職業）に適性があるか否かを判断させる。職業は外向的性格に適切と考えられるものと内向的性格に適切と考えられるものを用意し，それぞれにふさわしい，またはふさわしくないエピソードを思い出して記述させる。いずれの場合でも選ばれた結果は，外交的性格が必要とされる職業では，刺激人物のエピソードから外交的側面が選ばれ，内向的性格が必要とされる職業では，内向的側面のエピソードが選ばれることが多かった。一度形成された仮説はそれを支持する事実を集めやすく，予期や信念を補強するように働く（図5-2）。

(3) **ベネフェクタンス**（beneffectance）

ベネフェクタンスは「よい行い（beneficence）」と「有能さ（effectance）」を合成してグリーンワルドが造語した単語である。よい行いや有能さを示す事件には自己の貢献を認め，失敗や負の評価に結びつく事件は自己の関与を回

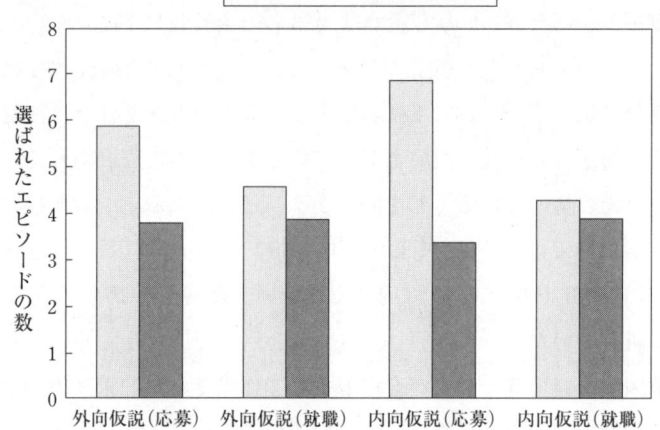

図5-2 人物評価とエピソードの記憶（Snyder & Canter, 1979）

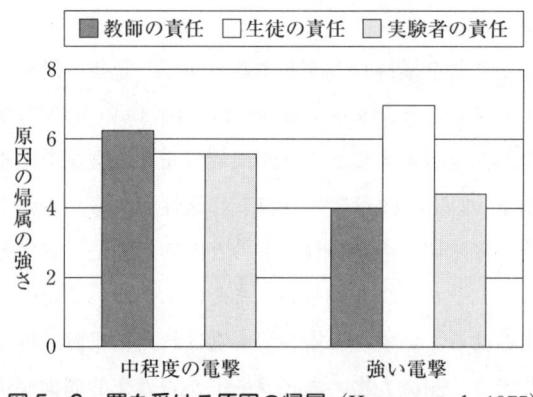

図5-3 罰を受ける原因の帰属（Harvay, et al., 1975）

避する傾向である。

　ハーベイ（Harvay, et al., 1975）の研究では，男子大学生を教師と生徒の役割に振り分け，教師役の被験者は生徒役の被験者の誤った解答に対して，罰として電気ショックを与えなくてはならない実験を実施した。電撃の強度が強い場合に，教師役の被験者は電撃を受けるような結果に至ったのは，教師役や実験者の責任ではなくて，生徒役自身の責任であると考えることが多いこ

とを示した。さまざまな場面で，失敗や不名誉を引き起こす原因となるのは，自分自身であるよりは，他人であると考える傾向があるのだ（図5-3）。

また，自己防衛的帰属，自己奉仕的帰属，利己的帰属などは，自己のベネフェクタンス傾向として考えられる。さらに成功した人物と自分を同一化すること（栄光浴）なども，好ましい結果を自分にかき集めるベネフェクタンスであると考えられる。

4） 社会的比較

人間は自己の複雑さを活用し，自己中心的に周囲の出来事に対応して自己を豹変させる。しかし自己中心性と複雑性を効率的に発揮することは，自己のイメージを拡散させて，自己中心的なその場限りの自己を形成してしまい，「自分らしさ」を失う結果になるのではないかという懸念が起きる。

フェスティンガー（Festinger, 1954）は社会的比較過程によって，人間は自己を他者と比較し自己評価をする動機を持つと仮定している。シャクターとシンガー（Schachter & Singer, 1962）は，情動が生理的喚起と認知的過程の2段階で説明されるとする情動の2要因説を示した。この研究では，薬物により喚起された生理的変化に対する適切な解釈を持たない場合は，被験者には社会的比較が動機づけられ，社会的状況として与えられたサクラの気分高揚や怒りの感情表現から推測されるものを，自己の生理的変化の説明原因として解釈して，感情の方向づけが行われていることが示された。（図5-4）。

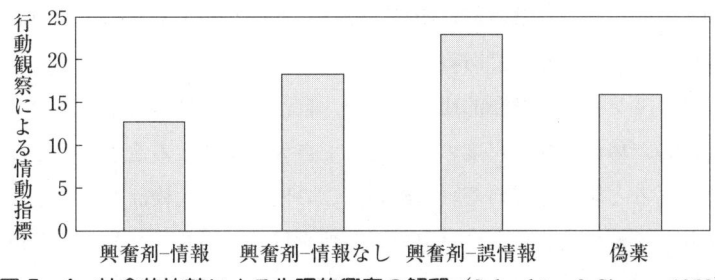

図5-4 社会的比較による生理的興奮の解釈（Schachter & Singer, 1962）

同様の研究は，ジルマンら（Zillmann, et al., 1972）の，挑発と報復の実験でも見られる。電撃刺激による罰で攻撃性を挑発された後で，報復攻撃の強さを測定すると，挑発と報復の操作の間に遂行した身体的活動量の大きさに比例した。報復行動の動機は，挑発によって起きた動機と，肉体運動による生理的興奮量を精神的攻撃欲求によるものと読み替えた動機を加えた合計によって決まるという結果が示された。

　第2章にも記したが，ダットンとアロン（Dutton & Aron, 1974）の研究は，100メートル近い高さの狭いつり橋の上では，水面から3メートルほどの大きなコンクリートの橋の上よりも女性インタビュアーに魅力を感じる男性が多くなることを確かめている。女性自身に感じる正味の魅力と，さらに空中高く張り渡された狭く長いつり橋の恐怖の合計が，魅力の総量を決めているのである。

　また同じく第2章で触れた，ベム（Bem, 1965）は他者を認知する場合と同様に，自分自身の内的状態は，自分自身の表出した外的な行動や，自分の置かれている客観的環境から推測することで理解すると考えている。つまり，自分自身の内的な状態は自分自身で直接測定できる仕組みにはなっていないと考えられている。ニスベットとウイルソン（Nisbett & Wilson, 1977）は，人間は自分自身の内部的な状況を言葉によって記述するが，それは課題をそこそこに解決するヒューリスティックやスキーマと同様に，我々が暗黙のうちに用意している説明手段の発動に過ぎないと考えている。人間は自分自身に関してさまざまな理論や説明を準備して，その場に最もふさわしい説明・解釈を加えるが，それは意識的に内省し分析して得た結果であるか否かは本人にも曖昧であるというのである。

　フェスティンガーは社会的比較過程を，自己の能力は意見を評価する動機で，評価のための客観的尺度の代替として自分に類似する他者との比較を行う過程であると説明している。しかし，この他者との比較はもうひとつの側面があり，比較の結果は常に一定の方向性を持っている。たとえば自分の能力が55点であるという客観的な評価を得るための方法は，右隣の60点の人

より5点低いという表示と，左隣の50点の人より5点高いという表示が考えられる。能力を比較する場合には，意見の客観的な評価とは違って，自己の上昇志向や，自尊感情（self-esteem）が働くと考えられている。他人と比較することで自分の能力の評価が低下したり，自分の欠点だけが際立って見えるようになってしまうのは困る。比較することが，自分の有能さや適切さを高める結果となることが望ましい。

5）自尊感情

　自己の評価を高く維持することは，人間の基本的な欲求であり，マーズロー（Maslow, A. H.）の欲求の階層では自己実現により近い承認の欲求として仮定されている。ジェームス（James, W.）は，自尊心を成功／願望の数式の商として定義している。願望を制限することで自尊心は保たれるし，成功をかき集めることでも自尊心は保たれるということである。一概に自尊感情と表現されるものには，持続的永続的な自己評価に伴うものもあれば，その場の出来事の可否に直接結びつくものや，個人的なもののほかに集団的アイデンティティによる集団的自尊感情も考えられる。いずれにしても自尊感情が高いことは，不安を鎮め適応感を高め（Baumeister, 1993），失敗を克服しよい結果を得やすいことが示されている（Shrauger & Sorman, 1977）。そして，自尊感情は対人関係をチェックし，自分が他人に受け入れられるか，どの程度排除されるかなどを予想し，対人関係の悪化を回避する機能を持っているとされる（Epstein, 1973）。

　自尊感情は自己評価の結果であると同時に，自己評価の過程そのものを支える動機づけの機能を提供するものとしても考えられる。テイラーら（Taylor, et al., 1995）は自己評価の動機には4種類の動機づけ機能が含まれると考えている。第1は自己高揚の動機で，自分自身の評価を高める動機である。第2は自己検証の動機で，自己概念を確認し検証する機能を果たす。第3は評価の動機で，自己概念の正確な評価を行う。第4に，自己概念を改善し向上させる努力を進める動機がある。これら自己評価の動機は自己概念の変化

や保守性の問題に関わってくる。自分の評価をよいものにし，自分を正確に理解し，正当さを確認でき，自分の評価を向上させたいと思うことは誰もが認めるところである。そしてこれらの動機づけの何番目がより強く機能するかを決めるのは，本人の置かれている状況に依存する。

　ダニング（Dunning, 1995）は自分の能力特性を測定する場合を取り上げ，自己高揚動機と自己評価動機の使い分けを検討している。試験を受けた後で，結果の情報を聞くか，それとも聞かずに済ませてしまうのかを考えてみよう。「今回の試験の結果は知りたいけれども，もし悪い結果なら聞きたくないな」などと思い悩んだことがあると思う。その試験で測定される能力特性の安定性が高く，それほど簡単には変化しないような特性である場合には，そのテストの結果がよかった場合に限って，第2回目の測定で結果の情報提示を希望する。しかし，その特性の安定性が低く，簡単に変化する特性である場合には，そのテストの結果が良くても悪くても，第2回目の測定で結果の情報提供を希望する者が多いという結果が示されている。もし評価の結果として負の評価が得られた場合に，変化する可能性のない特性であれば，その情報は自己評価の基本的機能に反するものであり葛藤をもたらすことになると予想される。この場合には自己評価を高めるという自尊感情の機能に抵触するから，1回目の結果に関わりなく2回目の結果を知ることは避ける（自己高揚）。また逐次変化する特性であれば，正確な評価の動機が働くことになると考えられる（自己評価）。

6) 自己評価維持（SEM）

　社会的比較による自己評価が，自尊感情を損なってしまう場合があることは十分に考えられることである。たとえば，仕事を探している大学生が，質問紙（自尊感情の測定尺度）に答えていると，途中でもうひとりの就職希望者が現れ，隣の席に着き同様に回答を始めたとする。どんな人なのかと隣をうかがってみると，リクルートスーツにさわやかなタイをコーディネートしたいかにも優秀そうな様子である。さて，新たな回答者（いかにも優秀に見える）

が加わった後の質問紙への回答結果を，前半の回答結果と比較すると，彼の自尊心が低下していることがわかった。もしこれとは逆に，後から参加する就職希望者が，よれよれのズボンにちょっとくたびれたシャツに無精髭の風体で現れた場合にはどうだろうか。この場合には，彼の後半の自尊心のスコアは上昇していることが示された（Morse & Gergen, 1970）。

テッサー（Tesser, 1988）は自分自身の自己評価や，他人からの下された自己への評価がよりよいものとして維持できるように働く心理的な評価システムを自己評価維持モデル（SEM；Self-Evaluation Maintenance）として提示している。SEMは対人関係を通した比較をすることによって，自己評価を高める過程（反映過程）とおとしめる過程（比較過程）の両方を持っている。自分の成績が，友人のものより優秀であれば自己評価は高まるし（反映過程），逆にどうも振るわなかったことがわかると自己評価は低くなってしまう（比較過程）。SEMは「自己評価維持」が目的であり，比較過程が作動してしまうと，言い訳や謝罪など，低下する自己評価を回復する別の過程が始まる。このような調整に関わる要因は，比較する相手との心理的距離，問題とされる評価に関する自我関与の程度，自分と他人の行動の遂行水準の比較が関わっている（表5-1）。

表5-1 SEMに関わる要素

自我関与度	心理的距離	行動遂行水準	過程	誘導される行動
低い	近い	自分よりよい	反映過程	心理的距離の減少・栄光浴
高い	近い	自分よりよい	比較過程	自我関与低下・心理的距離増大・相手の水準引き下げ
高い	近い	自分より悪い	反映過程	自我関与増大・心理的距離の減少
高い	遠い	自分よりよい	無関心	心理的距離の減少
低い	近い	自分より悪い	無関心	自我関与の高まり
低い	遠い	自分よりよい	無関心	心理的距離の減少・栄光浴
低い	遠い	自分より悪い	無関心	
高い	遠い	自分より悪い	無関心	

第1の自我関与度は関心の対象となる行動が自分にとってどれほど意義が大きいか，重要か，関心が強いかどを意味する。第2の心理的距離は自分と相手の人間関係の近さである。第3の遂行水準は，自分と相手の能力や実力である。仲のよい友人が自分よりもよい成績をとっても，それが自分の関心のない分野でのことならば（自我関与低い），「優秀だな，俺も鼻が高いぜ！」と笑っていられる。しかし，同じ就職先を目指しているなら（自我関与が高い），「優秀だな，俺もなんとかしなければいかんな」と考えて行動を起こすだろう。小学生を対象にした研究では，「一緒にいたい人・いたくない人」「誰にも負けたくない科目・負けても気にならない科目」を調べ，それぞれの科目について予想している成績を自分と，それぞれの友人について予想させた研究がある。誰にも負けたくない科目の成績は自分自身が最も高いだろうと予想することが多く，一緒にいたい人は負けても気にならない科目の得点が高いと予想された生徒だった。一緒にいたくない生徒の得点は，負けたくない科目も，負けても気にならない科目も，どちらの科目も得点が低いと予想された（磯崎・高橋，1988）。
　このように，我々は自分自身のイメージをいつもチェックし，その評価を適切なものに保つような努力をしている。

2　対人影響過程

　自己評価を維持するための行動にはさまざまな方略が考えられる。この節では，自尊感情を満たし，自己評価を維持するためのさまざまな対人影響過程を検討する。

1）体面を繕う

　「日常生活」は「なにげない」「いつもどおりの」「代わり映えしない」ものである。多くの場合，今日の仕事は十分に馴れ親しんだ，予定どおりの仕事である。世界は複雑で刺激的だが，日常生活は筋書きの固定したありふれ

たドラマであると多くの人たちが感じているだろう。どんなお芝居も十分に訓練し周到な準備をしたうえで我々の日常生活を描くが，本物の日常はとりたてて練習もないありふれた展開で，結末も多くは予想がつく。舞台に立つ役者は，何度も台詞や演技を訓練し，努力の結果，役に成りきるが，日常生活の登場人物は，端から自分の演じる役柄に同一視している。

　ゴフマン（Goffman, 1959）は，決まりきった筋書きが破られる場合を考察している。決められた演出を乱す行為は，「なにげない仕草」「不時の侵入」「越境」「騒乱」などがきっかけになり，決められた日常の流れを変化させドラマの進行を疎外することになる。そして壊された筋書きを修復したり，防止するためには，社会的関係に対する誠実さ，演じる自己に流されない冷静さ，役割演技に対する周到さが必要であると述べている。そしてこのような場合に，ストーリーの進行のために登場人物は，その場に居合わせる観客の協力を必要としている。観客の協力をゴフマンは「察し」と呼んでいるが，これはレストランでは隣のボックスの客と目を合わせないことや，組織の新人に対する寛容さなど，社会生活の随所に認められる。さらに，「観客の察し」に対する「登場人物の察し」の重要性も指摘されている。流れの途中で，何か演出を乱す行為があったとき，その乱れに真っ先に気づくのは観客である。役者は，観客のざわめきや，ほのめかしを素早く察して対応をしなければならない。誤字を板書してしまった教授は，学生のちょっとした表情や仕草で，それと気づかなければならないし，「にこやかに・平然と」訂正しなければならない。もちろん真っ先に気づいた学生は，大声で間違いを指摘するようなことはしない。しかしもし教授がこのときに，ほのめかしを見逃してしまうと面目を失うことになる。

　もし「演出を乱す行為」を意図して導入するならば，「マナーに従って，偽らなければならない」ということも大切である。つまり混乱は回復の余地を残して導入しなければならないということである。多少の混乱や，衝突があっても，最終的には和解と平和が保たれることは，社会生活の基本である。体裁を繕う行為は，失敗して面目を失う者の行為だが，同時に，失敗される

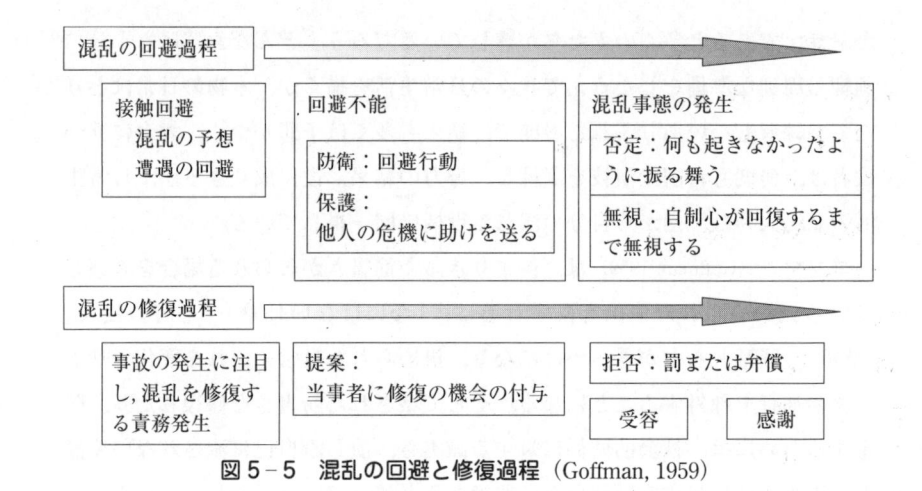

```
混乱の回避過程 →

接触回避          回避不能           混乱事態の発生
  混乱の予想    防衛：回避行動     否定：何も起きなかったよ
  遭遇の回避                         うに振る舞う
              保護：              無視：自制心が回復するま
              他人の危機に助けを送る  で無視する

混乱の修復過程 ←

事故の発生に注目   提案：             拒否：罰または弁償
し，混乱を修復す   当事者に修復の
る責務発生        機会の付与        受容    感謝
```

図5-5 混乱の回避と修復過程（Goffman, 1959）

ことで期待した筋書きが混乱してしまう相手側にとっても，最終的な和解や平和を取り戻すために必要とされている行動なのである（図5-5）。これら面目を繕うことの基本は，社会的行為が常に当人の評価に関わっているということにある。お互いに相互交渉する相手の自尊感情に配慮し，予想外の展開が起きても自己評価の維持が可能なように物事を運ぶ周到さが相互に必要なのである。

2）自己モニタリング

スナイダー（Snyder, 1974）は，社会的場面が個人に要請する役割行動を遂行する能力を計る「自己監視（self-monitoring）尺度」を作成した。26年間も同じ映画のシリーズで主役を演じていたある男優は，極力その私生活をメディアに開示しないように努力したそうである。ファンは役者に無意識に，映画の登場人物と同じ行動を期待し，役柄を離れた現実の俳優の個人的生活を期待してはいない。常に俳優は役柄という仮面を付けていなければならず，当たり芝居の登場人物であるかのように振る舞わねばならないのである。我々の生活でも，対人関係があればそこには役割関係が生まれ，一定の意見

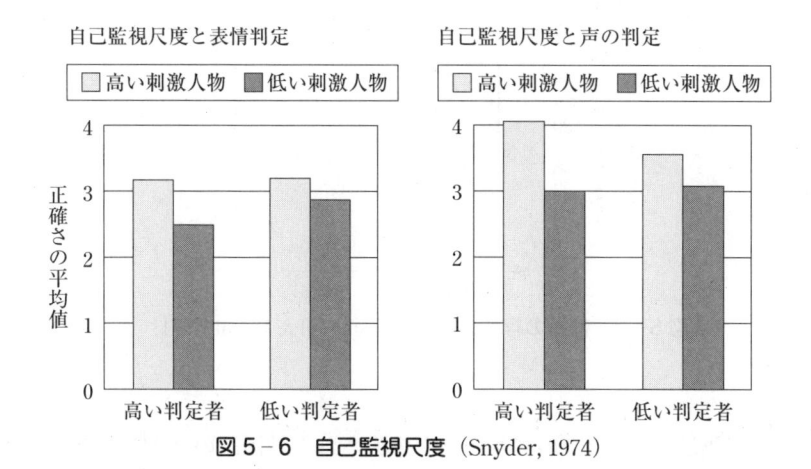

自己監視尺度と表情判定

凡例：高い刺激人物／低い刺激人物

縦軸：正確さの平均値（0〜4）
横軸：高い判定者／低い判定者

自己監視尺度と声の判定

凡例：高い刺激人物／低い刺激人物

縦軸：正確さの平均値（0〜4）
横軸：高い判定者／低い判定者

図5-6　自己監視尺度（Snyder, 1974）

や行動を演じることが期待される。よき父親はよき上司とは限らない。そこで，その状況に必要とされる感情や意見を管理統制する能力が問題になる。自己監視尺度では本音と建て前の使い分け，表現行動の統制力，役割意識の強さなどについて評定することで，状況の手がかりに対する敏感さや表現行動の統制による意識的な表現力などがわかるのである。

図5-6は，刺激人物の感情を表す表情演技（写真）と音声演技（テープ）の資料を，判定者がどの程度正確に評価したかを示したものである。刺激人物（演じる人）の自己監視尺度が高いこと，判定者の自己監視尺度が高いことは，表現された表情を上手に理解するために役立っており，コミュニケーションに重要な役割を果たすことを示している。

3）他者の存在

デュバルとビックランドの自己意識についての自己客体視（objective self-awareness）の理論は第4章で説明した。人間は自分自身を知覚の対象として認識すると，その結果不快感が喚起され，この情緒を解消する動機づけが起きると仮定される。彼らの研究（Wicklund & Duval, 1971）では，自己客体視によって作業遂行の促進が引き起こされることを確認している。

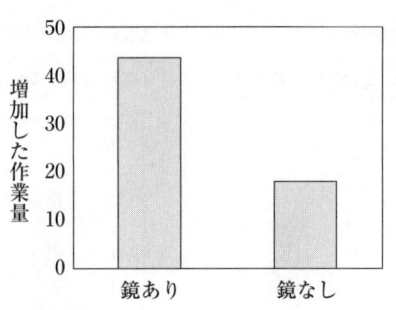

図5-7 他者の存在の効果（Wicklund & Duval, 1971）

　彼らの実験では，2つのグループが準備され，外国語の書き写し作業を2回繰り返す。ひとつのグループは第1回目は普通に，第2回目には目の前に鏡が置かれて，その前で書き写し作業をしなければならない。もうひとつのグループは第1回目と同じ条件で第2回目も書き写し作業をする。結果のグラフを見ると，鏡の前で作業したグループは作業量を大きく増やしている。2回目で馴れることも作業量を増やすが（鏡なし），それに加えて自己の客体視の効果が認められる（図5-7）。

4) BIRGing & CORFing

　日常の対人関係の中で，自分自身の評価を維持する働きは，テッサーの自己評価維持機構（SEM）が担当している。自分が誰とどの問題についてどんな比較をし，それは自分にとってどれほど重要なものかを検討し，常にバランスを維持する働きをしている（表5-1）。

　栄光浴は，自己評価の結果，自分の価値を高めるために，肯定的な評価を持つ相手に接近し，自分との結びつきを強めて，結果として自分の評価も高める行動である（BIRGing）。自尊心を実験的に低められた学生が，自分の大学のフットボールの試合結果を報告するとき，「われわれ」「わたし」という表現を多用するのは栄光浴（BIRGing）である（Cialdini, et al., 1976）。もし，負けが連続しているようなチームなら，「フットボールには興味がないのでね」

とか「所詮，スポーツだからね」との返事が返ってきそうである。自尊心が低められる可能性があるものとは心理的な距離を大きくする（CORFing）ことが起きるものである（Snyder, et al., 1983）。このほかにも，「相手が強過ぎるのさ」とか「実力はもっとあるのだけれども」といった「つぶやき（言い訳）」が聞こえそうである。自分の評価が下がった場合に，相手の能力を低めてみたり（Blasting），能力の低い相棒を持ち上げてみたり（Boosting）と，自尊心の維持のためにはさまざまな方法が考えられ，日常的に実行されるのである。

5） リンゲルマン効果

「本気で担ぐのは7人，5人はまねだけ，3人はぶら下がっている」というお神輿のたとえにもあるように，みんなで協力してひとつのことを実行する場合，必ずと言っていいほど，手抜きをするメンバーが出るものだ。リンゲルマン（Ringelmann, M.）は綱引きをするときに，個人の発揮する力を測定すると，引き手の人数が増えるにつれてだんだん個人の引く力が少なくなることを研究した。そこでこのような社会的手抜き現象は「リンゲルマン効果」と呼ばれる。

ラタネ（Latané, et al., 1979）は目隠しとヘッドフォンを付け，仲間と直接情

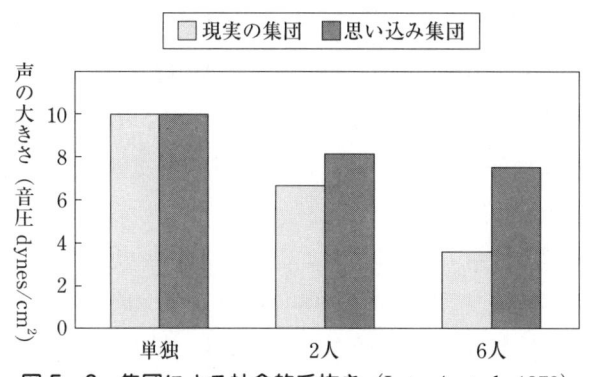

図5-8 集団による社会的手抜き（Latané, et al., 1979）

報を交換できない状況で,仲間と実際に大声を出す場合と,周りに仲間がいるかのように信じ込まされて大声を出す場合の声の大きさを比較している（図5-8）。

現実の集団での音量の低下は,集団で声を出していると思い込んだ場合より落ち込み量が大きくなる。人数が大きくなると声を出すタイミングの調整がバラバラになったり,声を合わせる調整を失敗するなど,音圧が低下する原因が増えることは事実のようである。しかし,実際には単独で声を出しているときに比べて,本人は集団だと思い込んでいる場合は,調整による減少は起きないにもかかわらず声は小さくなり,誰かが一緒にいることが声を小さくさせていることがわかる。

6） 社会的促進・社会的抑制と自己知覚

他人が目の前に出現することで自己評価過程が起き,自分の行動遂行の水準が変化することは,日常よく経験する。鏡を目の前に置くだけでこの自己評価過程が起き,作業がはかどったりすることもあるが,もう一方では,他人が一緒に作業をする場面では,手抜きをすることも起きる。人間は自分自身を知覚の対象として認識すると,比較対象として理想的な性質を備えた自己像が呼び起こされ,現実の自分と比較され不快感が喚起されてしまうのである。この不快な情緒を解消する動機づけが起き,行動の遂行の変化が現れる。行動の遂行が促進するか抑制されるかは,そのときの課題の種類によって決まるとされる。出現した不足や不快が容易に解消できるものであれば行動は促進されるが,努力やエネルギーを必要とする,もしくは解消不能であれば,評価場面から逃避することで自己評価の維持を図るだろうと予想される（Duval & Wicklund, 1972）。

では,集団で共同して作業をするときの行動水準の引き下げは,どのように説明されるのだろう。ラタネ（Latané, 1973）は社会的インパクトという考えで説明をする。個人が他者から受ける影響は,人数・勢力・接近性などで決まる。この影響力を自分ひとりで引き受ける場合には大きな圧力となるが,

複数で引き受けると分散が起き，相対的にマイナスの圧力となり手抜きが起きるというのだ。

　一方，自己知覚を中心とする考え方では，他者の存在によって社会的な促進と抑制が起きる現象は，動機づけと行動の遂行を中心に説明されている。評価維持のために遂行する行動の難易性（Zajonc, 1965）や，他者そのものと遂行すべき行動の両方に注意が喚起され，両者の間に干渉が生じる（Baron, 1978），また自己評価維持のための行動に対して，他者から与えられる新たな評価への懸念が生じることなどが（Cottrell, 1972），社会的な手抜きの原因と考えられている。

3　抑うつと自己

1）　自己理論と不適応

　通常，人間には自分の外界に対する統制力に楽観的ともいえる過大な効力を期待しているものである（Gollin, et al., 1979）。「なんとかなるさ」の精神は，ときには無計画な資金計画での借金や，あなた任せの無責任を生むが，複雑化した現代社会で未来を見通すことはますます困難になり，自分の行動やその結果をある程度楽観的に評価することは精神的に重要な意味を持っている。

　ランガー（Langer, 1975）の，抑うつ症状を持つ者と持たない者を比較した，

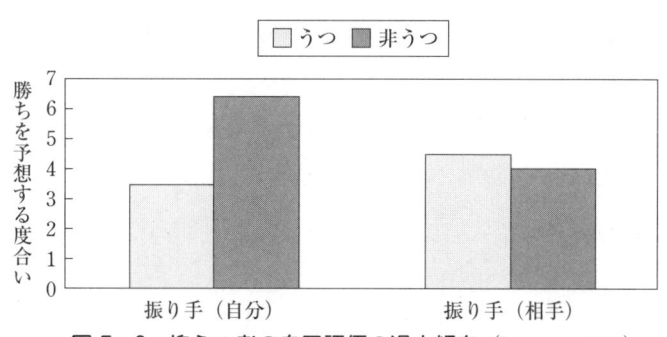

図5-9　抑うつ者の自己評価の過小傾向（Langer, 1975）

クジの当たる確率の過大評価の研究にこのような傾向は見られる（図5-9）。

サイコロを振って出た目によって勝敗が決まる単純なゲームで，自分自身でサイコロを振る場合と，相手に振ってもらう場合のそれぞれについて勝敗を予想させる。抑うつ傾向が高い被験者は自分自身でサイコロを振る場合には，非抑うつ被験者に比べて予想された勝利の割合は低く予想される。非抑うつ被験者では，自分自身でサイコロを振る場合には外界の出来事に対する統制力への信念が強く働き，自分の勝ちを高率で予測するが，抑うつ傾向が高い被験者では，自分が振るとさらに勝てる気がしないと感じるという結果になっている。そして，抑うつ傾向が高い被験者は自分自身を過小に（客観的に）評価することが示されている。

自己の統制力を確信することの適応的な効果は，老人ホームで生活している入所者を自己責任増進群（自己責任感と時間の管理の大切さの講義，鉢植えや映画鑑賞に関する自由選択）と統制群に分けて比較した研究でも示されている。自己責任増進群は園芸活動や室内の装飾等，生活のさまざまな場面で，自分がその活動に「関わるか関わらないか」「実施するかしないか」を選択することができる。統制群は同じ活動を施設の活動として一律に与えられ選択できない（図5-10）。「選択」によって自己統制を実現した自己責任増進群は人生の活発性，幸福感，敏捷性など多くの面で統制群よりも高い値を示し，18ヶ月後のフォローアップでも高い値を保っていた（Langer & Rodin, 1976：Rodin

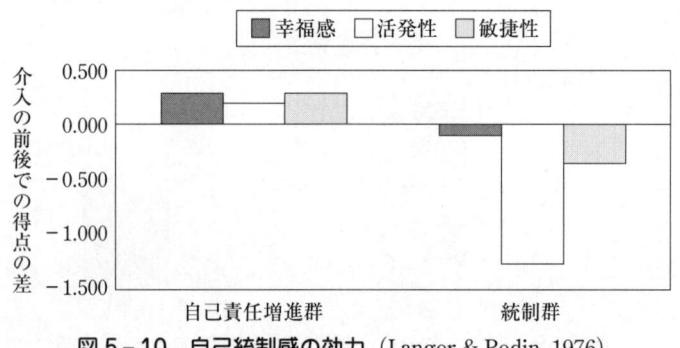

図5-10　自己統制感の効力（Langer & Rodin, 1976）

& Langer, 1977)。

2) 認知療法

　エリス（Ellis, A.）は認知情動療法（RET；Rationl-Emotive Therapy）の中で，ABC図式によって抑うつを説明する。A（Activating Events）は問題となる思考の誘因となる出来事，B（Belief）は出来事に対する考え方・信念，C（Consequence）は結果として引き出される感情や思考を指す。多くの問題は自分自身の持つ不合理な信念（B）によって引き起こされるとされ，したがってこの信念を変えることで問題は解決されると考えている。

　エリスは抑うつの症状が，当人の直面した事象そのものにあるのではなく，直面する事象を受け止める方法，考え方，認識方法にあると考えている。不適切な信念や，不適切な感じ方，考え方，つまり非論理的信念や非理性的信念によって，自らネガティブな状態を引き起こしているのだから，回復するためには，根拠のない誤った信念を変えることが必要なのだと考える。

　「すべての人から愛されなければならない」「すべての人に優越しなければならない」と考える人があれば，それを日常生活で実現することはおよそ困難なことになる。「それは現実的ではない，世の中には偏屈な人も，いじわるな人もいるのだから，すべての人が私を好きになるとは限らない」とか，「周囲にいる10人と比べれば，1番になることは可能かもしれないけれども，1,000人の中で1番になることは困難なことだし，10,000人の中で1番でいることは至難の業だし，常に1番であることはさらに困難」と考えるということである。もし私を嫌う人がいても，自分が優秀でなくても，決して「特別なことではない」。「すべての人から愛されなければならない」，「すべての人に優越しなければならない」という思い込みや，信念を持つことが，問題の原因であり，この信念を変えなければ不全感を持ち続けなければならないというのである。

　エリスによれば，成功したい，承認を得たいなどの欲求は，通常は，それがなくても幸せになれるものとして私たちの意識に登場するという。「だっ

たらいいな，あったらいいな」は「なければ生きていけない」ものでないのである。他人に嫌われたくないし，失敗したくない。誰でもそう思うだろうが，失敗や他人から非難されることは日常生活では避けることはできないことである。「思いどおりにいかなくても，他人に少々嫌われようとも」それでも「何とか幸せに暮らすことができる」と考えるのが日常生活である。これがなければ私は生きていけない，こんな状態では生きていけないということはよくよくのことであり，どんなことがあってもそれを手に入れるべきで，手に入れることのできない，避けることのできない私は劣った人間であり，幸せになれない人間だ，こんな考え方をすることをエリスは誤った信念と言う。ある出来事が，情緒的結果を引き起こし，それは不適切な信念によって支えられているのであれば，不適切な信念を変えることで問題が解決するのである。

　ベック（Beck, A. T.）の抑うつの理論も，エリスのABC図式と同様に，抑うつの症状（感情）は外界で起きる出来事そのものが引き起こすのではないと考える。外界で起きた出来事そのものがうつ的症状を引き起こすのではなく，その出来事は認知的な過程に情報を送り込む。この認知的な過程は，抑うつの素因となる「抑うつスキーマ」によって支えられ，「抑うつ認知の3大徴候」と呼ばれる一貫した認識・推論の誤りを導き出すような傾向を持っている。周囲に起きる出来事は，長年の生活体験により収得された不適切な信念体系によって，自動的にネガティブな結論が引き出されてしまうのである。この不適切な信念は，認知の3要素，否定的な自己イメージ（将来イメージ・世界観），否定的セルフスキーマ（自己認知枠組み・思考方法），認知的歪曲（独断的ネガティブ推論・文脈を無視した抽象化・過剰な一般化・過大評価・過小評価・自己関連化・分極化）によって構成されるとしている。

　人間は多くの時間を自己の観察に費やしている。あまりにも自己観察が過ぎれば自己に関心が強まり，コントロールや抑制が強調されて自発性や闊達さを阻害しかねない。逆に自己観察が疎かになれば，自分自身の行動を自覚し評価する能力を失ってしまう。自己観察は，評価や行動へと連なるが，そ

の評価方法は当然だが遺伝的生物学的基盤を持っている。しかし一方で我々は，同じ状況に置かれた個人が全く異なる対応をとることをよく知っている。図書館での私的な会話を注意された2人は，「真っ赤になってうなだれる」こともあるが，「真っ赤になって抗議の声を上げる」場合もある。ベックはこの違いを，基礎的な信念「スキーマ」に依存すると考える。基礎的な信念の例としては，「私は無力だ」「私は傷つくかもしれない」「他人は敵になりかねない」「私は特別だ」「間違いは，悪だ。私は間違ってはならない」「人は搾取されるために存在する」などがあり，多くの人格障害に特有のスキーマが指摘される。

　スキーマは構造を持ち，「もし…ならば，…である」という条件付きスキーマを形成していると考えられる。図書館で私的な会話を注意されたときに，「もし誰かが私を非難したならば，私をコントロールしようとしているからだ」「もし誰かが私をコントロールするならば，私を利用し搾取するためである」と，次々にスキーマの連鎖によってフィード・フォワードされていくのである。

　ベックの抑うつの認知療法は，自己モニタリングと活動スケジューリングという行動療法的技法を含んでいる。この2つの行動療法的技法で，自分の行動，気分，満足度などを詳細に自分自身でモニターし，その結果に基づいて行動を計画し，その行動の結果を評価することにより，具体的活動と達成感や満足感を獲得させる。

　認知的な技法は「自問法（self-questioning）」「非機能的思考記録（daily record of dysfunctional thought form）」「スキーマ・ワーク（dysfunctional attitude scale, vertical questioning technique）」などが用いられる。

　自問法では，抑うつは自己に関する不適切な自動思考が原因であり，これを発見して適切で合理的なものに置き換えることを目指している。自分自身に対する自動思考を客観視して，その考えの根拠，それ以外の考え方の可能性，そのような考えを持っている意味を検証するのである。

　非機能的思考記録は，自己の行動や思考を，それぞれの生じた具体的な状

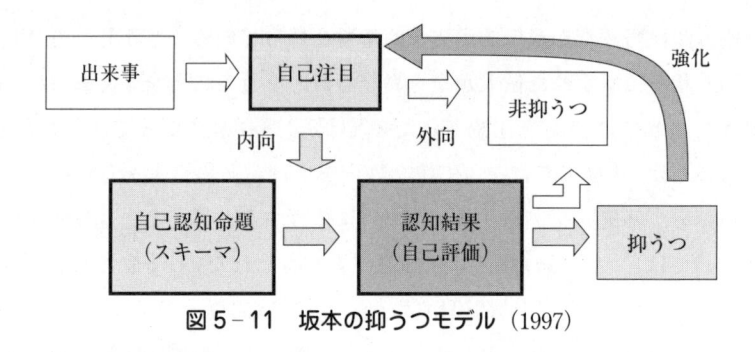

図 5-11　坂本の抑うつモデル（1997）

況，そのときの感情，その感情に先行する自動思考，自動思考に代わる自問法により引き出される合理的な思考，自動思考の正しさの確信度と合理的思考によってもたらされる感情の評定を比較する。この方法はそれぞれの感情，自動思考，合理的思考，その感情に対して数値による評価を与え比較する形式にして，より変化を感知しやすい形式になっている。

　自動思考のもととなる信念や価値観など，抑うつスキーマを測定し変容させる治療をスキーマ・ワークと呼ぶ。自問法では自動思考を仮説として，その仮説の客観的な検証と，合理的思考を引き出すことを目的とする。またスキーマ・ワークでは自動思考を正しい仮説とした場合に，その自動思考をもたらすと予想される関連した自動思考を次々に問うことで，核心となるスキーマを明らかにする作業を展開する。

　坂本（1997）は図5-11のように，自己注目の3段階モデルによって抑うつを説明している。抑うつに至る段階として，①周囲の出来事を受けて，自己注目の過程が作用する。もしここで自己意識が外向的であれば抑うつの過程には進まない。②内向的自己注目傾向は，自己スキーマと供応して，抑うつ的自己評価を生み，抑うつ状態を生み出す。③抑うつはさらに内向的自己注目傾向を強化する。

　私的な自己意識の強さと抑うつの尺度とには相関関係が一貫して認められるが，その差は発病の原因と考えるほどではない（坂本，1997）。たとえば，

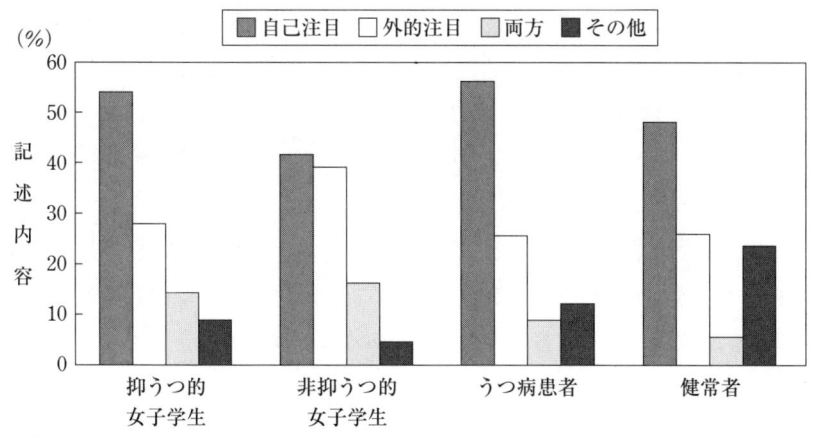

図5-12 自己注目過程とうつ傾向（Ingram & Smith, 1984：坂本, 1997より）

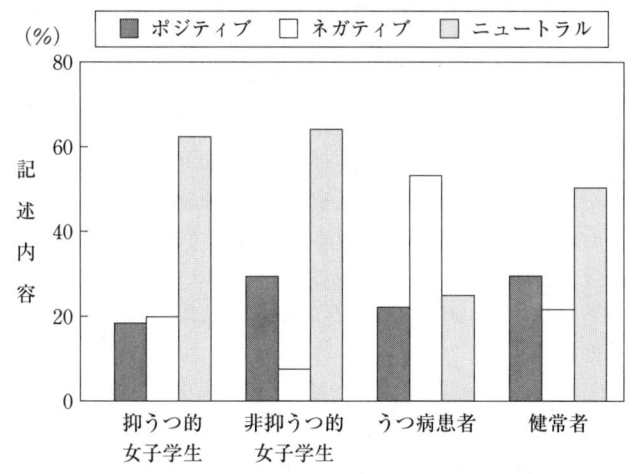

図5-13 抑うつ者および抑うつ患者の自己注目過程と作文内容
（Ingram, et al., 1987：坂本, 1997より）

　自己注目過程の外向性・内向性の強さを評価するために，文章完成法を用いて検討した結果では，抑うつ的傾向を持つ女子学生も，うつ病患者においても，内向的自己注目を示す程度は52％と54％とほぼ同じであることが示された（図5-12）。しかし，自己に注目した文章の内容を分析した結果になる

第5章　自己認知と対人関係　　*119*

と様子が変わる。女子学生を被験者とした場合には，抑うつ的傾向を持つ者も，非抑うつ的傾向を持つ者もニュートラルな内容のものが60％で圧倒的に多いのだが，健常者とうつ病の患者を被験者とした場合には，うつ病患者ではニュートラルな内容のものが激減し，ネガティブな内容の文章が52％と高い割合になっている（図5-13）。

このような結果の意味するところは，抑うつは，自己への注目過程と自己スキーマの両方が関わることを示している。自己注目過程は両者に大きな違いはなく，意識される内容に大きな差があることになる。

●この章で読んで欲しい本

アーロン，T．ベック（大野 裕訳）　1990『認知療法』岩崎学術出版社（Beck, A. T. 1976　*Cognitive Therapy and The Emotional Disorders.*）

→うつ病に関する認知療法の第一人者であるベック，A. T. の理論の概要を知る最適書。認知療法の理論と背景，治療論が順に展開される。

ゴッフマン，E．（丸木恵祐・本名信行訳）　1980『集まりの構造：新しい日常行動論を求めて』誠信書房（Goffman, E. 1963　*Behavior in Public Places : Notes on the Social Organization of gatherings.*）

→人間行動は社会的である。社会的行動は人々が出会い，集まることによって成り立つ。日常生活で繰り返される，「集まる」ことを，相互作用論的に考察する。このほかに，「行為と演技」「出会い」なども合わせて読むことを勧める。

コワルスキ，R．M．・リアリー，M．R．（安藤清志・丹野義彦監訳）　2001『臨床社会心理学の進歩：実りあるインターフェイスをめざして』北大路書房（Kowalski, R. M. & Leary, M. R. 1999　*The soxcial Psychology of Emotional and Behavioral Problems: Interfaces of Social and Clinical Psychology.*）

→社会心理学と臨床心理学の関係を，その歴史的展開を含めて概説している。自己の問題，帰属，対人関係，社会的サポート，グループ・ダイナミックスなど広範囲の話題が具体的に展開されている。

ハワード，F．テイラー（三隅二不二監訳）　1978『集団システム論』誠信書房（Taylor, H. F. 1970　*Balance in Small Groups.*）

→人間は常にバランスを求めている。インクのしみに形を見出すように、人間の関係もバランスを求めようとしていると考えられるのではないか。このような観点から人間を考える基本を解説する。

第6章

社会的スキル

1 社会的スキルとは

1) 社会的スキルの定義と特徴

　自動車の運転や楽器の演奏などは，繰り返し練習して身につく技術である。人間関係における技術である「社会的スキル（social skills）」も，練習を繰り返すことで上達する。社会的スキルとは，円滑な対人関係を実現するために用いられる熟練した認知や行動の有機的集合体である。

　社会的スキルの特徴は以下のようにまとめられる（cf. 相川，1996：1999）。まず第1に，社会的スキルは，対人場面における目標（対人目標）を達成するために用いられる。第2に，社会的スキルは認知と行動の両側面を含んでおり，それらは相互に関連し合っている。認知的側面は，相手の対人反応の解読，自らの感情統制，社会的ルールや規範の知識などを言い，行動的側面は，言語的・非言語的な対人行動の選択，統合，統制，そして実行を言う。相川（2000）の社会的スキルの生起過程モデルでは，この認知的側面と行動的側面を考慮したプロセスが示されている（図6-1）。第3に，社会的スキルは対人目標との関係で効果性（対人目標が達成されて他者との関係が肯定的になること）と適切性（対人目標の達成方法が当の対人場面にふさわしいこと）を備えている。第4に，社会的スキルは自らの対人反応に対して与えられる強化や他者の対人反応のモデリングによって学習される。そして第5に，社会的スキルの欠如は特定でき，介入やトレーニングの対象となりえる。

　自然にスキルを身につけ，円滑な人間関係をすでに送っている人から見ると，以上の特徴の持つ重要性が意識しにくいかもしれない。そこで，文化も

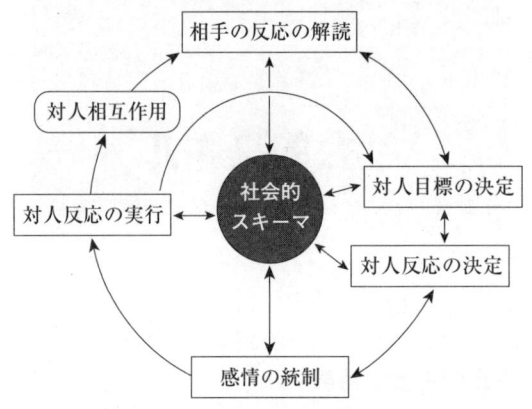

図6-1 社会的スキルの生起過程モデル（相川, 2000）

　言葉も違う外国で「挨拶をする」ことを考えてみよう。そこに住む人たちと円滑な関係を築くためには，たとえば，単に「大きな声で元気よく」と心がけるだけでは不十分である。相手の国の文化的背景・習慣・言語などの知識を得，また当の相手がどのような人間なのかを解読し，異文化に直面し動揺する自分の感情を統制し，相手に通じる形で自分を表現する行動をとらねばならない。たぶん最初に出会った人への挨拶は相当ぎこちないものになるだろう。社会的スキルの低い人は，対人場面において日常的にこのような困難さを味わっていると言える。

2） 社会的スキルの測定

　社会的スキルの特徴のひとつに，スキルの欠如は特定できるというものがあるが，どのような方法で特定するのであろうか。社会的スキルの測定は大きく他者評定と自己評定に分けられる。他者評定には，専門家による面接や行動観察での評定と，個人の周囲の仲間（友人，クラスメート，同僚など）や関係者（親，教師，人事担当者，医者など）らの評定がある。自己評定は，自分自身のスキルを評定尺度や日誌を用いて振り返るものである。社会的スキルの自己評定尺度にはさまざまなものがあるが，菊池（1988）の作成したものは

表6-1　菊池（1988）の社会的スキル尺度青年版（KiSS-18）

1	他人と話していて，あまり会話が途切れないほうですか。
2	他人にやってもらいたいことを，うまく指示することができますか。
3	他人を助けることが，上手にやれますか。
4	相手が怒っているときに，うまくなだめることができますか。
5	知らない人とでも，すぐに会話を始められますか。
6	まわりの人たちとの間でトラブルが起きても，それを上手に和解できますか。
7	こわさや恐ろしさを感じたときに，それをうまく処理できますか。
8	気まずいことがあった相手と，上手に和解できますか。
9	仕事をするときに，何をどうやったらよいか決められますか。
10	他人が話しているところに，気軽に参加できますか。
11	相手から非難されたときにも，それをうまく片付けることができますか。
12	仕事の上で，どこに問題があるかすぐにみつけることができますか。
13	自分の感情や気持ちを，素直に表現できますか。
14	あちこちから矛盾した話が伝わってきても，うまく処理できますか。
15	初対面の人に，自己紹介が上手にできますか。
16	何か失敗したときに，すぐに謝ることができますか。
17	まわりの人が自分とは違った考えをもっていても，うまくやっていけますか。
18	仕事の目標を立てるのに，あまり困難を感じないほうですか。

「いつもそうだ（5点）」「たいていそうだ（4点）」「どちらともいえない（3点）」「たいていそうでない（2点）」「いつもそうでない（1点）」の5件法で回答する。
注）なお大学生の平均値とSDは，男性：56.40（9.64），女性：58.35（9.02）。

簡便に実施できる（表6-1）。この尺度にはかなり高度で複雑な行動に関する項目が含まれており，スキル全体像を把握するのに向いているが，具体的なスキルの特定には不向きである。具体的なスキルに対応したものとしては，アサーション尺度（cf. 柴橋, 1998），異性関係スキル（堀毛, 1994），非言語的表出性尺度（Friedman, et al., 1980）などが作成されている。

3）　具体的な社会的スキル

　社会的スキルには，具体的にどのようなものがあるのだろうか。スキルは，その人の年齢や性別，職業といった基本的属性や，友人関係，デート，産業場面など状況によってさまざまである。ゴールドスタインら（Goldstein, et al., 1980）は，若者に必要なスキルとして，「話を聞く・自己紹介するといった

基本的スキル」「感情処理スキル」「ストレス処理スキル」「計画スキル」などの分類のもと50のスキルをあげている。ネルソン=ジョーンズ（1993）は成人に必要なスキルとして，「報酬を与える聞き手になるスキル」「内気に打ち克つスキル」「怒りを管理するスキル」などをあげている。堀毛（1994）は，日本的な対人関係に見られる特徴的なスキルとして「人あたりのよさ」を取り上げている。これは，他者に対してむき出しの自己表現をせず，誰にも好ましい印象を与えようとするスキルである。また高井と太田（Takai & Ota, 1994）も，日本的対人行動を実行する能力を検討し，「察し」「自己抑制」「上下関係への対応」「対人感受性」「不明瞭性への忍耐性」を見出している。そして佐藤（1996）は，子供に必要なスキルとして「主張性スキル」「社会的問題解決スキル」「友情形成スキル」を掲げている。

このように多くのスキルが研究者によって分類されているが，ここでは，その中でも代表的なスキルを紹介する。

まず第1に，「傾聴スキル」である。これは相手の思いを的確に受け取るために必要な基本となるスキルである。ポイントは，①聴くことの重要性を理解する，②受容的に構える，③話すきっかけを与える，④相づちなどで話

表6-2 3つのタイプの自己表現（平木，1993）

非主張的	攻撃的	主張的（アサーティブ）
引っ込み思案	強がり	正直
卑屈	尊大	率直
消極的	無頓着	積極的
自己否定的	他者否定的	自他尊重
依存的	操作的	自発的
他人本位	自分本位	自他調和
相手任せ	相手に指示	自他協力
承認を期待	優越を誇る	自己選択で決める
服従的	支配的	歩み寄り
黙る	一方的に主張する	柔軟に対応する
弁解がましい	責任転嫁	自分の責任で行動
「私はOKではない，あなたはOK」	「私はOK，あなたはOKでない」	「私もOK，あなたもOK」

を反射させたり，体を使って聴く，⑤しぐさを読みとる，といったことである。

第2は「自己主張スキル」で，これは自分の思いを相手に的確に伝えるためのスキルである。アルベルティとエモンズ（1994）は他者に対する反応を「非主張的反応」「攻撃的反応」「主張的（アサーティブ）反応」に分類した。その特徴は表6-2に示したとおりで，主張的であるためには，正直，積極的そして自他尊重（「私もOK，あなたもOK」）がポイントである。

そして第3は「対人葛藤処理スキル」で，自分と相手の思いがぶつかったときに必要なスキルある。ポイントは，①葛藤の処理方略（説得・依頼・同調・提案など）を知る，②感情のままに行動しない，③非難をかわす戦術を身につける，④相手（の立場）を知る，といったことがあげられる。

２ 社会的スキルの欠如がもたらす不適応

1）孤 独 感

孤独感とは，対人関係に関する願望レベルと達成レベルとの食い違いを認知することによって生じる不快な主観的経験のことで，現存の対人関係の状態が，その人の望んでいる状態を下回るほど孤独感が強くなる。逆に対人関係が客観的に希薄でも，その人が対人的接触を望んでいなければ孤独感は生じない（諸井, 1994）。

社会的スキルは認知的側面と行動的側面に関わっているが，孤独感の高い人はネガティブな認知・行動スタイルを持っている。このことは社会的スキルの欠如として捉えることができる。孤独感の高い人の認知スタイルとして，第1に自己に対する否定的評価がある。自尊心が低く，シャイネスが高い。また対人場面における自分の失敗の原因を内的・安定要因の能力や人格特性に帰属しやすい（Horowitz, et al., 1982）。孤独感を自分では変えることのできないものと捉えている。第2に他者に対する否定的評価がある。他者の魅力や行動を否定的に評価したり，他者のパーソナリティ認知が不正確である（ジ

ョーンズ，1988）。孤独感の高い人の行動スタイルとして，相川ら（1993）は会話実験を行い，会話中のうなずきの回数が少なく，微笑の時間が短く，会話前半では下向きの視線が多いことを見出した。孤独感の高い人の対人反応は，相手に楽しさや心地よさなどの社会的な報酬を与えることがほとんどない。社会的報酬を与えてくれない者には周りの人も関わりを持とうとしなくなる。その結果，孤独感の高い人は周囲の人との接触する機会が減り，孤独感を強めていくことになる（相川，1996）。これらのネガティブなスタイルも社会的スキルを修得することで改善することができる。

2）う つ 病

うつ病は，特別な理由もないのに感情が落ち込むといった感情障害，何もする気が起きないという意欲と行動の障害，考えがまとまらず集中できない思考障害，睡眠障害や食欲不振などの身体症状といった特徴がある。うつ病の発生モデルに，セリグマンの学習性無力感のモデル（第2章①参照）やベッ

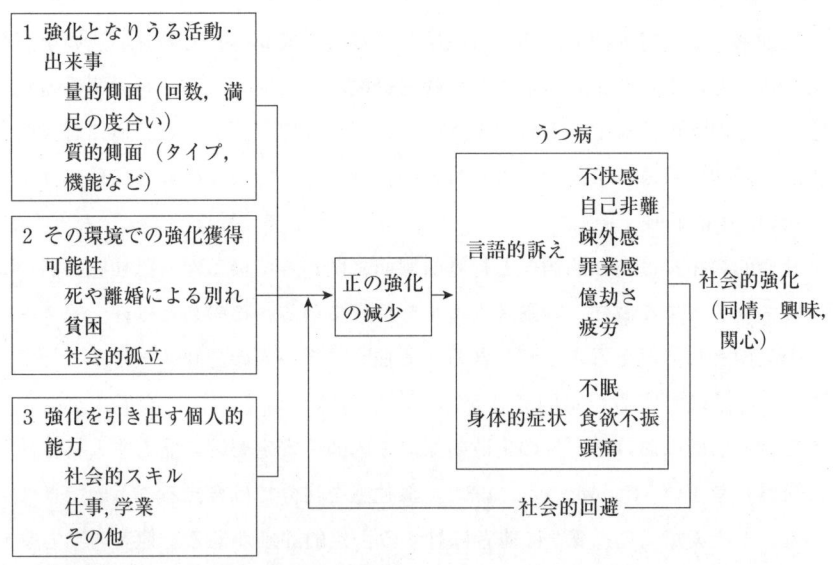

図6-2　レヴィンソンのモデル（Lewinsohn, 1974：渡辺，1996 より）

ク(1990)の認知モデルがあるが,レヴィンソン(Lewinsohn, 1974)のモデルでは社会的スキルが取り上げられている(図6-2参照)。レヴィンソンは,社会的スキルの欠如により,社会的環境から正の強化が得がたく,また負の強化を避けがたいために抑うつを経験すると考えた。ネズら(1993)によると,①抑うつの人は非抑うつの人に比べ,対人関係を持つための働きかけが半数程度に過ぎない,②対人関係場面での緊張が高い,③対人場面での反応時間が遅く,相手が話しかけてきてもうまく応じることができない,④小集団での対人行動において社会的スキルが低いと自らも評価し,また他者からもそう評価されている,といった特徴がある。また抑うつ的な人と会話をした人は気分が落ち込み,会話は非常に不愉快なもので,今後その人との関わりを持ちたくないと報告している(Coyne, 1976a : 1976b)。このことは,抑うつ的な人は他者に不快な感情を与えやすく,そのため相手から嫌われ,自ら正の強化を受ける機会を少なくしていることを表している。社会的スキル・トレーニングは,うつ病治療のひとつの方法として有効と考えられる。

3 社会的スキル・トレーニングとグループワーク

1) 社会的スキル・トレーニング

社会的スキルとは何か,それはどのように定義されるのかについて,マトソンとオレンディック(1993)は一致した結論はないとしている。その理由としてあげているのは,ひとつには,社会的スキルの研究者が幅広い専門領域(たとえば,ソーシャルワーク,教育,発達心理学,特殊教育,学校心理学,臨床心理学,精神医学,精神医学的看護)にわたっており,また,さまざまな理論的立場に立つ人がこの問題に関心を向けているためであり,もうひとつの理由は,研究や治療の対象になっている被験者群がさまざまなタイプから構成されていることによるとしている。

社会的スキルをより限定した対人行動としたとき,その対人行動が何を指すかについては,前節までに触れられている。こうしたスキルの欠如あるい

は不足が社会適応上にさまざまな不都合をもたらし，スキルの修得が適応の改善をもたらすのであれば，積極的に社会的スキルを修得させ，適応を高めようとするのが，社会的スキル・トレーニング（SST；social skills training）である。ケリー（Kelly, 1982）は，社会的スキル・トレーニングがもたらす利点として，①対人関係の形成，②社会的スキルの修得がもたらす二次的な利点の大きさ，③他者の不合理な行動を処理する能力を高めること，の3つをあげている。

　社会的スキル・トレーニングは，我が国でも臨床的治療に応用されている。岩田（2002）によると，社会的スキル・トレーニングは精神科医療の現場に浸透し，今日の精神科リハビリテーションに大きく貢献している。中でも最も効果が認められているのは，統合失調症であり，行動面におけるスキルの向上や社会適応度，社会的機能の改善に効果を示している。現在では，感情障害（特にうつ病），対人恐怖，強迫性障害，アルコール依存，回避性人格障害，摂食障害など，統合失調症以外のさまざまな疾患にも適用されており，小児を対象にした社会的スキル・トレーニングも行われ，徐々にその対象を広げてきているとされている。なお，精神科領域においては，Social Skills Trainingを「社会生活技能訓練」とし，小児分野では「社会的スキル訓練」と訳することが多い（舳松ほか，2002）とされているが，ここでは社会的スキル訓練としたい。

2）体験学習

　臨床心理学では，講義形式の授業で知識や理論体系を学ぶことはもちろん必要であるが，同時にカウンセリングや心理アセスメントの諸スキルを身につけ，観念だけでなく実際の集団の中における自分自身の行動パターンの特徴を知ることもきわめて重要な課題である。自分を知るための方法には夢分析や自己分析などがあるが，最近では，ラボラトリー・メソッド，体験学習，ワーク・ショップ，グループ・ワーク，社会的スキル・トレーニングなどと呼ばれる学習方式が注目されている。ラボラトリー・メソッドと体験学習はほ

とんど同義であるが，教育・学習のための方法論のひとつである。1947年に開始されたTグループに理論的なルーツを持つが，Tグループは1960年代にロジャーズ（Rogers, C.）が開始したベーシック・エンカウンター・グループの影響を受けながら，1960年代から1970年代にかけてのヒューマン・ポテンシャル運動によって発展してきた。その後もゲシュタルトセラピーや認知療法等を取り入れながら，さまざまに枝分かれしつつ活動が続いている。日本では「ニューカウンセリング（伊東，1983）」「人間関係トレーニング（津村ほか，1996）」「構成的グループエンカウンター（国分，1992）」などの名称で活動が行われている。ラボラトリー・メソッドと体験学習はこれらの理論的支柱となっているものである。中野（2001）が「一方的に話を聞くのでなく，参加者が主体的に論議に参加したり，言葉だけでなくからだやこころを使って体験したり，相互に刺激しあい学びあう，グループによる学びと創造の方法」と述べているワークショップ方式もこの中に含まれるであろう。

体験学習とはどのようなものかについて，津村ら（1996）は，「体験学習とは学習者中心の学習であり，生きることから学ぶ学習で，生涯学習」であるとし，体験学習の学習モデルを以下のように説明している。「図1（図6-3）は新しい行動を修得したり，今までの行動を修正するための体験学習のモデルであり，ステップ1では自分自身を探求するための基礎となる体験をする。

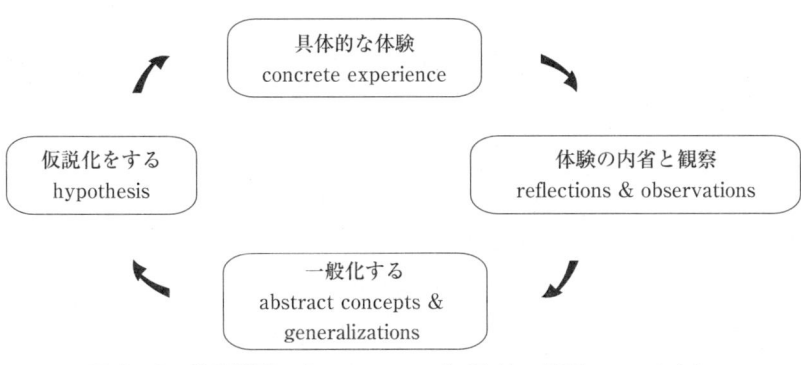

図6-3　体験学習の4つのステップ（津村・星野，1996より）

ステップ2では特定の体験においてどのようなことが起こっていたかをふりかえってみる（振り返り）。トレーニングの場においては自他がどのように話したり，聞いたりしているかといったプロセス（相互作用の中で起こっていること）に焦点を当てることが重要である。特に，外的な反応としての行動，内的な反応としての感情や情動，および思考の3つの側面に関する詳細な内省をするように求める。ステップ3では，ステップ2で集められたデータをもとに，学習者自身がどのような傾向を持っているかなどの特徴を探り，なぜそのようなことが起こったのかを分析し，自分，他者，グループの問題点を考察する。ステップ4では，先の考察を生かして次の機会または新しい場面で，学習者自身が具体的に試みるための行動の仮説化を行う。この仮説化を通して自分の新しい行動を計画し，実験的に試みることによって学習者の行動レパートリーを広げ，自分の社会的スキルを習得する。」

　筆者はこれらを参考にしながら，1992年から独自に課題を構成して大学・短大の授業の中で体験学習を実施している。科目名は「人間関係演習」「臨床心理」「グループワーク」「社会的スキル実習」などさまざまであるが，体験学習を基本にした展開を試みている。

4　体験学習の実際

1）実施プログラム

　実際に行うにあたって，どのような課題でプログラムを構成するかは，成否を左右する大きな要因となるが，受講者，授業形態，目的などにより異なっている。受講者の別は，短大生か大学生か，心理学専攻か，そうでないかなどの違いがあり，授業形態では，週1回・通年で行う場合と，週1回・半期で行うもの。さらに，週1回2コマを連続して半期で行うなど，3つの形態がある。このほかに，3日あるいは4日間の集中講義形式も考えられるが，この場合は宿泊を伴うか，通いで行うかの違いも出てくる。目的による違いは，大学・短大への導入教育の一環としての性格を持たせるか，全く独立し

表6-3　体験学習実施プログラム例

a. 短大1年生30名に，導入教育として通年で，1名の教員が行った場合。自分を知ることを目的とする。

〈前期〉1）オリエンテーション　　2）フリーウォーキング，自己紹介ゲーム1
　　　　3）自己紹介ゲーム2　　　　4）3つの課題
　　　　5）傾聴練習　　　　　　　　6）インタビューⅠ*
　　　　7）インタビューⅡ*　　　　8）インタビューⅢ*
　　　　9）鏡磨き，背中合わせのリラクセーション
　　　　10）ブラインドウォーク　　11）鏡磨き，インタビュー
　　　　12）3つの課題発表会
〈後期〉13）ジョハリの窓，フィードバックの説明（講義）
　　　　14）流れ星　　　　　　　　15）あれかこれかの選択
　　　　16）価値のランキング　　　17）人間関係マップ，色イメージ
　　　　18）朝刊に間に合わせろ　　19）エゴグラム
　　　　20）NASA 1 **　　　　　　21）NASA 2 **
　　　　22）全体フィードバック　　23）リラクセーション，鏡磨き

*6）〜8）のインタビューは，後に出てくるカウンセリング練習なのだが，対象が短大生であるため，あえてインタビューとして行った。
** NASAは本来1回で行うべきものだが，時間が足りないため2回に分けて実施している。

b. 授業名「グループワーク」。心理学専攻の大学生45名。導入教育の一環で1年生を対象とし，自分を知ることを目的に，週1コマ，半期，1名の教員で行う。
1）オリエンテーション，3つの課題の説明
2）体験学習の説明，SSテスト，3つの課題の具体例による説明
3）流れ星，ジョハリの窓
4）3つの課題チェック
5）フリーウォーキング，自己紹介ゲーム1・2
6）自己紹介ゲーム3（カウンセリング練習1）
7）カウンセリング練習2
8）カウンセリング練習3
9）カウンセリング練習4
10）ブラインドウォーク
11）NASA 1 *
12）NASA 2 *
13）リラクセーション，鏡磨き，レポート課題
14）全体フィードバック，レポート課題補足
15）SSテスト，終了後にまとめの話
* NASAは本来1回で行うべきものだが，時間が足りないため2回に分けている。

（次ページにつづく）

> c. 授業名「社会的スキル実習」。心理学科の3年生20名を対象に，独立した授業で，週1回2コマ連続で，2名の教員が担当。社会的スキルの修得を目標にする。
> 1）社会的スキルとは，自己紹介ゲーム1・2，SSテスト
> 2）自己紹介ゲーム3，アイデンティティの強制的選択
> 3）ブラインドウォーク，流れ星，ジョハリの窓
> 4）問題解決（朝刊に間に合わせろ，バスは待ってくれない）
> 5）アイコンタクト，鏡磨き，リラクセーション
> 6）感情の表出と解読
> 7）傾聴トレーニング
> 8）自己主張トレーニング
> 9）傍目八目
> 10）価値のランキング，人間関係マップ
> 11）NASA
> 12）全体フィードバック，SSテスト，総括
> ＊後期の午後に行っているため，日没，気温の低下を考慮して，本来，後半に来るはずのブラインドウォーク，リラクセーションの実施時期を早めている。

た授業のひとつとして行うかによって異なってくる。また，授業を担当するスタッフと受講生の数も大きな要因になる。これまで実際に経験したものでも，80名を超える学生を教員1人で担当したものから，15名の学生を3人の教員で担当するものまであった。当然，学生との関わりの密度は大きく異なる。

　以上のようにさまざまな形態があるが，最も大きいのは，授業単位として2コマ連続して時間を取れるかどうかである。課題の中には90分では行えないものも多く，1コマだとそうした課題を選択することができなくなる。2コマ連続した時間があると，課題選択の幅が広がる，軽い課題と重い課題とを組み合わせるなど，柔軟な対応が可能になる。参考までに，実際の授業で行った課題を実施順にあげると表6-3のようになる。これらの課題は，当初からこのような構成で行っていたわけではなく，さまざまな試行錯誤の結果，現在の形になっているのであり，今後も，新たなものを取り入れたり，基本的な形そのものを変えることもありうる。

　なお，これらの課題の途中，あるいは終了時に振り返りを行ったうえで，毎回，最後にその日の感想を書かせている。

2) 各課題のねらい

「社会的スキル実習」を例にとり，その中で行った各課題のねらいを簡単に説明する。初回の「社会的スキルとは」はオリエンテーションで，社会的スキルの概念の理解を図るために講義形式で行う。「自己紹介ゲーム」は参加者同士がお互いに知り合う，あるいは名前を確認し合うことを目的とするが，ウォーミングアップをかねており，体を動かしながら行う。このときに，自己の能動性，受動性を実際の動きの中で再確認するねらいもある。

「アイデンティティの強制的選択」は，部屋の4隅に4つの言葉（形容詞が多い）を掲示する。その中で自分に最もふさわしいと思われる言葉を選び，そこに移動する。集まった者同士で，その言葉を選択した理由，他の言葉を選ばなかった理由，その言葉の意味などを話し合う。このセットを数回繰り返すことで，自分とは何者なのかというアイデンティティを考えるきっかけとする。

「ブラインドウォーク」は，他者への信頼と責任の度合いを身をもって体験するものである。また，人間は視覚に多くを依存しており，他の感覚がどう働いているか普段はほとんど意識されずにいるが，視覚を奪うことで他の感覚を再認識する。「流れ星」はいくつかのものを断片的に提示し，それを順に描いてもらうものである。同時に同じことを行いながらも，その体験過程，体験内容に個人差があることを実感させる目的で行う。「ジョハリの窓」は体験学習の過程および効果を説明するものであり，この後さまざまな機会を通じて行われる自己開示やフィードバックの意味と重要性を認識させる。

「問題解決」はグループによる課題解決を目指すもので，効果的な話し合いのあり方や，話し合いの過程で自然発生的に生じるグループ内での各人の役割を自覚させるものである。断片化された情報をもとに，野球チームのポジション・監督・コーチを特定する。「朝刊に間に合わせろ」は短時間で行え，導入的要素が強い。断片化された情報をもとに，隣町の歯科医院までの地図を作成する「バスは待ってくれない」は比較的難しい課題となっている。どちらも断片的情報がメンバーに分散されているため，全員が話し合いに参

加することが必要である。

　「アイコンタクト」は非言語的コミュニケーションのひとつであり，視線を合わせることである。「目は口ほどにものを言い」ということわざに示されているように，重要とされていながらも多くの日本人が苦手としているものである。ここでは，2人が向かい合って視線を合わせ続ける。時間は30秒間から3分程度まで行う。中には視線恐怖症的傾向を持った学生が参加している可能性もあるので注意を要するが，後の傾聴トレーニングや自己主張トレーニングの予行練習的に導入している。対象が心理学科3年生であり，学生の様子をある程度把握できているから行っているが，導入教育として行う大学・短大1年生対象のプログラムでは，アイコンタクトを入れていない。アイコンタクトに慣れたら，そのまま背中合わせになり，「背中合わせのリラクセーション」に移る。休憩後，ウォーミングアップとして「鏡磨き」を行い，心身ともにほぐれてきたところで「リラクセーション」に入るが，ここでのねらいは自己の身体状況を知ること，および心身一如という概念を体験的に理解することである。

　「感情の表出と解読」は，写真をもとに，そこに表された表情を読み取ること，およびさまざまな感情を自分自身で表現し，その表情を他者が読み取るとどう受け取られるかを知ることで，感情の表出と解読のスキルを修得することを目的とする。

　「傾聴トレーニング」は，カウンセリングの最も基本的な技法である他者の話に耳を傾けることを修得する目的で行う。3人一組で行い，聴き役・話し役・見守り役に分かれ，出されたテーマに基づいて相手の話を聴く。傾聴すること，相手の話を引き出すこと，会話をリードすることなどの意味を理解し，視線の合わせ方，身振り・手振りなどの身体言語に気を配ること，声の調子・大きさなどに注意しながら行う。

　「自己主張トレーニング」は，2人一組で，自分の要求を相手に聞き入れてもらうために，説得・哀願・脅しなどを用いてできるだけの努力をする。それらを通じて自己主張は決して自分勝手な言い分を通そうとすることでは

なく，相手の言い分を聞きつつ，自分の言いたいことを伝え，相手に受け入れてもらうための方法を探る。そのためには，相手も自分もともにOKなのだということが必要であることを理解する。

「傍目八目」は傾聴トレーニングを発展させたものであり，カウンセラー役，クライエント役，観察者役の3者が，それぞれ行われた模擬面接の中で，相手の話をどういう気持ちで聞いていたか，それに対してどう応答したか，その応答をどういう気持ちで受け止めたか，観察者はそのやり取りをどんな気持ちで聴いていたかなどを，話し合うもので，客観的視点から相互作用を見直してみることで自身の関わり方を再考することを目的とする。

「価値のランキング」は，10の言葉について，自分にとって価値があると思う順に順位をつけていくもので，自分とは異なる他者の選択を知ることで，価値観の多様性を知り，他者の考え方や生き方を知ることで，自己理解を深めることを目的とする。「人間関係マップ」は，自分を取り巻いている人を図示することで，自身の対人関係のあり方に関する理解を深めることを目的とする。

「NASA」は月で遭難したらどうするかについて，最初は個人で考え，その結果を持ち寄って，グループ内で全員の合意による集団決定をする。集団で意思決定するときに起こるさまざまなプロセスに気づくことを目的とする。これまで行ってきた傾聴と自己主張のスキルを活用するねらいもある。

「全体フィードバック」は最終セッションとして行い，最初の実習からこれまでに行ったさまざまな課題を通してみた「わたし」像を，文章でフィードバックしてもらうもので，各セッションの終わりに行ってきたフィードバックの総まとめとなる。実習を通してどう変化したかを，他者から客観的に評価してもらうことで，さらなる自己理解の深まりを目的とする。

3) 実施した課題の内容

これらのプログラムに出てくる課題の具体的内容を以下に説明する。課題によっては内容が事前にわかっていると差し障りのあるものもあるため，す

べてを紹介することはできない。

(1) **3つの課題**

　各人が自分で3つの課題を決める。それを3ヶ月間継続して行い，記録をつける。課題の形式は，3ヶ月間毎日〜を行う，あるいは3ヶ月後に〜ができるようにするというもの。3ヶ月間継続するのであるから，無理をせずにできるものであること，楽しみながらできるものであること，課題はできる限り具体的な形にする，の3点を強調する。条件は，今現在行っていないものである（毎日顔を洗う，歯を磨くなどは不可）こと，他人や社会に迷惑をかけないものであること，健康に害を与える恐れのないもの（ダイエットなどは不可）であることの3つである。課題を3つ決めたら紙に書いて提出させ，条件に沿っているか，無理がないかなどをチェックする。多くの学生に，再度考え直すようにと言わなければならないが，ほとんどが"これを3ヶ月続けるのは無理だから，もっと楽にできるものに変更するように"という内容で，学生の過大な目標の掲げ方にブレーキをかけるものである。逆の場合はこれまで多くはないが，たとえば「3ヶ月で本を5冊読む」としてきた場合，今は月に何冊くらい読んでいるかを確認し，これまでのペースで十分こなせる冊数でしかない場合には，もう少し増やすように言うことはある。「毎日〜をする」タイプの課題の記録は，○×式のできるだけ簡単にできるものにする。「3ヶ月後に腕立て伏せを連続100回できるようにする」などのタイプでは，できるようになった回数をグラフに表し，成長が一目でわかるようにする。

　この課題の意図するところは，以下の3つである。第1に，自分の行動パターンを知ること（やると決めたことをどの程度実行できるのか。目標設定の際にできそうもないことを決めてやらずにいることを，これまでにも行ってきてはいないか。さぼるときにはどのような理由で自分に対して言い訳するのかなど）であり，第2に，どんな小さなことでも，自分でやると決めたことを毎日続けるという積み重ねが実行できれば，大きな自信につながるという体験をすることである。自信は，待っていれば自然にできてくるものではなく，こうした積み重ねの上

にできてくるものである。第3に，新たな生活習慣の形成がある。学生は新しく短大・大学に入学し，初めてひとり暮らしを始めるなど，生活環境が大きく変化しており，学生としての自覚を持ちながら生活を作り直していく必要があるが，新たな生活習慣の獲得のひとつの軸を提供する意味合いもある。

　第2の自信をつけるためには，必ず目に見える形で記録させる。これは自分がどの程度課題をこなせているか，どこまで進んでいるかを一目で確認できるようにしておき，毎日記録を積み重ねていくことが励みとなり，大きな力になるからである。

　この課題は，本来，ある程度学生＝教員間の人間関係・信頼関係ができてから行うべきものだが，夏休みなどの日程を考慮すると，最初に行わなければ3ヶ月間を確保できないため，この時期に行っている。

(2)　フリーウォーキング，自己紹介ゲーム

　最初のフリーウォーキングは文字どおり室内を自由に歩かせるだけで，次に行う自己紹介ゲームのウォーミングアップの役割を果たすものである。一人ひとりが自由に歩き回るだけのことだが，これがなかなかできない。仲良しグループでだんごになって歩いたり，その場に立ち尽くしたまま動かない（動けない？）学生も多い。また，少し長めに時間をとると全員が同じスピード，同じ方向にぐるぐる回るなどが起こる。その際には，あくまでも個人で動くように，あるいは自由に歩くとはどんな方向にどんな歩き方でもいいのだと伝える必要がある。ある程度，歩くのに慣れたら，照れながら歩く，うつむきながら歩く，暗闇の中を手探りで歩く，胸を張って歩く，前から来る人と挨拶しながら歩くなど，変化をつけてもよい。このフリーウォーキングは，ペアを組んだり，3人以上のグループを作る際にも行うことが多い。

　全体の動きを見，緊張がほぐれたのを見計らって，自己紹介ゲームに入る。自己紹介ゲームは1～3まであがっているが，1はこの内容と決まっているわけではない。自己紹介の方法を5～6種類用意しておき，メンバーによって使い分ける必要がある。たとえば，初対面の者が多い場合と，すでに互いに知り合っている場合とでは異なる方法を用いる。

知らない者同士の自己紹介は，歩き回りながら，出会った人に自分の名前を伝え，相手の名前を聞き，「よろしくお願いします」程度の軽い挨拶をして別れ，次に出会った人と同じことを繰り返す。1人と話し込まないように指示する。全体の動きを見ながら，たとえば以下のような注意をつけ加える。"グループで固まっていると中にいる人には非常な安心感があるだろうが，外から見ると「知らない者は入れないぞ」という排他的な集団に見える。1人の人と話し込んでいると，その他の多くの人と出会う機会を失うだけ。自己紹介をし合うだけで，個人として行動するように" など。

　頃合を見計らって終了し，「振り返り」に入る。"人と出会うために自分から積極的に動いたか，人に声をかけられるのを待っていたか""人と出会うときにどのような感情が起こったか""普段，自分は積極的だ，消極的だなどと思っていても，それはひとつの思い込みに過ぎないことが多い。思い込みを取り除いて，今の自分の行動はどうだったか。それはなぜなのか。普段の思い込みと，この場での行動は一致していたかどうかを振り返って欲しい" などを問いかけ，発言してもらう。発言がない場合（ない方が多い）には，"高校までの普通の授業とは違い，答えが合っている，間違っているはないこと，自分の考えをまとめるのでなく，思ったこと・感じたことをそのまま話して欲しい。そうすることにより，同じ体験をしながらも人によって受け止め方，感じ方が違うということをみなで確認できる。自分と同じ受け止め方をする人も全く違う感じ方をする人もいることがわかれば，世界が広がるはず" などを伝え，発言を促す。

　互いに知り合っている者が多い場合の自己紹介は，以下のように行う。小さな紙を渡し，そこに氏名と「私の秘密」を書いてもらう。「秘密」は小さな秘密でよい。この場にいる仲のよい友人にも，まだ話していなかったことをひとつだけあげてもらう。それを集め，氏名は伏せながら順不同に「秘密」を読み上げ，用意しておいた別の用紙にそれを記入してもらう。全員分を読み上げ終わったら，自由に動き回りながら，秘密の持ち主と思われる人に，「これはあなたのですか」と聞いて確認する。すべての秘密の持ち主が

特定できれば完了である。時間によっては，半数程度が完了した時点で終了してもよい。このとき注意しなければいけないのは，1人に対して連続的に，「これですか，これですか」と当たるまで質問を繰り返すことは禁止することである。1人に対して連続して質問することは認めないと，あらかじめ言っておく必要がある。

(3) **鏡磨き**（伊東，1983，367-368），背中合わせのリラクセーション

　鏡磨きは，本来，ウォームアップの目的で行われるが，息抜きにも使われる。2人1組で，向かい合う。片方が鏡を磨く人，もう一方が鏡に映った人になり，相手の鏡を磨く動作に合わせる。この際，手のひらを触れ合わせず，1〜2cm程度離したまま行う。鏡は片手だけでなく両手で磨く，しかも左右ばらばらに動かすようにと指示する。途中で人間と鏡の役割を交代させるが，全体の様子を見ながら，初めはゆっくりと，途中から交代の速度を徐々に早くしていく。初めは座ったまま小さな鏡を磨かせ，慣れてきたら立って大きな鏡にすると，抵抗なくできる。1人だと体を動かすことに照れがあり，ぎこちなくなりがちだが，相手の動きに合わせるうちに大胆な動きもできるようになる。15〜20分も続けると汗ばむほどになるので，休息をかねて同じペアのまま，背中合わせのリラクセーションを行う。後ろ向きに座って背中を合わせ，互いに相手に寄りかかり，体重を預けるようにする。このとき背筋を伸ばし，お尻から背中全面をピッタリ合わせる。全体の姿勢が安定してきたら，目を閉じさせる。しばらく後，合わせた背中で相手の呼吸を感じとり，相手の呼吸に合わせるように指示する。猫背のままだと，相手の呼吸も感じられず，またリラックスもできない。このまま眠りに入る者も出るが，そっとしておく。頃合を見て，全体に声をかけ，握りこぶしを作って力を入れ，一気に力を抜く覚醒動作を数回行った後，全体で振り返りを行う。

(4) **ブラインドウォーク**（伊東，1983，309-312）

　別名Trust Walkとも言う。あらかじめバンダナなどを準備させ，自分が信頼できる人を選びペアを作る。1人にバンダナで目隠しをさせ，パートナーが腕を組むあるいは手をつないで，目隠しした人に危険が及ばぬよう注意

を払いながら，学内を歩く。人間には視覚・聴覚・触覚・嗅覚・味覚の五感があるが，いかに視覚に頼って生きているかを再確認する。視覚を奪うことにより，それまでなかば忘れていた聴覚・触覚・嗅覚がどのように生き生きと働き出すかを体験することがねらいである。また視覚を奪うことで方向感覚・距離感覚・時間感覚にも変調が生じることを体験する。そのため，誘導する人は，アスファルト・タイル・土・砂利・芝生・枯葉等の路面，坂道，階段，日向，日陰などさまざまな条件の場所へ誘導し，感触の違いを確かめる。また，途中にあるさまざまなものに触れさせてみる，今どの辺にいるか，どちらの方向に向かっているか，そばには何があるか，誰がいるかなどを説明する，あるいは当てさせてみるなどを行う。30分程度でスタート地点に戻り，役割を交代し，同じことを繰り返す。終了後全体で振り返りを行う。これはほとんどの者にとって新鮮な体験であり，さまざまな振り返りが出てくる。中には「目の見えない人がこんな大変な思いをしていることを初めて知った，これからは手を貸してあげなければ」という振り返りも出る。本来の目的からはずれているのだが，これもまたよしである。事前に参加者に注意しておくことは，誘導者が普段の調子で速く歩かないこと，危険な目に遭わせないこと，学外には出ないこと，校舎内には入らないこと（外から暗い廊下に入ると目隠ししていても暗さを感じ，それが恐怖を呼んで，廊下で大声を出すことになり，他の授業の邪魔をする恐れがあるため）などである。また，地面の違いを味わうため，靴はスニーカーが望ましい。底の厚い靴やヒールの高い靴，サンダルのような不安定なものは避ける。

(5) リラクセーション

　リラックスするとは筋肉の緊張をとり弛緩することだが，多くの人はいかに自分が筋肉を緊張させながら普段の生活をしているかを知らない。そのため，緊張をとれと言われてもできないことが多い。ここでは，初めに個人で筋弛緩法を行う。立位で，握りこぶしに力を入れ，一気に抜くという動作を2，3回繰り返す。次に，握りこぶし，二の腕に力を入れ，やはり一気に抜く。このとき腕がばたんと落ちる様子を見せておく。次は，握りこぶし，二

の腕，肩に力を入れ，一気に脱力。握りこぶし，二の腕，肩，首に力を入れ，脱力と，だんだんに脱力する部位を拡げていく。首の脱力は難しいので，力が抜けていなくても抜けたつもりで思いきりうなだれて，肩から首がぶら下がった状態にしてみるよう，指示する。その姿勢で，上半身を左右に揺すってみる。揺することで，脱力が促進されることが多い。次が腰の脱力だが，これを立ったままで行うのは難しい。だが，横になると，脱力ができているかどうかを確認するのは難しいので，あえて，立ったままで行う。足を肩幅より広めに取り，膝を少し曲げ，姿勢を安定させる。腰から上を前屈させ，骨盤に上半身がぶら下がっているような姿勢をとらせる。腕，肩，首も同時に脱力させ，軽く左右に振ってみる。うまく脱力ができていると，腕が自分のものではないように勝手にぶらんぶらんと揺れ始める。できない人には，うまくできている人の様子を見せ，まねをさせる。このときに，腕ほどではないが，首もぶらぶらゆれる様子を感じさせる。

　その後，2人1組になり，1人が床にあぐらをかいて座り，上体を脱力・弛緩する。ヘルパー（弛緩を助ける人）は後ろに回り，肩を持って前後左右に揺すって，弛緩できているかどうか確かめる。弛緩できていると，上体が何の抵抗もなく，面白いように動く。弛緩できていないと，動かしてみても，あちこちで引っかかりが出る。そのときは，肩に力が入っている，腰の力が抜けていないなどとフィードバックをする。自分のパートナーが弛緩できているのかどうかわからないヘルパーには，十分に弛緩できている人を揺すってみてもらい，自分のパートナーとの違いを確かめてもらう。このときに，一見何の抵抗もなく動くように見えて，実際はヘルパーの揺する動きを事前に察知し，その方向に体を動かしてしまう人がいるため，ときには右に動かすように見せかけて前に動かすなどの動作も交えてもらう。これで抵抗が生じる人には，力が入っていることを伝え，安心して力を抜いているように言う。フィードバックしてもらうことで，より確実に自分の状態を知ることができる。これを，役割を交換して行い，次に進む。

　1人が横臥して弛緩する。ヘルパーは，弛緩している人の手を持ち上げて，

落としてみる。弛緩できていればパタンと落ちるが，弛緩できていないとゆっくりと下がっていく。これで弛緩の程度を確認する。脱力できていない場合には，力が入っていることを伝え，そのまま次に移る。ヘルパーはパートナーの右肩のところに位置し，体と直角になるようにパートナーの右腕を動かし，手首を両手で持って，腕を自分側に引っ張りながら，横向きに揺する。このときの揺すり方は，できるだけ速く，小刻みに，かつ優しく（決して乱暴にはしない）行う。腕に与えた振動が，体に伝わっているかどうかの確認をしながら行う。弛緩できていると，腕の振動が胸や頭まで伝わるが，力が入っている，あるいは揺すり方が適切でないと，途中で止まってしまう。左腕にも同じことをする。腕が終了すると，脚の番である。脚は，両脚を持って行う。重いので，まず十分な体勢を作る必要がある。しゃがんだ姿勢で両足首を持ち，自分側の方へ引き上げながら，自分自身も後ろへ反るような姿勢をとる。パートナーの体重と自分の体重のバランスが取れると重さは軽減される。この姿勢で，腕に与えたのと同様に横方向の，小刻みな，決してぶーらんぶーらんとなるような大きな揺らし方ではない，たとえば，ブルルルッという揺すり方をする。うまく揺することができると，腕のとき以上に，振動がそのまま腹，胸，頭に伝わる。これを確かめながら，さらにしばし揺すり続ける。大変な重労働だが，これは「人にしてあげる喜びを感じ，人にしてもらう喜びを感じる課題でもあるのだから，やる方は精一杯，してもらう方は遠慮なく，もう少し小刻みにとか，もう少し優しくと注文をつけながらやってもらうように」と，事前に話しておく。

　脚の次は頭である。ヘルパーはパートナーの頭のところに行き，両方の手のひらでそっとすくい上げるように持ち上げ，手のひらの中で静かに転がしてみる。決して乱暴には扱わない。人間の頭の重さを感じながら，首の脱力を助ける，あるいは確認をする。頭は短めに切り上げ，全員が横になってしばらく休息する。この後，役割を交代して繰り返す。腕・脚を揺するのは金魚運動であり，揺すってもらうことで弛緩を促進する効果がある。このリラクセーションはかなり気持ちがよいものであり，「家に帰ったら，お父さん

やお母さんにぜひやってあげたい」という学生が必ず出てくる。このように，ヘルパーの力を借りながら，自分の体の状態を知り，リラックスできている状態がどのようなものかを体で感じとる。リラックスのコツを掴めるようになると，1人で行うことも容易になるので，時々は何もしない時間を作って，自分に贅沢をさせてあげるように話して終了する。

　我々が対象としている大学生のほとんどは青年期のただ中にあり，知性化や観念化が過剰となり，自意識過剰に陥りやすい。そのため，自己分析を行ってみても，ときにはマゾヒスティックに自分を痛めつけたり，ときには自己愛的な側面が強調されたりと，空回りしやすい。グループの中で，協同の学習を行い，互いが互いの鏡となり，助け，助けられながら，自分たちの手で学習の場を作り上げていく体験学習は，自分や他者を知る（知り直す）ための格好の機会となる。

　グループワークを中心とする体験学習では，普段つきあいのある友人以外の多くの人とともにさまざまな課題を行うことが求められるため，「普段の私（私ってこんな人）」から離れ，「新たな役割を持った私」として，新しい対人関係を「実験的」に作っていくことができる。また，他者からのフィードバックにより，自分で考えていたものとは異なる，他者の目を通して見た自分を知ることはきわめて有効であろう。これらを通して，今まで知らなかった自分の新たな可能性に気づくことができるだけでなく，これらの一連の過程自体が，新しい人間関係を作り維持していくためのトレーニングの場ともなっている。昨今の学生の交友範囲は意外に狭く，しかも浅く表面的なつきあいに限定されているように見える。この体験学習を受けた学生からの感想では，「この授業のおかげで友だちが増えた」「人は見かけで判断しちゃいけないというのは本当だった」「気づいていなかったけれど，私の知らないところで，みんなは私のことを見ていてくれていたんだ。私もこれからは，みんなのことをもっと大事にしていきたい」などが多い。授業の中で体験学習を行うことで，さまざまな社会的スキルの向上を図り，今後もさらに多くの

ことを学び続けてくれることを願っている。

●この章で読んで欲しい本
相川 充　2000『人づきあいの技術：社会的スキルの心理学』サイエンス社
→本書で十分に紹介しきれなかった社会的スキルの概念，スキルの欠如がもたらす問題についてわかりやすくまとめた本。
中野民夫　2001『ワークショップ』岩波新書
→本章では大学の授業で行っているものを紹介したが，同様の体験型学習はさまざまな場で行われている。それらを広く見渡しながら，読みやすくまとめており，入門書として一読を勧める。

第Ⅲ部

社会と臨床心理

第7章

臨床心理学の視点

1 臨床心理学とは何か

1）臨床心理学の定義

　臨床心理学とはそもそもどんな学問なのだろうか。まず，「臨床」という言葉を国語辞典で引いてみると，「実際に個個の病人について，病状の観察・治療をすること」(『新明解国語辞典〔第4版〕』)とある。次に「心理学」を引いてみると，「人間・動物の意識と，その行動との相関関係を研究する科学」(『新明解国語辞典〔第4版〕』)とある。「臨床心理学」については出ていないため，この2つを合わせてみると，「人間の意識と行動との相関関係を研究し，実際に個個の病人について病状の観察・治療をするための科学」となるだろうか。

　これではよくわからないので，専門的な定義について見てみよう。1934年に書かれた最初の臨床心理学の教科書であるルティットの『臨床心理学』によると，「臨床心理学とは，問題を持った個人の問題の診断と治療のための応用心理学」となる。1年後の米国精神医学会（APA, 1935）の定義では，「心理学の一部門であり，測定，分析，観察などの諸方法を用いて，個人の行動の行動能力，特徴的行動機制を明確にし，さらには身体的所見と，個人の社会的資料（生活史など）をこれに統合させ，個人の適応に示唆と勧告を与えようとするもの」となっている。この違いがわかるだろうか。APAの定義では，「診断」や「治療」という言葉が消えている。これはルティットの定義に対し，医学会から「診断」や「治療」は医師の独占業務であり，医師資格のないものが行ってはいけないと反発があったからなのである。

臨床心理学が携わる「人間の問題」は、もともと人類と同じ程度の歴史を持っているが、臨床心理学そのものは、ほとんど20世紀になって始まったものであり、しかも第二次大戦後、急速に発達したものである。1976年にコーチン (1980) は、「心理的に障害を持った人々の健康を増進することを目的とする専門領域のひとつ」と定義しているが、APAの慎重さを踏襲している。

日本では、河合 (1995) が、臨床心理学を「心理的な問題にどのように対処するかを研究し、それを実践する学問」と定義づけたうえで、「臨床心理学はむしろ『心理学』からはじまっていないように思われる。それは苦しんでいる人をなんとか援助しようとするきわめて実際的な要請から出発したので、アカデミックな『学問』の世界よりも、人と人とが接する現場から生まれてきたのである」としている。先の国語辞典の「臨床」はわかる。「心理学」もわかる気がする。が、両方をあわせて「臨床心理学」にすると、よくわからなくなるというのは、こうした背景があるからなのだろう。

2) 臨床心理学の特性

河合 (1995) が、臨床心理学では「実践と研究が不即不離に関係しあっており、人間の個性の存在を認める限り、一人一人が異なるわけで、臨床家は常に新しい現象を扱っていることになる」と述べているが、これは1970年代までは優勢だった「臨床心理など学問ではない」とする「アカデミックな学問」の世界からの批判と重なる。「アカデミックな学問」の世界では、追試可能性を備えた「科学性」が何より優先するのに対し、臨床心理学では常に新しい現象を扱い、他者が追試してその成果を確認することは不可能だからである。臨床心理学では、1人の臨床家が同一の問題を持った2人に同時にカウンセリングを開始しても、同じ展開をたどって同時にカウンセリングが終結することはほとんど考えられない。まして異なる臨床家が同一の問題を持っている（ように見える）人に対し、他の臨床家が行った方法を用いて同じ成果が得られるか試そうとしても不可能なのである。

心理臨床の仕事は常に2者関係の中で行われる。身体測定で身長や体重を測ることは，測定者が変わっても正確に行える。血液検査でも採血した人との関係が問われることはなく，関係のあり方によって血液検査の結果が変わることはない。これに対して，たとえば，人にものを売るセールスの仕事を考えてみて欲しい。セールスでは誰が売っても同じ，とはならない。売り上げをどんどん伸ばす人と，いつまでたっても全く売れない人が出てくる。そこには売るためのノウハウの蓄積や使いこなし方の程度，買い手の信頼を得られるような売り手の人間性の有無，たとえ短い時間であっても買い手と売り手との間に築かれる人間関係のあり方などが，売り上げに大きく影響してくる。これが2者関係なのである。心理臨床の仕事では，他人には話しづらい，個人の秘密に属することがらを扱うことが多いのだから，ここでの2者関係はセールスよりはるかに濃密なものになる。そして臨床家に要求されるものも格段に高度になる。臨床家はクライエントとの間で必要に応じて適切な「関係性」を保てるように，絶えず自分自身を訓練しておく必要がある。クライエントが，この人なら自分の秘密を話しても大丈夫とか，この人にならぜひ話してみたいと思ってもらえるような，あるいは自分でも気づかずにいたことが，話をしているうちに心の深いところから自然に湧き上がってくる，などということが起こってくるためには，何よりも治療者の心が開かれていることが必要なのである。こうしたクライエントと治療者との間の信頼関係をラポール（Rapport）と呼び，このラポールが形成された後，十分な共感的交流を図ることが心理臨床の仕事においては何よりも重要とされている。自分がどの程度の関係性を築き上げる能力を持っているかについての認識も必要で，臨床家は絶えず自己分析を行い，研鑽を積んでいくことが求められている。

2 臨床心理士の働く機関

　臨床心理学の専門職がみな臨床心理士というわけではないが，ここでは便宜的に，臨床心理士の働く機関について見ていく。広範な機関に分かれているので，便宜的に一覧表にしてみた（表7-1参照）。日本臨床心理士会（2001）が作成した表をもとに手を加えてある。心理職に特徴的なのは，職場によってさまざまな職名で呼ばれていることである。これは臨床心理専門職が新しい職種であり，すでにできあがっている組織の中に隙間を埋める形で入り込んでいった結果，その組織に応じて新しい呼称ができていったからと言える。

3 心理療法とカウンセリング

1)　ガイダンス，カウンセリング，心理療法

　図7-1に示したように適応のための援助には，ガイダンス，カウンセリング，心理療法がある。しかし，この3つは互いに重なり合う部分がある。特に，カウンセリングと心理療法との重なりは大きくなっている。これらに違いはあるのだろうか。あるとしたらどのような違いなのかについて見ていこう。

　佐治（1993）によると，ガイダンスは教育用語で，「社会的に望ましい方法で，望ましい目的に向かって自己を最大限に実現できるよう期待され，自己もそうありたいと望む。その後の計画や実践を含めて，自己実現への援助の過程」であり，カウンセリングは「ガイダンスの一方法としての相談・助言をさしており，個人の学校生活，家族，結婚生活，職業生活などで生じる適応困難な問題に対する相談・助言による援助活動が中心」だとされる。つまり，どちらも教育モデルの中で生まれ使われてきた言葉である。これを発展させ，カウンセリングを教育モデルから切り離したのがロジャーズ（Rogers, C. R.）で，現在使われているカウンセリングという意味を確立した。ちなみに『カウンセリング辞典』（国分，1990）によると，「カウンセリングとは，問

表7-1 臨床心理士の働く相談機関 (日本臨床心理士会, 2001を修正)

	機関	主に相談できる内容	職名	仕事の内容	対象	関係スタッフ
教育	スクールカウンセラー	不登校, いじめ, 友人関係の悩み, 非行, 発達上の問題, その他	スクールカウンセラー	心理療法, 遊戯療法, 心理アセスメント	小・中・高校生とその親	教員, 養護教諭等
	教育研究所		相談員	上と同じ, 不登校児のための適応指導学級		
福祉	児童相談所	養護相談, 健全育成相談, 教護相談, 心身障害相談	心理判定員	心理アセスメント, 遊戯療法, 心理療法, 集団療法, 地域援助	18歳未満の子どもとその親	児童福祉司, 医師, 看護師, 児童指導員
	療育センター	心身障害, 精神遅滞, 情緒障害, 自閉症障害などの療育相談	指導員	心身障害児の療育, 心理アセスメント, 遊戯療法, 心理療法, 集団療法	障害者(児)親	医師, 看護師, 社会福祉士
	各種福祉相談窓口	虐待相談, 女性相談, 子育てなど	専門相談員	心理相談, 育児相談, 就労支援など	限定なし	社会福祉士
医療	総合病院(精神科・神経科他)神経科クリニック	神経症, 精神病, 習癖, 発達上の問題, 不登校, 食行動異常, 心身症, てんかんなど	臨床心理士, 心理療法士	心理アセスメント, 心理療法, 集団療法, 家族療法	限定なし	医師, 看護師, 社会福祉士, 作業療法士
	精神病院	統合失調症, うつ病, アルコール依存, その他上に同じ	上と同じ	上と同じ, デイ・ケア	限定なし	上と同じ
	精神保健福祉センター	上と同じ	精神保健福祉相談員	上と同じ, 精神保健相談, 自助グループ・家族会などの育成, 啓蒙活動	限定なし	上と同じ
司法・矯正	警察・少年相談など	非行, 素行問題, 不登校, いじめ問題	心理専門官	被害者の相談, 指導・支援	未成年と保護者	警察官, 補導員
	家庭裁判所少年部	非行	家庭裁判所調査官	心理検査, 少年の心理状態・環境の調査と処遇の検討	少年	裁判官, 書記官
	同 家事部	夫婦, 家族紛争, 相続, 戸籍	家庭裁判所調査官	心理的援助, 調停による問題解決	限定なし	上に同じ
	矯正施設(少年鑑別所, 少年院)	非行	法務技官, 法務教官, 保護監察官	更生への処遇指針, 分類調査, 心情相談, 直接的処遇	家庭裁判所から送致された少年	法務教官, 医師
大学・研究	大学・研究所付属相談室	神経症, 不登校, 発達遅滞, 夫婦・家族の心理的問題	大学教員	教育・研究カウンセリング	限定なし	精神科医等
	学生相談室(保健管理センター)	人間関係, 性格・適応上の悩み, 精神疾患の管理	カウンセラー, 相談員	カウンセリング	在学生	医師, 精神科医
産業・開業	企業内カウンセリング室	職場の不適応, うつ, ストレス障害	カウンセラー	カウンセリング, 家族や上司のコンサルテーション, メンタルチェック	社員	医師, 精神科医, 担当事務職
	開業心理相談室	神経症, 性格・人間関係の悩み, 家族の問題	カウンセラー	カウンセリング	限定なし	なし

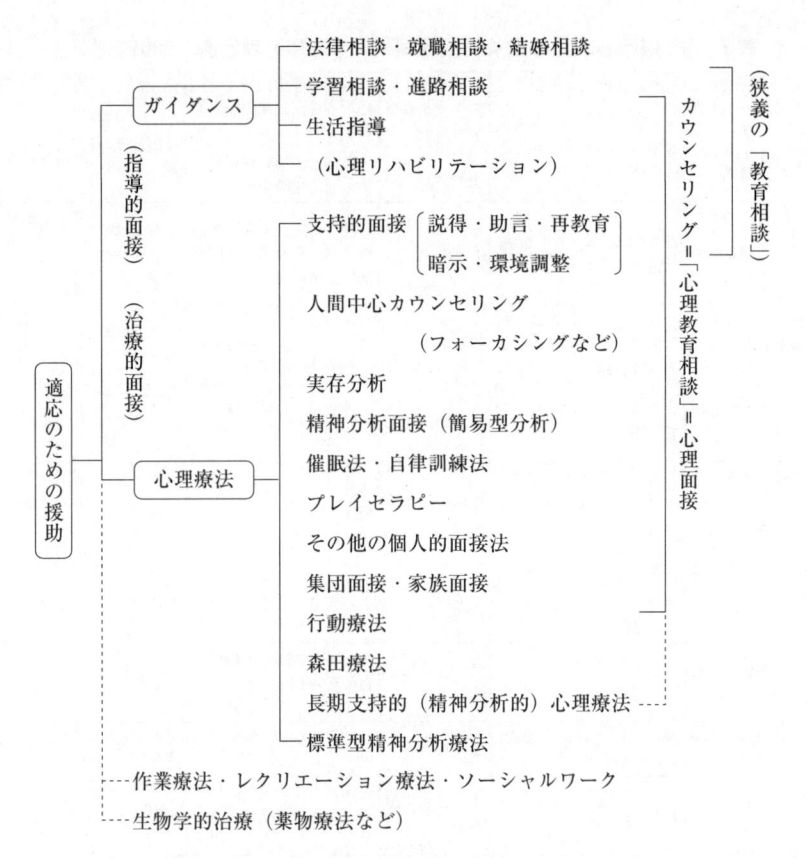

```
                           ┌─ 法律相談・就職相談・結婚相談    ┐
              ┌ ガイダンス ─┤─ 学習相談・進路相談              │
              │(指導的面接)│─ 生活指導                        │(狭義の「教育相談」)
              │           └─ (心理リハビリテーション)         │
              │                                              │
              │           ┌─ 支持的面接 ┌ 説得・助言・再教育 ┐│ カウンセリング＝「心理教育相談」＝心理面接
              │           │             └ 暗示・環境調整     ┘│
 適応のための │(治療的面接)│─ 人間中心カウンセリング           │
   援助  ────┤           │      (フォーカシングなど)         │
              │           │─ 実存分析                        │
              │           │─ 精神分析面接(簡易型分析)         │
              │ 心理療法 ─┤─ 催眠法・自律訓練法               │
              │           │─ プレイセラピー                   │
              │           │─ その他の個人的面接法             │
              │           │─ 集団面接・家族面接               │
              │           │─ 行動療法                        │
              │           │─ 森田療法                        │
              │           │─ 長期支持的(精神分析的)心理療法 ┄┄│
              │           └─ 標準型精神分析療法               ┘
              ├┄┄ 作業療法・レクリエーション療法・ソーシャルワーク
              └┄┄ 生物学的治療(薬物療法など)
```

図7-1 カウンセリングとは(前田, 1994より)

題を抱えた健常者を対象とし，言語的および非言語的コミュニケーションを通して健常者の行動変容を試みる人間関係」とされている。

　これに対して，心理療法は医学モデルからきている。薬物療法，作業療法など，療法とつくのは医学モデルに出自を持っている。だから，心理療法の対象も神経症や心身症や精神病などの心の病を持った人たちとなる。そして療法であるからには，病を治すという意味合いを持っている。カウンセリングが健常者を対象とし，心理療法が病者を対象とするほかに，カウンセリングは比較的表層的な問題を扱い，終結までの時間は短い。心理療法はパーソ

ナリティの深いレベルの問題を扱い,パーソナリティの変容をも目指すため,終結までに長期間を要するなどの違いがあるとされてきた。

ところが,時代を経るごとにカウンセリングという言葉が広がりを見せ,多方面でさまざまに使われて知名度が上がったのに対し,心理療法は狭い蛸壺の中でひっそりと孤高を保ったままだった。それだけではなく,先にあげた両者の違いも徐々に失われていった。そこに決定的な追い打ちをかけたのが,1995年に文部省(当時)が行ったスクールカウンセラー派遣事業である。これがマスコミに大々的に取り上げられ,臨床心理専門職の仕事＝カウンセリングとなったのである。現在では,上記の差異は歴史的経緯として記憶にとどめておく程度で,実質的な違いは全くなくなっていると言っていいだろう。臨床心理学専門家,特に臨床心理学を教える立場の人の間で,この両者を統合した「臨床心理面接」という呼び方が最近広まりつつあるが,この言葉が一般的に使われるようになるかどうかは未知数である。

心理療法とよく似た言葉に「精神療法」がある。この2つは英語ではともにpsychotherapyであって,同じ単語なのである。もともとは「精神療法」が使われていたのだが,1952年に精神科医である井村恒郎が「わが国の臨床心理学によせた著者のささやかな希望から,心理療法という耳新しい訳語を選んだ」ことを,空井(2004)が紹介している。以来,心理療法と精神療法が併用されているが,心理専門家は「心理療法」を,精神科医の多くは「精神療法」を使っていると言える。

2) 心理療法の歴史

図7-2に心理療法の歴史的流れを示した。1)で触れたように,現在はカウンセリングと心理療法の違いはなくなっているので,適応のための心理的援助の歴史とした方がよいのかもしれない。図7-2にあるように,心理的援助は紀元前から始まっている。図の①でくくられている一群で,原始的・民俗的なものが最も古く,やがて宗教治療が入ってくる。これらの時代が長く続いて18世紀になってようやく,新しい催眠法のメスメリズムが登場する。

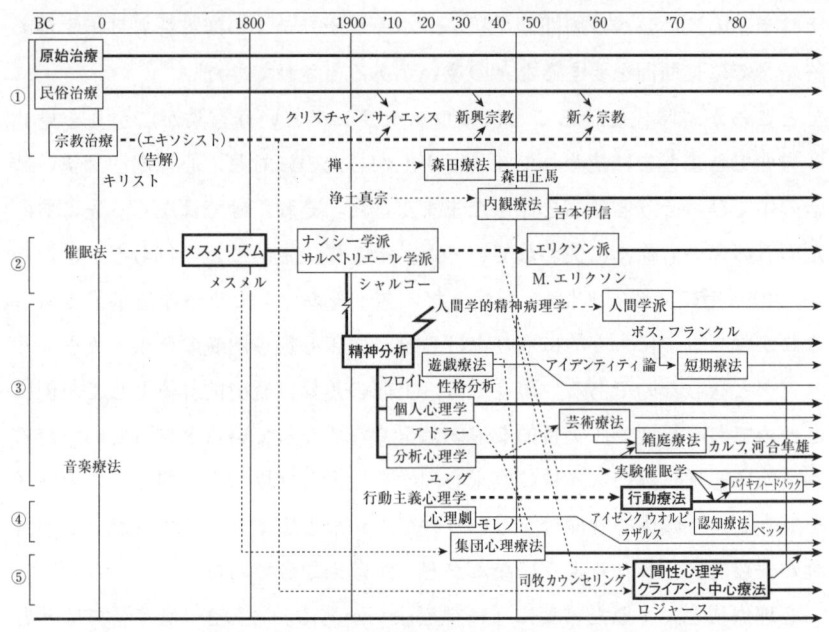

図7-2 心理療法の歴史（福島，1990）

催眠法そのものはいつの時代にできたものかはっきりとはわかっていないが，メスメリズムは催眠法に一定の「科学的」装いをまとったものである。とは言っても，現代から見ると全く非科学的なものである。この催眠法を医学に応用したのがナンシー学派・サルペトリエール学派で，催眠暗示下でヒステリー症状を再現することで，「子宮の病」と考えられていたヒステリーが心の病であることを示したり，後催眠現象を研究していた。

　フロイト（Freud, S.）はフランスに留学してこれらの催眠法を学び，特に後催眠にヒント得て「無意識」を発見した。それが19世紀末の出来事である。その後，1939年に没するまでの約40有余年の間に，自ら考案した自由連想法による精神分析療法の治療実践の中から，人間の心に関する膨大な理論体系である精神分析学を作り出した。フロイト以降，精神分析から直接，間接の影響を受け，さまざまな心理療法が作り出されて現在に至っている。

唯一，影響を受けていないものが図中④のくくりにある行動療法である。行動療法は，条件づけなどで知られる行動主義心理学（学習心理学）の理論から生まれた。

　図ではずいぶん後になって出てきているが，実際は1942年の『カウンセリングと心理療法』の公刊によって，ロジャーズのカウンセリングが開始されている。

　図中①の宗教治療の流れの中にある森田療法（禅宗）・内観療法（浄土真宗）は，日本で作り出された数少ない心理療法である。

4　心理アセスメント

1) 心理アセスメントとは

　臨床心理学には3つの柱があるとされている。心理療法・カウンセリングなどの臨床心理面接，心理アセスメント（査定），研究の3つである。ここでは心理アセスメントを取り上げる。

　心理アセスメントについて深津（1998）は以下のように説明している。「かつては臨床心理学においても，心理検査によって人格をとらえることを『心理診断』という用語で表していた」「臨床心理士が対象とするのは，悩みや葛藤を訴えている，あるいは病気を持ったり，環境への不適応行動を生じている"人間"そのものであり，そこでは心身を統合したその人の人格全体へのかかわりを目的としている。心理検査で捉えようとするのは，このような個人の知的能力も含めた人格の特徴やその発達，その個人のもつ特異性や独自性をとらえることであり，そこでは病理の側面と同時に健康な側面にも目を向けることが重要である。そのためには，その個人の内面的な特徴（葛藤やその解決の仕方，精神的な病態水準），対外的な行動様式や自己表現の仕方，その個人を取り巻く環境（家族や社会）の特徴とそこでの関係のもち方など，いわばその個人の『内面の特徴や行動様式の特徴についての地図』を描き出すことが目標になる。そこで『診断』より，『査定（アセスメント）』という用語

が用いられるようになった」。つまり，心理アセスメントは心理検査（テスト）や心理診断よりも広い概念であり，かつては心理検査や心理診断で行っていたような特異性，独自性，病理性だけを求めるのではなく，その人の持つ内面の特徴や行動様式の特徴などの健康な側面をも捉え，よりその人らしさを描き出すことが求められるようになったため，「心理アセスメント」が使われるようになった。しかし，この用語が広く使われるようになったのは1990年代になってからであり，それとともに，心理アセスメントには面接・観察によるものと，心理テストによるものとがあることも明らかになり，それまで意識せずに行ってきたことが，心理アセスメントの中に入るのだという経験もしている。たとえば心理テストを行う際に，初対面でいきなり心理テストの内容に入ることはなく，ラポールを形成するために生活歴・病歴や来所までの経過などを話してもらったりする中で，話の内容，話し方，表情，態度，物腰，服装などから，ある程度その人らしさを把握し，それを心理テストの結果と突き合わせてレポートを作成するということを，経験的に行ってきたのだが，これなどは複数のアセスメントを行い，両方を統合していたことになる。

2) 面接・観察による心理アセスメント

　初回面接やインテーク（Intake）面接と呼ばれるものは，クライエントあるいは問題とされることについての情報を得て，その後の処遇の方針を決めるために行うものである。最初に行うのはクライエントが来所するに至った理由で，抱えている問題や主訴を把握することが必要である。持っている悩みがどんな性質のものか，あるとすれば症状についても確認する。それがいつから始まっているのかも確認する。必要があれば，遺伝負因の有無についても尋ねておく。次に行うのは，来所の経過を尋ねることである。自発的に来たのか，周囲の勧めによるのか。周囲の勧めであるのならば誰が勧めたのかも確認する。これらは治療へのモチベーションの有無を確かめるために重要である。そして，これは直接尋ねることも，尋ねずに終わることもあるが，

なぜ今来所したのかも大事なことである。心の問題はけがや身体疾患と異なり，昨日悪くなって今日来所するということはほとんどない。我慢して，我慢して，そのあげくようやくやってくることが多い。だから，我慢の限界に達したと感じたのはなぜなのかを確認しておくことは，クライエントが抱えている問題や症状を別の角度から見ることになり，有力な情報になることが多いのである。ほかに，生活史や家族歴ももちろん必要である。参考までに，精神科の病院で使われているカルテでは，初診時に聞くべき項目としてどのようなものがあげられているかを示しておく。

　カルテがどのような体裁をとっているかは，病院によってかなり異なる。ここでは典型的と思われるものを紹介する。一番外側は厚紙の表紙であり，そこには受診者の氏名，生年月日，住所，職業，被保険者との続柄，被保険者氏名，事業所，保護者など，最も基本的な事柄を記載する欄がある。その下に，診断，問題点，受持医の記載欄，さらに主症状，既往歴，生活歴，教育，結婚，性格などを記載する欄があるが，いずれもスペースは小さく，必要最低限のことだけを記載する。次のページを開くと，家族歴を図示する欄があり，その下に，遺伝負因，現病歴，陳述者，発病年月日，発病時の年齢などの記載がある。さらにその下に，主訴を記載する欄がほとんどフリースペースで設けられている。右側のページの上半分はフリースペースの続きだが，下半分は身体所見をチェックする項目が並んでいる。これ以降は，月日，記載者名を記入する以外は罫線のみで，診察した内容を経過用紙に書き込み，診察ごとに糊づけしていくことになる。

　このすべてを初回に確認しておくというわけではないが，以上のことを聴くだけでかなりの時間がかかる。これを行いながら，クライエントの話し方，表情・動作・物腰・服装なども十分注意して観察する。これらは「問題」の理解や診断のための大きな情報となる。得られた情報をもとに総合的に組み立てて，今後の処遇方針，あるいは"見立て"を決める。悩み・症状がどの程度のものか，病院であれば精神医学レベルのどの疾患分類のものか，薬物療法が必要か，身体疾患との関連がないか，さらに治療に必要な期間はどの

くらいか，などである。

　今後の処遇方針や治療方針を決定する情報を得るため以外にも，初回面接はきわめて重要な位置を占めている。そのひとつは，先にも登場したラポールの形成である。上記の観察をしつつ，共感的態度でクライエントの話に耳を傾け，ラポールの形成を図る。最初に会ったときの第一印象で，その後のその人との関係が決まってしまうことは，日常，経験することである。同様のことが初回面接でも起こるが，カウンセリングなどの場面では，クライエントの秘密に属する内容に触れることになるので，クライエントの側でも臨床家に対して厳しい"試し (testing)"を行っている。そのため，臨床家には非常に高度な傾聴技能や対人関係能力が要求されてくる。どうすれば望み通りのラポールを得られるかは，臨床家自身のパーソナリティにもかかってくるので，一概には言えない。ただ，こうしてはいけないということはあるので，あげてみよう。

①安易にアドバイスや決めつけを行わない。たとえクライエントを安心させたいとの善意からでも，安易にアドバイスをすると，底の浅さを見透かされることになる。決めつけなどはもってのほかである。クライエントは即座に心を閉ざしてしまう。

②クライエントの中心的問題，コンプレックスには不用意に触れない。十分な配慮をせずに触れると必ず"抵抗"などの悪影響が生じる。クライエントが話せる状態になるまで，あるいはこの人なら話してもいいと思ってくれるようになるまで待つ。この"待つ"姿勢を持ち続けることが重要である。

③too early, too deepな介入はタブーと心得る。臨床家が妙に了解がよく，早わかりをしてそれを口に出してしまうとか，クライエントにまだ十分な受け入れ態勢ができていないのに，（自分の優秀さを示したくて）深い解釈をしてしまうなどである。これらを行わないことで，必要な情報が得られないことも起こるであろうが，それはやむをえないとすべきである。

　初回面接が重要だという理由の2つ目は，クライエントは初回に実に多く

の情報を提供してくれているということである。そのときには気づかないが，カウンセリングを開始してしばらく経って，行き詰まったと思えるときなどに，初回の記録を丹念に読み返してみると，重要なヒントや手がかりを発見することがある。ときには，その重要さをクライエント自身も気づいていなかったりもするが，行き詰まったり，あるいは逆に，妙にうまくいき過ぎていると感じるとき（こういうときには，どこかで巧妙なわなにはまり込んでいることが多い）には，改めて初回の面接記録を読み返してみて欲しい。思わぬ発見があるはずである。

3) 心理テストによる心理アセスメント
(1) 心理テストの歴史

　初めて心理テストを作成，実施したのはイギリスのゴールトン（Galton, F.）で，1880年代のことである。彼は進化論で知られるダーウィンのいとこで，人間の知的能力の個人差とその遺伝に関わる問題に強い関心を抱いた人物である。ゴールトンは知能は感覚能力で測定できると考え，一連の重さの違う重りの重さの違いを当てさせる課題を作成し，弁別能力の水準は知能が高いほど高くなるとした。

　これに示唆を受け，1890年に10種類の課題からなる標準的なメンタル・テストを作成したキャッテル（Cattel, J. M.），1905年に単純な生理的・心理的機能の個人差ではなく，より複雑な記憶・認知・思考などの高等な精神機能の測定によるべきとし，精神年齢という概念を提示したビネー（Binet, A.），1939年に知能構造を明確化することで，テストの構成的妥当性を保証し，IQを偏差値によって算出したウェクスラー（Wechsler, D.）など，多くの人によって知能テストの開発が行われた。

　知能の測定だけでなく，パーソナリティの測定に着手する人たちも現れた。知能テストを行うときに，怒りを示す，不安な状態になる，抵抗するなどの被験者の態度がテスト結果に影響を及ぼしているとの考えが，さまざまなパーソナリティの測定に向かわせることになった。1920年代には，適性，職

業興味，性格特性，気質などの測定法が試みられた。1921年にはスイスの精神科医，ロールシャッハ（Rorschach, H.）が『精神診断学』を出版している。ヨーロッパでは全く注目されなかったのだが，これがアメリカに渡り，知的，情緒的な側面をも含む，パーソナリティ全体を総合的に記述できる心理テスト，すなわちロールシャッハ・テストとして大きな広がりと影響力を持つに至っている。

(2) 心理テストの分類

心理テストにはいったい，どのくらいの種類があるのだろうか。1985年の『精神測定年鑑』には1,409種類の心理テストが収載されているという。20年後の現在はさらに増えていることだろう。天文学的な数字とまではいかないが，すべてを知るには多過ぎる。そこで，多数の心理テストを分類してわかりやすくする必要が出てくる。

岡堂（2003）は，①最大量パフォーマンスの検査（知能検査・職業適性検査などの能力検査）と典型的パフォーマンスの検査（パーソナリティ質問紙法，投映法など），②言語検査と作業検査（検査材料による分類），③個別検査と集団検査（個人で行うか，集団で行うか），に分類している。

深津（1998）は，表7-2に示したように，構造化された検査と構造化がゆるい検査をその構造化の程度によって分類しようとしている。ここには多くの（とは言っても23種類だが）心理テスト名があがっている。ここにあるのは医療領域ではよく使われるものばかりなので，名前とそれぞれがどのようなものかを覚えておくとよい。

ある程度心理テストを知っているなら頭の中で整理し直すため，上記2つの分類を使うことは有効だろうが，初学者にとっては，すっきり頭に入ってこないのではないかと思われるので，もうひとつ，古典的な分類を紹介する（表7-3）。

心理テストは，能力テスト，性格テスト，作業検査・その他の3つに分かれ，性格テストはさらに，質問紙法，準投映法，投映法の3つに分かれるというものである。この中で，"投映法"はこれまで"投影法"の文字を使っ

表 7-2　心理検査の種類（深津，1998）

構造化された検査　↓

- ●知能検査（Intelligence Test）
  - ◎成人用——WAIS–R（Wechsler Adult Intelligence Scale–Revised）ウェクスラー成人知能検査【適用年齢　16〜74歳】
  - ◎小児用——ビネー法：田中・ビネー法知能検査など【適用年齢　1歳から】
    ウェクスラー法：① WISC–R（Wechsler Intelligence Scale for Children Revised）【適用年齢　6〜16歳】
    ② WPPSI（Wechsler Preschool and Primary Scale of Intelligence）【適用年齢　3歳10ヶ月〜7歳1ヶ月】
    発達診断検査：遠城寺式乳幼児分析的発達検査，津守・稲毛式乳幼児精神発達診断法など【適用年齢　0ヶ月から7歳まで】
  - ◎記銘力検査——三宅式記銘力対語検査，ベントン視覚記銘力検査ほか
- ●人格検査（Personality Test）
  - ◎質問紙法（Questionaire）——質問紙法は検査の目的に応じてあらかじめ設定された質問項目に対し，被検者が内省して答える形式。
    - MMPI：ミネソタ多面人格目録（Minnesota Multiphasic Personality Inventory）
    - MAS：顕在性不安検査（Manifest Anxiety Scale）
    - MPI：モーズレイ性格検査（Maudsley Personality Inventory）
    - CMI：CMI健康調査表（Cornell Medical Index-Health Questionnaire）
    - Y–G性格検査：矢田部・ギルフォード性格検査
    - パーソナリティ・インベントリィ
    - SDS：自己評価式抑うつ性尺度（Self Depression Scale）
    - STAI：状態・特性不安検査（State-Trait Anxiety Inventory）
    - その他
  - ◎作業検査法——被検者に一定の作業を課して，その作業へのかかわり方や作業内容を分析することで人格特性をとらえようとする検査法。
    - クレペリン精神作業検査法
    - ベンダー・ゲシュタルト・テスト（Bender Gestalt Test；BGT）
    - その他
  - ◎投影法（Projective Technique）——曖昧で多様なとらえ方のできる模様・絵・文章などを刺激材料として，これに対する被検者の比較的自由な反応から人格をとらえる。
    - P–Fスタディ：絵画欲求不満テスト
    - SCT：文章完成法テスト（Sentence Completion Test）
    - TAT：主題統覚検査（Thematic Apperception Test）
    - 描画テスト：HTP（House Tree Person），人物画など
    - ロールシャッハ・テスト（Rorschach Test）

↓　構造化がゆるい検査

表7-3 心理テストの分類

心理テスト ・能力テスト：知能テスト（WAIS, WISC, WPPSI, 田中・ビネー法知能検査）・発達診断検査 ・性格テスト（パーソナリティ・テスト）：下に説明 ・作業検査，その他：クレペリン精神作業検査，BGT，記銘力検査
性格テスト ・質問紙法：MMPI, MPI, CMI, Y-G性格検査 ・準投映法：P-Fスタディ，SCT, HTP ・投映法：ロールシャッハ・テスト，TAT

ていたが，馬場（1997）の「投映法の『映し出す』という意味からも，防衛機制としての『投影』と区別するためにも，『映』の方が好ましい」とする意見に従い，"投映法"を使っている。

また，"性格""人格""パーソナリティ"についても触れておく。"性格"はcharacterの訳で，ギリシア語のKarakterを語源とする。Karakterは大理石のような堅いものにのみで彫り刻むという意味を持つ言葉で，一度できると終生変わらない，周囲の状況がどうであれ，変わらずに自分を貫くというニュアンスを持っている。これに対して，パーソナリティ（personality）はラテン語のpersonaに語源を持ち，仮面を意味する。これは，いわばTPOに応じてさまざまに付け替えが可能であるような，柔軟性を持つという言葉である。現代社会においては，人と接するときに，相手によって，また時と場合によって，柔軟に自分を変化させることが適応上はむしろ望ましいのが現実である。どんなときでも，相手が誰であろうと，自分は自分というかたくなな態度では適応が難しくなる。そこで，アメリカを中心とした欧米では，characterの使用をやめ，personalityに切り換えたのである。ところが，日本では困ったことが起きた。personalityの訳を"人格"としたのだが，"人格"という言葉には精神主義的な古臭いにおいがプンプンしている。「彼は人格者だ」「そんなことを言うと人格を疑われるぞ」というように，道徳的な価値判断のニュアンスが色濃く含まれているのである。これに対して，

"性格"は中立的で，これといって欠点がない。そのため，"人格"を使わずに，あえて"性格"を使う人が現在でも多いのである。折衷案として登場したのが"パーソナリティ"で，訳さずにそのままカタカナで表すことで，"人格"の持つ弊害を消し去ろうとするものである。現在はこの"パーソナリティ"が主流となりつつあるが，長いのが欠点である。こうした事情で，心理学・精神医学関係の本の中では（本章でもそうだが），この3つの言葉が入り乱れて使われている。上記を理解したうえで，自分なりに翻訳して読むようにして欲しい。

5 心理アセスメントを心理療法・カウンセリングに生かす

心理アセスメントは本来，被検者の可能性を探るために行われるものであり，選別の道具や異常発見のための手段，レッテル貼りのために使うべきではない。ということを強調するのも，かつてはもっぱらこうした目的で使用された時代があったからである。これに対して，臨床家の内部から，また外部から激しい批判が行われてきた。そのせいもあってか，現在は，臨床家の中で心理アセスメントの地位が低下している。しかし，本章の表7-1の「仕事の内容」をもう一度見直して欲しい。仕事内容として心理アセスメントがあがっているところは，決して少なくないのである。こうした機関で働く臨床家にとって，心理アセスメント，特に心理テストは微妙な位置にあるものとなっている。心理テストの依頼は来る，でも…，というところである。この理由は，テスト批判が盛んに行われた時代があったことのほかに，心理テストは施行する側も受ける側も疲れる，苦労してレポートを書いても医師が読んでくれない，都合のいいところを使われるだけ，カウンセリングのように継続的な関係をクライエントとの間に持てない，クライエントの役に立っている実感を持てない等々，さまざまな理由があげられる。その結果，臨床現場では，ベテラン臨床家が若い臨床家に心理テストを任せ，自分たちはカウンセリング，心理療法をもっぱら行うという"役割分業"をしている。

でも、これはかなりの無理を強いていると言える。心理アセスメントは心理診断の側面を持っているため、たとえば精神疾患の代表的なものには通じている必要がある。それも、単に書物からの知識ではなく、さまざまな疾患の患者を直に知っている、どんな症状の人が、どうなっていったかを経験的に知っていることが望ましいのである。また、心理テストの中のロールシャッハ・テストなどは、テストを十分に実施できるようになるまでに、2～3年はかかる。まして、得た結果を解釈し、パーソナリティ像、テスト上の診断、病態水準、予後、望ましい治療法、治療をするうえでの注意事項などを盛り込んで、総合的にまとめ上げ、役に立つようなレポートにまとめることができるようになるには、その倍以上の時間が必要である。となれば、"役割分業"は、当然、若手臨床家にはカウンセリングをしながら勉強をしてもらい、知能テスト・質問紙法などの簡単な心理テストを任せる。ベテラン・中堅はロールシャッハ・テストなどを行いつつ、カウンセリングを行っていくという形になるべきであろう。

　後にあげる事例紹介の中にいくつか、心理テストを事前に行っているものがある。これらの事例では、一見したところ神経症水準と思われていたものが、心理テストの結果、病態水準は重く、人格障害レベルか精神病圏内のものと考えられるため、カウンセリングを行う際に積極的な介入は行わず（カバーリング；covering）、当面直面している問題に限定して治療を行う方がよいと判断して、それを実践しているものがある。こうした配慮がないまま、神経症水準と考えて積極的介入を行い（アンカバーリング；uncovering）、パーソナリティの深いところに隠されている問題をほじくり出そうとすると、カウンセリングで良くなるどころか、逆にクライエントの状態を不安定にさせたり悪化させ、取り返しのつかない結果を招く危険がある。

　かつての時代への反省を忘れることなく、かといって心理アセスメントの価値を不当におとしめることなく、クライエントのために有効に活用していきたいものである。

6　社会心理学と臨床心理学との接点を求めて

　心理学には，発達心理学，学習心理学，教育心理学など，さまざまな分野の心理学がある。その中では，社会心理学と臨床心理学とは非常に近い関係にあるとされてきた。とは言っても，臨床心理学が「アカデミックな世界」で認知され出したのは，せいぜいこの15年くらいのことで，それ以前は，大学に臨床心理学を専門に教えるところはごく限られていた。そのため，「本当は臨床心理学を専攻したいのだが，大学にはないので社会心理学で我慢する」「臨床心理学では食べていけそうもないから，社会心理学にする」という人もいた。そういう意味での近い関係だったのである。1で触れたように，「臨床心理学は『心理学』からはじまっていない」のだとすると，社会心理学も結構遠い関係なのではと思いたくなる。とはいえ，社会心理学は現代という時代に生きる人間を全体的に捉えようとする学問であり，臨床心理学も現代という時代に生きて病んでいる人間を，全体的に理解し，援助しようとする「学問」であるという共通点はあげられそうである。これは他の心理学と比較してみるとはっきりしてくる。たとえば発達心理学であれば，人間の発達という観点からの心理学であり，学習心理学は，人間（実際は人間を対象にせず，ネズミなどの動物を用いることも多い）を学習（勉強という意味の学習ではなく，条件づけの意味）という観点から見た心理学であり，教育心理学は，人間の教育に関する心理学であって，どれも生きた人間を全体では捉えようとしていない。

　総体としての人間を捉えようとする点では共通しているわけだが，相違点はどうだろう。社会心理学では，対象を人間の集団で捉える。その中に含まれている個人が持っている個性はとりあえず捨象され，社会的集団としての人間を対象とする。それに対して臨床心理学では，基本的対象はあくまで個人である。研究対象としては，「摂食障害の人のパーソナリティ像」や「不登校児のロールシャッハ上の特徴」などのように，集団として扱うこともある。しかしこの場合でも，必ずこの後に，集団で得た研究成果が個々のクラ

イエントに還元され,個人の理解を深め,援助に役立てられるという確信があるように思われる。こうしてみると両者の違いは,社会心理学では人間理解そのものが目的となっているのに対し,臨床心理学においては,理解は途中の一プロセスに過ぎず,目的は援助にあるということになるだろうか。

効果的な援助を可能にするためであれば,理解を深めるための基礎となる理論はどの分野のものであれ,多いに越したことはない。日常の雑多な出来事に埋没しがちな我々臨床心理学専門家にとって,社会心理学から提示されるさまざまな理論は,我々の経験を整理し,方向づけるのに役立ちそうである。

本書第Ⅰ部,第Ⅱ部の社会心理学の各章では,執筆者が臨床心理学寄りのテーマを取り上げている。臨床心理学からは,その中からいくつかのテーマ

表7-4 社会心理学と臨床事例との対応

		関連する事例		キーワード
第1章	社会的行動と性格	事例1	社会化の第一歩としてのしつけ	トイレット・トレーニング,育児支援,環境と人間の交互作用
		事例2	ライフイベントを乗り越える	ライフイベント,異文化,空の巣症候群
第2章	社会の中の自己と他者との関わり	事例3	自己開示と不適応	自己開示,社会的スキル,引きこもり
第3章	集団と個人	事例4	リーダーとして生きる辛さ	リーダーシップ,PM理論,出勤拒否
		事例5	態度変容への介入	態度変容,自己開示,変容惹起解釈
第4章	社会的な自己	事例6	自我同一性の模索	自我同一性拡散,モラトリアム,自己認知
第5章	自己認知と対人関係	事例7	青年期の自尊感情	自己概念,自尊感情,父子葛藤
第6章	社会的スキル	事例8	社会的スキルの育成（事例3 自己開示と不適応）	社会的スキル,ソーシャル・サポート,デイ・ケア

を選び,そのテーマに関連する事例をあげて紹介してみた。事例の中にキーワードをあげたので,社会心理学の章との対応をとりやすいとは思うが,表7-4に簡単な紹介をしておく。

　社会心理学と臨床心理学とでは,捉えようとするものは近接しているとはいえ,互いにアプローチの方法が異なるため,一致点を見出しづらいかもしれないが,社会心理学と臨床心理学との似ている点,異なる点をじっくり味わってみて欲しい。

　●この章で読んで欲しい本
河合隼雄監修,山中康裕・森野礼一・村山正治編　1995『臨床心理学1　原理・理論』創元社
　→1. 臨床心理学概説,2. 臨床心理学の歴史,3. 基礎理論,4. 方法論,5. 臨床心理学の対象と適応障害論からなり,臨床心理学全体を概観するためには格好の一冊である。

第8章

臨床心理学の実践

> 事例1 ●社会化の第一歩としてのしつけ
> 　　　トイレのしつけに困難を感じる母親（恵子，27歳）
>
> 【キーワード】トイレット・トレーニング，育児支援，環境と人間の交互作用
> 　母親は産後10週間で職場復帰。子供を保育園に預け，仕事と育児の両立を目指す。しかし，子供が2歳になってもなかなかトイレの意志表示を適切に行えないことにだんだん苛立ち始め，自分の気持ちをコントロールできなくなってきた事例。

1　母親としての悩み

　恵子は結婚後2年で，待望の男の子に恵まれ，裕太と名づけた。緊張と喜びが交差する中，育児を開始した。それまでは公務員として順調に勤務していたが，勤務時間が規則的なため共働きできると判断したこと，および家を新築したための経済的な理由から，産後10週間の休暇をとっただけで，復職した。

　夫も団体職員で勤務時間は比較的安定しており，妻の仕事と育児の両立に理解を示していた。

　勤務地は夫婦ともに自宅から車で40分ほどの隣町だが，幸い比較的近くの保育園に入園できた。朝は親子3人が一緒に車で出かける。途中で子供を保育園に預ってもらい，その後恵子は地下鉄の駅まで夫に送ってもらい，出勤する。帰りは，恵子が定時に勤務を切り上げ，公共交通機関を使って裕太を迎えに保育園に行く。0歳児のときはおぶって帰り，裕太が歩けるようになってからは，裕太をよちよちと歩かせながらバスを利用して帰宅していた。

このような生活は，はたから見るととても恵まれた条件での共働きということが言えるだろう。
　そんな中で裕太は2歳になり，言葉もよく出てくるようになった。ちょこちょこと歩き回るため，恵子は裕太からいっそう目が離せなくなった。自宅は新築の一軒家。住まいは安全上や住み心地のうえで快適であり，特に神経を使わなければならないことはないと恵子も満足していた。
　しかし，裕太が2歳を過ぎる頃になって，恵子の表情から笑顔が消えてしまった。実はこの時期に，保育園の先生と相談して，おむつをはずす練習，つまり排便の自立に向けてのトイレット・トレーニングが始められていたのだった。恵子には裕太が保育園の他の子供たちのように，上手におしっこを教えてくれないような気がしてとても心配になっていた。保育園の先生からも，他の子供たちは，次々と日中はおむつをしなくてよくなってきたと知らされると，とても焦りを覚えるのである。
　そのため，「おしっこやうんちがしたくなったら，ちゃんと教えるんだよ」という裕太に対する言い方も，だんだんきつくなっていった。そしてそれに反比例するかのように，裕太と恵子との間がぎくしゃくすることが多くなり，トイレの自立もますます進まなくなってしまった。「3歳になってもまだおむつが取れないのではないか」と恵子の頭からは，この不安が離れなくなってしまったのである。そして次第に恵子は感情の起伏が激しく，時折大声を出しヒステリックになったり，夜も眠れなくなってしまった。

② 育児相談を受ける

　恵子が深く悩み始めたとき，たまたま裕太が高い熱を出した。そのため翌日は保育園を休ませ，恵子は近くの小児科に裕太を連れて行き，診察を受けた。その結果，年配の医師から，「そう心配しなくてよいでしょう。原因は扁桃腺の腫れなどではなく，むしろ疲れからくる発熱のようです。保育園の生活も裕太君には心疲れすることもあるのではないでしょうか。少し安静に

させてあげてください」と言われた。恵子は大病ではなかったのでほっとした。

　しかし同時に，恵子は裕太の心疲れの原因が，今自分が悩んでいるトイレット・トレーニングのこととも関係あるように思えて，この悩みを医師に漏らした。すると，医師はその話を聞いたうえで，その医院で育児相談の機会を設定していることを伝え，育児相談を受けることを勧めてくれた。恵子も「ぜひ」とお願いし，担当の育児カウンセラーと相談日時の予約をして，帰った。

　裕太の発熱は3日で完治し，また保育園に行けるようになった。それを見届けてから，恵子は育児相談を受けるため，育児カウンセラーとの面談に臨んだ。

　この育児相談を担当したのは，恵子より年上の女性の育児カウンセラーだった。第1回目の面談では，恵子は，裕太のおむつを保育園の他の子供たちと同じように早くはずしてやりたいこと，しかしなかなかうまくいかなくていらいらし，自分を押さえられずに，時々子供や夫にきつい言葉であたってしまうこと，そしてそんな自分がとても情けないと思うことをためらいながら話した。恵子は次のように感じた。初めは，自分が母親失格と言われるのではないかと恐れながら，慎重に言葉を選んで話してみたが，カウンセラーは恵子の気持ちを温かく，しかも深く受け止め，うなずきながら真剣に聴いてくれた。今どんなことがどのように辛いのかということをしっかりとよく聴いてくれた。そのうえ，恵子の伝えたい気持ちを的確にまとめて，間違いがないか確かめながら話を聴いてくれた。そのカウンセラーの返してくれる言葉を聞きながら，「その通りです」と恵子が言ったとき，なぜか恵子は自分の気持ちがとても楽になるように感じた。そしてカウンセラーは，「お母さんが気持ちを楽にして育児に携われるようになりたいという大切な問題を考えるためには，できたらあと数回の面接時間が必要なのですが…。また，2人の協力も必要だと思います」と提案した。恵子は，1週間ごとにあと4回の継続の面接を持つことにした。

第2回目の面談では，1回目のテーマのまとめの確認後，恵子自身の振り返りがテーマとなった。その中から，恵子は自分が，少し負けず嫌いなところがあること，そして，物事を自分のペースで進められるときには元気が出るが，相手のペースに合わせて行動することはもともと苦手で，気持ちが落ち込むくせがあることに気づいた。裕太のトイレット・トレーニングは，まさにこの自分の弱点と関係があることがわかってきた。

　第3回目の面談では，夫や両親や保育園の先生など自分を支えてくれる人々の存在について話してみた。この結果，恵子は，自分には裕太の育児を自分とともに支えてくれる味方となってくれる人々がいること，自分に過重な無理がかからないように，この人たちの協力をもっと上手に得ることが，自分も，そして手伝ってくれる人々をも元気にすることであることに気づくことができた。

　第4回目の面談では，トイレのしつけのあり方について考えてみた。ここではカウンセラーの示唆にも耳を傾けることができた。恵子が特に参考になったのは，トイレの自立には個人差はあるものの，排尿排便に関わる自律神経系の成熟に伴い，必ず達成できる課題であること，つまり，本来何ら焦る必要のない課題であるということだった。また，母子の気持ちはともに揺れ動くので，トイレの自立を練習するなら，あたかも母子が魚釣りに夢中になるように，楽しむ気持ちで行うことが裕太の気持ちの安定にもつながることにも気づくことができた。

　第5回目の面談では，夫も一緒に参加した。まずカウンセラーから，ここまでの面談でともに確認できたことが報告された。それを受けて，これからどのようにして，夫婦が子育ての姿勢を再調整したらいいのかについて，3人で話し合った。この結果，恵子は気負いすぎるところがあるのでそれを和らげるために，夫が裕太を保育園に迎えに行く曜日を設定すること，また夫婦が迎えに行けないときには実家の親の援助も受けることなど，母親を支える条件づくりが具体的に話し合われた。また夫は，ここまで恵子が母親として，そして妻として，仕事と家庭や育児の両立のために本当によく努力して

くれたことを言葉にして伝えた。

　以上の5回の面談が終わってみると，恵子はなぜか子育てがとても楽しいことに思えるようになってきた。また，夫も育児に関わってくれるようになり，夫婦の会話も以前よりだいぶ増えた。

　そして育児相談から半年経った頃には，裕太のトイレット・トレーニングは終結し，母子の表情にも和やかさがあふれるようになった。また，恵子は第二子の誕生も期待するようになった。

3　事例のまとめ

　本事例は，第1章「社会的行動と性格」に対応して書かれたものである。しつけは第1章で述べられたように，「個人が環境からの影響を受け，社会に適応していく」ものである。トイレット・トレーニングは，「望ましい行動をとって褒められ，望ましくない行動をとって叱られる経験を繰り返しながら成長してきた」人間成長初期の典型的な営みである。

1）　社会的行動の獲得の第一歩としてのしつけ

　第1章と結びつけると，このトイレット・トレーニング成立の理論としては，アメとムチによるオペラント条件づけとして説明できることがわかる。しかし，裕太が保育園児であることから他の幼児のトイレの様子を見る「観察学習」や「模倣学習」の成立の機会も指摘できよう。

　したがって，裕太が新しく排便排尿の自立を身につけるためには，便意や尿意を事前に養育者に知らせることが大切である。そのため大人の側には，裕太の表情の変化を細やかに鋭く読み取る姿勢と，トイレの兆しらしきものが表明できたときには，その表明を大いに賞賛する努力が求められるのである。つまり，母親である恵子には裕太の様子を適切に見守り，少しでもトイレの意志が表明されたときに褒める愛情と，根気が必要であることが理解されるのである。

また，トイレの自立には，排尿に関わる自律神経の成熟が前提条件として必要である。またこの神経系の発達上の器質病変はないのかということも検討課題である。この事例ではこれらに問題はないという前提で書かれているが，年長の年齢になってもトイレの自立が困難であれば，医学的な診察も必要である。

2) 養育者の愛情としつけの矛盾の統合

　養育者は子供に対して，一見矛盾した2つの心理的機能を果たさなければならない。ひとつは，無条件の全面受容であり，無条件の愛情である。フロイト（Freud, S.）も0歳から1歳頃までを口唇期と名づけて，快楽原則の無条件的受容を示している。エリクソン（Erikson, E. H.）も，親子の初期の関係には「基本的信頼感」の成立が，人生初期の重要な発達課題であると指摘している。

　しかし，同時に乳児期から幼児期に移行する段階で，しつけが始まる。この段階になると，養育者と子供との間に心理的葛藤が生じ，この葛藤への両者の受容が大切な課題となるのである。フロイトはこの1歳から3歳の段階を肛門期として，母子間の最初の心理的闘争が体験されるとしているのは慧眼である。

　しかし，この闘争も多くは問題なく克服される。それは，ボウルビー（Bowlby, J.）がアタッチメント（愛着）と名づけた，母子間に成立する強い情緒的きずなの存在による。つまり，トイレの自立を母親が求めるときに，その達成困難さや失敗から幼児の不安が高まっても，その不安よりも母親との関係に幼児が自信を持っていたり，母親とのつながりを強く求める気持ちがあると，その気持ちに支えられて，トイレの自立という新たな課題を達成する意欲が継続して，成功へと到達するからである。つまり母子関係のきずなの強さが，新たな行動獲得の起爆剤になるのである。また，子供は成長が早く，何度か練習するうちに多くのしつけを達成，自分のものとする潜在的な力があることも，この母子葛藤を解消する大きな要因である。したがって，

本事例は，恵子が裕太に愛情の証しである笑顔や温かい励ましという応答的な態度を注ぎ続ける条件づくりが，トイレの自立という課題達成の近道なのである。
　ここでトイレット・トレーニングを例として取り上げた理由は，根本的にこの愛着形成や母子の基本的信頼感の獲得が，子供の他の社会的自立達成をするための基盤的条件となる重要なことだからである。
　それだけに，この母性を示すということが若い養育者には大切でありながら，ときにはこの事例の恵子のように，焦りや疲れなど，ちょっとしたことから心のバランスを崩して，親子関係に大きなしわ寄せがいくことがある。その解決には養育者自身の気持ちの整理や，気持ちの安定化を図る支援も有効である。
　また，幼児も1歳を過ぎると個性的な行動反応用式を示して，ひとりの人間として主体的な意志表示をするようになる。裕太が母親の変化に応じて敏感に自己主張としての反応（発熱）で応じるということは，逆に裕太の健全さの証しでもある。このことから，人間を育てるうえでは，相互の応答性や支配をめぐる心理的力動性が流れていることも理解されるのである。

3）　本事例の臨床的サポートの視点

　ここでは，恵子は精神的病理ではなく，日々の生活での疲れから育児ストレス過剰となった事例として紹介した。そこで求められるサポートのあり方を検討したい。
　仕事と育児，そして家庭生活の維持には，大変なエネルギーを必要とする。いわば誰にでも見られるがんばり場面である。このようなときには，早めに適切なサポートが得られれば，病気や休養に入らなくて済むが，それが手遅れになったり，養育者がたびたび注意を受けると，ときには病的段階に入ることもある。
　本事例では，次のような判断で5回の面談で対応し，一定の効果をあげた。まず，裕太についての恵子の説明などから，裕太の発熱にはインフルエンザ

や器質的なことよりも，心因性的な要素がありそうだと医師には感じられた。また，恵子の表情や話す内容から，恵子には焦りと疲れはあるものの，まだうつなどの段階には入っていないことを確認した。また，恵子の焦りは裕太のトイレット・トレーニングへの焦りからきているものの，これは恵子の気持ちの安定回復により自然に解決できる課題であること，そして恵子の共働きは比較的勤務時間や家族状況など恵まれた状況にあることもわかった。

以上のことから，アセスメントとしては，次のことが指摘された。恵子の相談の主訴である，トイレット・トレーニングへの焦りをとることと，育児の労力を軽減して，心身ともに少しゆとりを取り戻すことである。そのために恵子の元気回復と母子関係の安定の回復の条件づくりも検討課題であることが事前に把握された。

その課題を検討するために5回の面談が必要であった。まず，恵子の困っている心情をしっかり汲み取ること。次に，恵子自身の行動癖や心癖について少し内省すること。恵子はがんばり屋だが，待つことや相手のペースに合わせることは苦手だという自己認識に至った。次に，今悩んでいるトイレのしつけについての相談の場も得ることも大切だった。つまり，自分ひとりだけの思い詰めではゆとりを取り戻せないこと，それは裕太にとっても好ましくないこと，育児への他の家族の協力を要請する方法もあることなどに気づくことが必要だった。最後に夫の協力も得て，少し恵子が動きやすく，また焦りを軽減できる家庭条件づくりをすることも計画された。

育児経験のある育児カウンセラーとの面談だったことも，恵子には話しやすかったようだ。この育児相談は，恵子にとって話を聴いてもらい，少しすっきりすることと，自分のことや生活を振り返るというカウンセリング効果に加えて，共働きを継続しやすくして裕太のトイレの自立も図るという生活課題解決効果をねらったものだった。幸い，恵子の健康が保たれており，環境調整の手立ても得られて，初期の相談のねらいが短期間で達成された事例である。

相談では，親子であれば親子の応答性の質の向上の戦略を立てるし，家庭

や職場のことが絡めばその中で状況改善の手立てや影響力のある人物，ここでは父親をキーパーソンとして協力を得る。いわば面談と環境調整等の具体的手立ても講じながら子供の成長を支える基盤づくりを強化した事例であった。

事例2●ライフイベントを乗り越える
　　　空の巣の中高年の女性（亜季，52歳）

【キーワード】ライフイベント，異文化，空の巣症候群
　52歳の今まで，さまざまなライフイベントに出会い乗り越えてきたのだが，子供の巣立ちとリストラの二重の喪失から，空の巣のような心境に陥った女性の事例。

1　亜季の歩んできた道程

　亜季は28年前，南国の古い町から北国の地へ嫁いだ。若い頃は気候風土の違いにかなり戸惑ったが，今では寒い冬もそれなりに楽しむ術も覚えた。夫は仕事一筋の人であり，やり手で出世も早かったが，家庭のことは妻任せであった。亜季は病気がちな子供たちの身体を鍛えるためにスポーツ教室に通わせたり，自然食運動に参加したり，PTA活動の役員も積極的にこなした。40歳のときに近くのスーパーの書店コーナーで働き始めた。子供たちも手がかからなくなってきたこともあり，パート勤務をしながら家事と仕事を両立させてきた。長男は就職し他県でひとり暮らし，長女は来年に結婚を控えている。子供たちが巣立った後の定年間近の夫との生活のこと，最近足腰がめっきりと弱ってきた姑の介護のことなどを考えると不安がよぎるが，先のことは考えても仕方がないと割り切り，日々の生活に追われるまま過ごしていた。
　亜季の実母は，何代も続く古い商家に後妻として嫁ぎ，姑や小姑，夫の前妻の子供たち，多くの使用人などに囲まれ，家と店を気丈に忍耐強く切り盛りしていた。その母は57歳のとき，脳出血を起こしあっという間に亡くなってしまった。亜季は，古い因習に縛られ，夫に仕え，自己主張を抑え，自己犠牲的に生きた母親のような人生を歩みたくなかった。
　遠距離恋愛であった北国に住む夫は，自由な発想で考え，亜季の人格を認め，細かいことを気にしないおおらかな人であった。夫との結婚は，周囲から反対されたが，亜季は新天地での生活にかけた。姑も細かいことにこだわ

らないさばさばした人であり，若夫婦とは同じ敷地内でも別棟に暮らし，夫婦だけの生活を尊重してくれた。そうはいっても嫁姑の微妙な軋轢は生じ，夫とのすれ違いは多々起きた。親戚や近所づきあいでの儀礼や，他者への気配りなどを重んじたしつけを受けて育った亜季には，彼らのあっさりとした考え方がなじまなかった。また思春期の最中の子供たちが一時期荒れたり，受験の失敗や失恋で不安定になるたびに亜季自身も悩み心を痛めたが，夫は「たいしたことではない」と一笑に付しとりあってくれず，ともに話し合うこともなく，亜季の支えにはならなかった。「子供は自分の力で乗り越えていくものだから子供を信じなさい」という夫の一言に，亜季は何も言えずそれで夫婦の会話はおしまいになった。夫は，自分の定めた目標に向かって業績をあげ，社会的地位を固めていくことに夢中のように見えた。亜季は夫への失望，幻滅，憎悪を感じることもあったのだが，そういう気持ちになる自分を戒め，なるようにしかならないと自分に言い聞かせ割り切り，そのたびそのたびを乗り切っていった。子育てを通して広がっていった近隣との交流，消費者運動などの社会的活動などのつながりから今の仕事も得ることができたのだ。本好きの亜季は，その仕事が好きだった。

2　亜季の憂うつ

　ところが昨今の不況のあおりを受けて，亜季の勤めていた店は，書店コーナーを閉じることになり，パートの亜季は解雇されるはめとなった。最後の勤めを終えて，灯りがなく寒い家に帰った亜季は言いようのない寂しさと孤独感に襲われた。今回のことも仕方ないと割り切り，日々淡々と過ごしていくつもりだったのだが，翌日から家事に手をかけるものの身体に力が入らず，いつもてきぱきと片付く仕事が遅々として進まないのだ。テレビドラマもつまらなかった。何もかもが億劫で気力が落ち，日中ぼーっとしがちであった。毎日忙しく帰宅の遅い夫や，若く美しく輝く娘を横目で見て，亜季は取り残されたような焦燥感にかられ，彼らに嫉妬心さえ抱いた。両親とは違う夫婦

関係を築き，何事も話し合い協力し合って温かで愛情豊かな家庭を作ろうと努力してきたのに，今や広い家は寒々として重たい灰色の空気が漂い，そこにひとりでポツンとする自分は何の存在価値もないように思え空しかった。昨年あたりから生理がなくなりかけてリズムが崩れてきた身体感覚が，余計にすっきりしなくなった。これが以前本で読んだ「空の巣症候群」なのかと頭をかすめた。夫や子供たちは「お母さんは，今までがんばってきたのだから少しゆっくりしてはどう」と言うのだが，亜季はかえって放っておかれたような気持ちになった。思い起こしてみると娘時代は忙しく苦労だらけの母親を支え，結婚後は夫や子供のために，そして姑への気遣い，さらに自分の仕事もと休む暇もなく走り続けてきた自分は，母親と瓜ふたつに思えた。身体全体に力は入らないのに，時々頭に血がのぼったり，胸のあたりが熱くなったりすると，自分も母親のように急に倒れるのではないかと思い怖くなった。

　亜季は，女性センターを訪れた。そこのカウンセラーは，亜季の胸のうちにたまっていた思いに耳を傾けてくれた。風習の違う地に，若さに任せてひとりで飛び込んできた昔のこと。描いていた夢とは違って，今までの文化との違いに戸惑ったこと。対等に人間同士で向き合えると思っていた夫との関係も，男女の壁や経済的な格差で自分は夫に従い尽くす立場に置かれてきたこと。たとえばそれは，男性が重視しやすい論理で固めた世界を前面に出されるとなぜか妙に納得させられ，奥底に抱える微妙な情緒を表現する術がないままきてしまった自分のことであったりした。その中で子育てや仕事は生きがいであったが，子供が思春期・青年期を迎えると彼らとの世代のギャップを感じ，そして今は自分の元から巣立っていこうとしている。また家事と仕事とどちらもバランスをとりながらがんばってきたのに，いざとなると弱者のパートから最初に切り捨てられてしまうのだ。亜季はそういった今までの自分の歩みを振り返りながら，自然に湧いてくる悲哀の感情を込めながら語っていくことで，身体症状は徐々に消えていった。

3 ライフイベントを乗り越える

　親元から飛び出しそれで自立できたと思っていたことや，母親が倒れたときも古い家に長居するともう戻れないような気持ちがして葬儀だけそそくさと済ませて帰ってきたことなどを話し，カウンセラーから「お母さんを心の中でまだ看取ることができていないのかもしれませんね」と言われ，亜季は衝撃を受けた。結婚で家を出たときも，母親の葬儀時も，母親を自分が見捨てたと感じ，即封印したままにしてきたことに気づかされた。この年になって初めて娘に去られた母親の気持ちを思いやり，亜季の心の中は母親を見捨てた自責の念や悔やみの気持ちにひどくかられ，また抑うつ症状が再燃し日中も寝込むようになった。しかし日々のだらだらした怠惰な生活ぶりを，「すっかりぐーたら主婦になっちゃって…」とカウンセラーとともに面白おかしく笑い合う自分に亜季は気づいた。怠惰を責めてきた夫に，亜季はあるとき思い切って口ごたえをした。また身体症状を訴えることで夫にわがままな自分を出したり，依存的になったり，支配している姿は，亜季の母親ができなかった側面を出すことでもあり，夫との情緒交流を展開する道になっていることを亜季は理解しだした。「夫は仕事に夢中で，遊び好きで，家のことは無関心で無責任，何度も離婚しようと思ってきたが，そのたびに母を悲しませたくないととどまった。でも私もけっこうわがままで，自分の思い通りに振る舞ってくれないとすごく腹が立ち，思い切り具合が悪くなって身体を使ってでも思い通りにしようとするし，随分私も腹黒いなと思うのですよ。お互い様かなと思います。母のためではなくて，自分が決めた結婚なのだから，自分に責任を持ちたいと思います」と亜季は一語一語かみしめるように語った。

　亜季は，母親を単に自己犠牲だけの人生と見るのではなく「あれだけの多人数の家と商売を切り盛りしていた母は，キャリアウーマンとして才能を発揮した人だと思います。母は母で充実した人生だったでしょう」と母親を改めてひとりの人として再認識しながらしみじみと語った。亜季がこうやって

家のことも仕事も両立しながらやれたのも，母親から鍛えられ母親の生き様を取り入れてきたからこそと感謝した。娘が嫁ぐまでに自分が娘に伝えておくことがいっぱいあると思った。姑も看取っていこうと思った。もちろんひとりで背負うのではなく，夫とも協力し合い，社会資源も活用しようと思った。そしてまだ自分が社会に貢献できそうなことはあると考えた。でもしばらくはこうやってゆっくり自分のことを考えながら，のんびりと暮らすのも悪くないと思う亜季だった。

4 事例のまとめ

　本事例は，第1章③「性格と適応」に沿って書かれたものだが，特に「異文化に適応する」と「ライフイベントを乗り越える」の部分について，焦点を当てて臨床心理学の視点から考えながら述べたい。

1) 異文化に適応する

　事例の亜季は，古い伝統的価値観が根強く残る南国の風土に育ちながら，結婚を境に伝統は浅いながら因習にあまり縛られない環境に飛び込んでいった。男尊女卑的な文化のもとで自己犠牲的な女性の生き方を強いられることを嫌ったからである。そのような気風の薄い風土で自由にそして個々人が平等に生きることを求めていた亜季には，北国は理想郷に見えた。しかし移り住んだ地は必ずしも理想ではなかったし，二十数年肌でなじみ内在化されてきた今までの生活感覚や気風，常識とのずれや理想と現実との落差に，亜季は当惑した。幼少期から慣れ親しんできた環境から別の環境へ移ったときに受けるカルチャーショックや，新しい文化への適応の努力は亜季ばかりではなく多くの人にとって，大変なことであろう。

　だからといって亜季は，元に戻りたくはなかったし，妊娠・出産・子育てと次々と生じるライフイベントを，まず乗り越えていかなければならなかった。北国なりの生活の知恵，娘から妻や母親という新しい社会的役割への取

得など，亜季は新しい環境への適応のために必要な知識やスキル・行動様式を身につけていった。

2） ライフイベントを乗り越える

　亜季は結婚により生家から独立し，出産，子育て，そして子供の自立，嫁姑の葛藤，夫の転勤，親の死や介護，自らのリストラなどさまざまなライフイベントに出会い乗り越えていった。平凡な一女性の歩みなのだが，長い人生経験の中でそのときそのときの転機に応じて，知恵やスキルを積みながらたくましく生き抜こうとする姿が読み取れる。

　若い学生にとっては，就職も，結婚も，老後の人生もまだ先のことで実感が湧かないかもしれない。ただ亜季のように，若い頃に親元からひとり立ちを果たしたと思っていたはずなのに，のちのち自分の子供との子別れの際に，内面で未整理であったことが再浮上してきて，もう一度親と向き合うことがあるものだ。また若い頃からの夢を描き追い求めてきた価値観や，自分なりの社会への適応を果たそうと作り上げてきた自己像や適応パターンが，中高年になって再度問い直しや修正を求められるのである。

3） 臨床の視点からの考察

　臨床の場では，それぞれのライフイベントで出会う特有の課題をうまく乗り越えられず，さまざまな症状や問題行動を呈した事例と出会うことになる。たとえば思春期では発達上の心身のバランスを崩し摂食障害や対人恐怖症に陥った事例が，また亜季のように中高年の女性の場合は「空の巣症候群」がよく問題になる。臨床家はこのような事例への対応のために，いろいろな発達モデルを援用する。

　たとえばエリクソン（Erikson, E. H.）は，中年から老年期にさしかかった段階では何かを生み出す「生殖性」の段階から，自分の人生をかけがえのない唯一のものとして受け止められるかという「統合性」の問題に直面することを指摘した。この時期には，子供の巣立ち，定年，親の死など多くの喪失に

出会う中で，自分の歩んできた人生を振り返ることになり，悲哀や悔い，焦燥感などが押し寄せてきやすい。まだまだ若いという思いや，もう若くない，やり直しは無理なのかなどの思いが錯綜し，そう簡単には自分の人生を統合などできないものだ。人生80年の現代にあっては，余計そのような思いにかられるのではないか。身体的には「生殖性」は終わりを迎えるだろうが，精神的にはまだ何かを生み出したいと思う中高年は多いのではないか。また従来の成人の発達理論は，「個として確立し，自律・達成を目指し，競争に勝ち抜く」という近代工業社会の発展を表舞台で主に担ってきた男性中心の立場からもたらされたモデルではないかという指摘もされるようになっている。結婚や出産，夫の転勤などの諸事情から必ずしも自分の都合だけでは動けない女性の場合に，このモデルをそのままあてはめて考えるのは無理があるかもしれない。そして諸々の社会の構造が激動の中で変化している現代では，人々の生き方についての従来のモデルが崩れてきているように思える。ではどのようなモデルが，このような事例を援助していく際に役立つのであろうか。

　今や女性は一昔前のように家庭で妻や母親として生きることこそ価値があるという固定した生き方に縛られず，多様な生き方を自由に選択することが可能になってきた。そのような時代の流れを亜季は歓迎した。ずっと前から亜季なりに努力し追い求めてきたことなのだ。子育てから解放され，仕事を得て社会的自立を果たし，思い切って離婚もし，誰からも束縛されずに自由な老後を楽しみたいとひそかに思い描くこともあったという。ところがリストラの憂き目にあい，思わぬところから亜季の思惑は崩れた。社会とのつながりを絶たれ，子供も巣立ち，月経もなくなり，何重もの喪失の中で亜季は抑うつ状態に陥った。カウンセリングの場で亜季は，最初は実母とは違う自分の性格や生き方を確認したかった。それが親から独立し，自立することだと思っていた。ところが実際は母親のように周囲の人のために尽くす自分をみつめざるをえなかった。亜季は自分を縛る夫や，今まで抑圧してきた実母などへの不満を表現した。次第に自分を縛るものは夫でも母親でもなく，た

とえそれが母親から植え付けられたものであったとしても，自分自身のかたくなな余裕のない柔軟性の乏しい考え方だと気がついていった。

　亜季は改めて実母の生き方を見習い取り入れてきた自分を見つめた。それはただ自己犠牲的で忍耐だけの生き方とも違う，思いやりや豊かさ，たくましさを生み出してきた母性の側面であり，母親と自分をつなぐきずなの確認であった。母親を断ち切ろうとしてきたのに，逆に母親から受け継いできた側面を受容することになった。そのことから亜季は若い頃の母親との確執を解決でき，心の中で母親と和解でき，弔うことができたと思った。亜季はそういう自分を捨てず，しかし限界も喪失も認め，残された可能性や人間関係を生かそうと歩み出していったのである。

　人生のさまざまな節目で自分の生き方を選択する際に，女性はどうしても自分とのつながりの強い人々との関係性の中で選択する傾向がある。多様で錯綜とした価値観をいかに柔軟に受け止めながら，自分らしく生きていけるかを問われている現代，亜季のような平凡ながら多くのライフイベントを乗り越えていく女性の生き方を通して，明確なモデルとは言いがたいが，多くの示唆を我々は得ることができるのではないだろうか。

事例3●自己開示と不適応
情緒的引きこもりの男子大学生（貴雄, 23歳）

【キーワード】自己開示, 社会的スキル, 引きこもり
　浪人時代と大学生活3年間で, ほとんど人と情緒的な交流がなく過ごしてきた男子大学生。大学には毎日通い, 成績も上位だが1日中誰とも話さず大学と自宅の往復の毎日を過ごしていた。卒業を1年後に控え, このまま社会人になることに不安を覚えカウンセリングを受けるようになった。

1　貴雄の3年間

　貴雄は私立大学の経済学部に通う学生である。高校は進学校で成績もそれほど悪くはなかったが, 第1志望の大学受験に失敗した。1年浪人した後, やはり第1志望の大学には落ちて今の大学に入った。不本意入学ではあったが, 貴雄の自宅から通える大学はほかになかったので, 入学することにした。自宅を離れて生活することなど貴雄には考えられなかった。掃除や洗濯など, 毎日の生活に必要なことを自分でするなどということは全く考えられなかったのである。
　浪人時代は, 予備校に通いひたすら勉強するだけの毎日だった。予備校でも友人を見つけて休み時間にふざけたり, メールのやりとりをしたりする生徒がいたが, 貴雄は誰とも話さずひたすら勉強していた。しかし, そのような生徒は貴雄だけではなかったので, 特別目立つこともなかった。だいたい貴雄は携帯電話も持っていない。
　大学3年になっても, 貴雄には友人がいない。入学直後にオリエンテーションやいくつかの新入生向けのプログラムがあったが, 貴雄はそのような場面で誰とも話をすることができなかった。自分から話しかけないとだめだと思ってはいたが, 何をどう話していいのかわからない。気がつくとまわりには少しずつ友だちの輪ができていて, そうするとますますその輪の中に自分から入っていくことができない。ひとり, ぽつんとしているうちにどんどん時間が過ぎ, 貴雄には友人がひとりもできなかった。

貴雄の学部の授業は大教室の講義形式が多かったため，誰とも話をしないで授業を受けて帰ってくることはそれほど難しいことではない。貴雄はひたすら毎日授業に通った。友人がいなかったのでいろいろな情報交換ができないぶん，真面目に授業に出ていないと授業についていけない。もともと勉強する能力は十分にあったので，貴雄の成績は常に上位だった。しかし，毎日自宅と大学の往復の繰り返しで，空き時間は図書館に行き，昼食もひとりで食べる毎日が3年間続いた。ゼミ形式の少人数の授業もあったが，他の学生と自分はずいぶん違ってしまっているように感じて，必要なことがら以外はほとんど話をすることもなかった。自宅に戻ってからは，パソコンに向かう毎日だった。もちろん勉強もするが，ネットでいろいろなサイトを検索する。自分がひどく偏った人間になっていると感じ悲観的な感情に支配され，引きこもりや自殺のサイトなどを熱心に探索する。しかし，自分から掲示板に書き込みをすることも，チャットをすることもしない。

2　貴雄の生い立ち

　貴雄は，サラリーマンの父親と専業主婦の家庭のひとりっ子だった。両親ともに特別変わったところはなく，ごく平均的なサラリーマン一家である。小さいときからいわゆる腺病質とでも言おうか，大病はしないが風邪をひきやすかったりお腹をこわしたりと病院通いが絶えなかった。好き嫌いが多く小食で，体格も華奢な神経質な印象を与える子だった。
　ひとりっ子だったので両親の愛情を一身に受けて育った。特に，ひとり息子として父親からの期待は大きく，貴雄の名前にも気高く雄々しくあれという父親の期待が込められていた。母親は体の弱い貴雄をいつも気遣い，身の回りを清潔に保ち栄養のある物を食べさせようとやや過保護な面はあったが，散らかした物はきちんと片づける，休日も寝坊はさせないなど，しつけに厳しいところもあった。
　貴雄は学校ではおとなしい優等生タイプだった。ちょっと変人で堅物と周

囲に思われてはいたが、いじめの対象になることもなく、特別な問題はなく過ごしていた。友人も何人かはできていたが、卒業後は自分から全く連絡をとらないので、そのままつきあいがとぎれてしまうのが常だった。

3 カウンセリングと貴雄の転機

　貴雄は、大学3年の途中からだんだんと社会に出てからの自分を考えるようになった。こんなに人とつきあえなくて社会人としてやれるはずがない。その前に就職活動だってできる自信がなかった。両親は毎日大学に行き成績もよい貴雄がそのような悩みを抱えているとは知らなかった。貴雄は思いきって近くの大学の付属心理相談室に行くことにした。決心してから行くまでにずいぶんと長い時間がかかったが、やっと意を決して相談室のドアを叩いた。

　貴雄のカウンセリングは平坦なものではなかった。貴雄は悲観的な人生観と自己像を一方的に話し続け、それが一段落すると「今度はそっち（カウンセラー）が話して欲しい」と、カウンセリングの場面でも双方向のコミュニケーションがなかなかできなかった。週に何度も相談室を訪れたかと思うと、カウンセラーの対応が貴雄の望むものと異なると、カウンセラーに攻撃を向けた。カウンセリングは貴雄にとって新たにできつつあるソーシャル・サポートになるはずであったが、人間関係の中で適切な距離感を保てない貴雄の中では、期待と失望が交錯していた。それでも貴雄は不思議と休むことなくカウンセリングに通い続けた。カウンセラーはカウンセリングに来ることで、やっと動き出した貴雄の能動性を損なわないように、貴雄から自発的な動きが出ることを待ち続けた。

　貴雄はカウンセラーにそれまで誰にも話したことのない自分に対する思いや憤り、まわりの大人と大人が作った社会への激しい怒りをぶつけた。自分はこんな人間なんだ、自分はこんなことに腹を立てているのだと、貴雄は初めてカウンセラーに向けて自己開示を行った。カウンセラーからその都度帰

ってくる反応はときに貴雄を安心させ，また驚きも落胆も体験した。人に自分をさらけ出したことがなかった貴雄には新鮮で，生き生きとした情緒的な体験だった。

　貴雄は次第に大学の先生の研究室を尋ねて趣味の話などをしたり，そこに来ていた学生と少し話したりすることができるようになった。もちろん，うまくコミュニケーションがとれずに，孤独感にさいなまれることはしょっちゅうではあったが，趣味の世界を通して確実に対人交流は広がっていった。しばらくして始まった就職活動も貴雄にとっては苦痛極まりないものであったが，何とか必死で切り抜け就職の内定も得た。

　貴雄が長い時間かけて作り上げた悲観的な人生観や自己像はそう急には変わらない。しかし，カウンセリングを通して対人関係を持ち育てる力が発達し，受け身な対人的姿勢から少しずつ人に対して自己を主張することができるように変化し，社会との情緒的なつながりを取り戻したと言える。

　卒業を機にカウンセリングは終了した。貴雄は悲観的な人生観を持ち続けながらも仕事を続けており，時々休日を利用して大学の相談室に顔を出す。大学時代にできた友人と休日に遊びに行くこともあると少し照れながら話している。

4　事例のまとめ

　本事例は，第2章「社会の中の自己と他者との関わり」および第6章「社会的スキル」に対応して書かれたものである。第2章では原因帰属（①），自己開示と自己呈示（②），ソーシャル・サポート（③）の概念をあげ，個人が社会的場面でどのように他者と関わり，自己の存在感を確かめつつ安定的に生きていくかが取り上げられている。貴雄は第2章に取り上げられているすべての概念で説明ができるほど，他者との関わりが乏しい学生であった。そうなった原因には第6章で取り上げられている社会的スキルが関係している。まずは貴雄の社会的スキルの側面から解説したい。

1) 社会的スキルの乏しさと否定的な自己イメージ

　貴雄の問題は長い間の情緒的な引きこもりである。大学には行ってはいたが，そこで情緒的に人と交流する機会は全くなく，家族以外の人との関わりは，インターネット上の仮想世界でも持てていなかった。それでも貴雄が大学に通い続けることができたのは，子供の頃からの母親のしつけの結果，決められたこと，やらなくてはならないことはきちんとするという，遵法性や勤勉性があったからと思われる。

　大学進学というひとつのライフイベントで友人を作ることに失敗したことが情緒的な引きこもりの直接的な原因となったが，その背景には貴雄の対人関係を作る社会的スキルの乏しさがあった。第6章に取り上げられている社会的スキルの生起過程モデルでは，社会的スキルには認知と行動の両側面が含まれ，それによって円滑な対人関係を実現することができるとしている。

　体の弱かった貴雄は何に対しても受け身で消極的で，同年代の子供たちと自分から友だちになったり，思いっきり遊んだり，真正面からぶつかって喧嘩をしたりする体験を経てこなかった。そのような行動を通して年齢相応に育っていく，基本的なスキルが備わっていなかった。菊池（1988）の社会的スキル尺度青年版に照らし合わせるならば，「他人が話しているところに気軽に参加できる」「初対面の人に自己紹介が上手にできる」「知らない人とでもすぐに会話が始められる」「まわりの人が自分とは違った考えをもっていてもうまくやっていける」などのことが貴雄には難しかったのである。それでも高校までは何とか友人ができていたが，大学という場では，受け身のままでは友人も社会的関係も作れない。自ら関係を求めて作っていき，またそれを持続させる努力をするスキルに乏しい貴雄は，大学という新しい環境で，友人や大学生活を送っていくためのソーシャル・サポートを獲得する機会も失った。

　長い間孤独な毎日を送るうちに，貴雄の自尊心は低下し否定的な自己認知に支配されていった。対人関係で成功体験を持たない貴雄は，将来，特に大学卒業後の自分自身の進路にも悲観的で，こんな自分自身では社会の中でや

っていけないと絶望的になっていたのである。ここに貴雄の原因帰属の様式を見ることができる。

2) 自己開示と社会的スキルの成長

　貴雄はまた，社会関係の中で自らを他者に示す自己開示を経て，その他者の反応を通して自己像を確認する機会をほとんど持たないまま大学生になっていた。

　カウンセリングを受けることは貴雄にとっては勇気のいる決断だった。わらにもすがる気持ちで始めたことだったが，そこはこれまで貴雄が体験したことのない対人関係の場であった。カウンセラーにそれまで誰にもできなかった自己開示をし，それを通してカウンセラーとの生き生きとした情緒的なやりとりが生じた。第2章②「自己開示と自己呈示」に，その肯定的な影響として，①身体的・心理的健康の促進，②自己規定の促進，③2者関係の発展，④社会的コントロールの4点があげられている。重要な他者に対する自己開示はカタルシスをもたらし，他者の存在を意識することによってさらに自己に関心が向き自己概念の安定化が得られる。これが自己の明確化と他者への信頼の獲得につながり，当事者同士の2者関係が発展・強化され，社会的関係へのスキルが高まる。カウンセリングで生じたこの過程を通して貴雄の中に対人関係を持つ力が徐々にはぐくまれ，それを足がかりにカウンセリングルームだけでなく大学の先生の研究室へ出入りができるようになった。そこで知り合った学生たちとの友人関係も持てるようになった。

　しかしそこに至るには苦難もあった。同じく第2章②に「自己開示の否定的影響」も取り上げられており，コーテス（Coates, D.）の理論が紹介されている。自己イメージの悪い貴雄は，自己開示することによってカウンセラーに拒否され否定されるのではないかとの不安が生じ，ときには激しい攻撃をカウンセラーに向けたのであるが，カウンセラーがその攻撃も貴雄の真実の思いとして受け止め，根気よく貴雄の話を聞き続けたことで次第に貴雄はカウンセリングからサポートを感じることができるようになった。

人と人が関わるとき得られるものは，必ずしもポジティブなものだけではない。ときには意見の相違，感情の食い違いなども生じる。だからといって個人の存在が否定され拒否されるわけではない。あるときは温かい交流をし，またときには対立や食い違いが生じながらも，それを回復しようと努力することが人間関係を持つ喜びであることを，貴雄はカウンセリングを通して体験した。その結果，貴雄は不安を抱えながらも，社会人としても巣立つことができたのである。

> 事例4●リーダーとして生きる辛さ
>   出勤拒否症の男性（裕一，47歳）
>
> 【キーワード】リーダーシップ，PM理論，出勤拒否
> 身体的な病気（心臓病）になった頃より徐々に自信を失い始め，子会社出向をきっかけに完全な出勤拒否状態になった男性。働き盛りに訪れる身体不安と，社会的な役割の大きな変化に伴い発症した不適応の事例。

1　裕一の発症

　裕一は激しい息苦しさに目覚めた。まだ夜中である。何とも言えない息苦しさ，空気が足りない。よろよろしながらベランダに出てみたがそれでも楽にはならない。尋常でないことが我が身に起こっていることがわかった。隣に寝ていた妻も起き出し，救急車を呼んで病院に行った。狭心症の発作だった。それから2ヶ月，さまざまな検査と手術の日々だった。手術は決して簡単なものではなかったが，自分が死ぬとは思えなかった。そしてそのとおりに，裕一は一命を取り止めて，会社に復帰した。

　裕一は，もともとよく食べ，よく飲み，ヘビースモーカーだった。何に対してもエネルギッシュにばりばりやってきた。人生楽しくなかったら意味がないではないかと思うのが裕一の哲学である。体重もかなりあったが，それはそれで貫禄になり，営業の仕事をするうえではかえって信用になった。妻と2人の子供がいる典型的な中年のサラリーマンで，不況の中でも何とか仕事はやれていたし，時々は部下を連れて豪遊とまではいかないが飲み歩き，部下にも慕われている方である。何不自由のないあたり前の毎日を送っていたはずだった。

　狭心症の後は，さすがにこれまでとは違って健康に少し気をつけなくてはならなくなった。しかし，ここで命拾いをしたのだからまだまだ大丈夫と裕一は思っていた。

　退院後，しばらくはスローペースで職場復帰した。徐々に元に戻そうとしていた矢先，朝，出勤前に胸痛に見舞われた。また，狭心症の発作かと病院

に駆け込んだが，特に処置が必要なほどではない。その日は仕事を休み自宅に帰った。次の日からまた仕事に出るが，朝また発作が起こり休むということを繰り返す。最初は10日に1回くらいだったのが，だんだん職場に出られない日が増えてくる。そのたびに病院に駆け込むが，そのときは，心電図に特別な変化はない。心臓病はもともと心身相関が強い病でもある。ストレスが発作を誘発する。しかし，はたして真性の狭心症の発作なのか医師も首を傾げるようになった。裕一本人は，仕事に行きたくないわけではない。営業職には毎月やり遂げなくてはならない仕事の量がある。いわゆるノルマである。課長職にある裕一は，自ら営業に歩きながら毎月目標をこなし，また部下の達成率を管理する役目にもあった。仕事には行かなくてはならない。課長が長く席を空けるわけにはいかないのである。

しかし，会社の決定は素早かった。裕一の課長職はすぐに解かれ，事務職として地方の子会社の出向になった。裕一にとっては不本意きわまりない転勤であったが，会社としてもこの不況の中で裕一の回復をゆっくりと待つ余裕はなかったのである。転勤直後から裕一は出勤できなくなった。発作が起こらなくても，起こるのではないかという予期不安から出勤できない。午前中は体調があまりすぐれないが，午後になると快調になる。しかし翌朝また不調になるという繰り返しで，完全な出勤拒否状態になったのである。

2 裕一が治療に向かうまで

裕一はなかなか新しい勤務地に慣れることができなかった。当初転居を嫌がっていた子供たちの方が，むしろ早々と順応してきているようであった。妻はもともと，裕一の思うままに従う方，というより裕一は家庭でも職場でもやや暴君的な要素が強かった。「出かけるぞ」と一言言ったら妻はあわてて支度をしてついてくる。支度が遅いと，「早くしろ」という。だからと言って家事は任せっきりの亭主関白ではない。もともと料理は好きだから，時々は夕飯の支度を全部して家族に食べさせる。これまでは職場でも万事が

そうであった。相手が上司であっても，理屈に合わないことはきちんと抗議する。得意先でも腹を割った話をして関係を作る。そうやって自分自身をぶつけて周囲からの信頼を得て，部下からも頼りにされてきたという自負が裕一にはあった。

体調が悪くなかったら，仕事はできる自信があった。難しい商談を何件もまとめてきた裕一である。しかし，仕事は慣れない事務処理である。もともとデスクワークはあまり好きではない。外で顧客と会っている方が性に合った。もっとも，自分たちがそうやって外で客と戦っているおかげで会社が成り立っている，と事務仕事を内心では少し軽く見ていたところも否めない。

裕一は，仕事を休んでいても，体調を整える努力を怠っていない。もともと何もしないでぼんやりと過ごすことなどできない裕一である。医師から，狭心症には適度な運動が必要である，と指導されているので，毎朝朝食前に1時間ほどの散歩は欠かさない。体の病気にだって，不本意な転勤にだって負けていないつもりだった。そんな毎日を送っているのに，会社には出勤できない。

ある日，会社から，休職してきちんと精神科で治療を受けるようにとの指示が出た。

3 裕一の転機

裕一は自宅からほど近い精神科を受診し，臨床心理士によるカウンセリングを受けることになった。カウンセラーはほぼ同年代の女性だった。

カウンセリングのことは本などで知識があったので，カウンセリングを受けられることは願ってもないことだったし，自分自身のことを言葉で語ることに裕一は喜びを感じ，張り切ってカウンセリングに臨んだ。心臓病のこと，自分自身の生き方，感じ方，人生観など，裕一の話は尽きることなくカウンセリングの1時間弱はあっという間に終わった。自分のことを話しているうちに，自分自身のことが本当によくわかる気がする。カウンセラーも，「自

分探しをして，自分自身をよく理解することをこのカウンセリングの目的としましょう」と言っていたが，なるほど確かに不思議に自分自身が捉え直されていく感覚があった。

　10回ほどカウンセリングを続けるうち，次第に，こんな自分じゃなかったはずだという気持ちが強くなった。仕事をばりばりして部下や家族にも慕われ，思うままに生きてきたつもりだった。体の病気だって，大手術だって剛毅に乗り切ってきた自分だったのに，今，会社に行くこともできない自分が情けなくてたまらない。裕一は，思い切って自ら出勤訓練を始めた。職場に協力を求め，少しずつ会社に近づく訓練スケジュールを組み，朝，地下鉄に乗ることから始め，会社の玄関まで行ってみた。しかしどうしても，玄関から先には進めない。こんな弱い人間ではなかったはずだ，という思いで裕一は悲嘆にくれた。

　それからのカウンセリングはそれまでとは打って変わって，裕一の弱気の部分が語られるようになった。自分は職場にあっても家庭にあってもリーダーとして強気を装う癖がついて，今までそれが自分だと思ってきたのかもしれない。周りもそれに合わせてくれていたのかもしれない。本当はそれほど強い人間ではなかったのに，自分で自分をごまかして，強気に振る舞っていた。体の病気という自分ではどうしようもない事態に直面し，本当の弱い自分が出てきたのかもしれない。そして，それまで一生懸命がんばってきた自分を，すぐに左遷した会社に対する憤りもあった。ストレスへの不安，会社への恨み，この両方から出勤拒否になっていたと，裕一の自己洞察は次々と進んでいった。家にいても，それまでの裕一とは少し様子が違うらしく，妻が時々，不思議そうな顔をして，裕一の顔をのぞき込むような仕草を見せることがあった。

　たまたま，以前の職場の後輩が仕事のついでに自分を訪ねてきた。一緒に食事をしながら，今の自分の気持ちを話した。「強がっていただけなのだ。本当は，そんな自分じゃなかったのだ」と言うと，後輩は「先輩は自分の目標でした。強がらないとやっていけないじゃないですか。僕らだって先輩を

目標にがんばってきたんですよ」と言った。みんなそれぞれの立場で苦しみながら必死にやっているのかもしれない，苦しいのは自分だけでないという安堵の気持ちが生まれた。そして，後輩が自分のことを目標にしてくれることがとても嬉しかった。自分がこれまでがんばってやってきたことが，後輩の目標として生き続けるのだと思った。

家族を支え，職場を支えリーダーとしてやらなくてはならないことを背負って突っ走ってきた裕一は，体の病気になって初めて自分が無理していたことを知ることができたような気がした。この時代仕事があるだけまだましかもしれない，不本意な仕事ではあるがやってみようと気持ちがだんだんと出てきて，職場の協力を得て，ゆっくりと復帰し，カウンセリングは終了に向かった。

4 事例のまとめ

この事例は第3章①「集団の圧力・リーダーシップ」に対応して書かれたものである。人は常に何かの集団に属している。ときにその集団が個人に期待するものや，集団の中で与えられた自らの役割の圧力に耐えられず苦しむことがある。裕一の事例は，社会という大きな集団，会社というリーダーとしての役割を期待する集団の中にあってこの圧力に耐えられず，一時的に退却せざるをえなかった事例と言えよう。

1) 社会という大きな集団からの圧力

現代において，中年期はまさしく危機的な時期である。働き盛りの中核的な存在として職場からの期待は大きいうえに，中間管理職という板挟みにあってストレスが強い時期である。そのうえ，この不況にあっては，将来の安定は約束されていない。むしろ管理職からリストラされる時代で，ストレスと不安にさらされているのが現代の中年である。社会という大きな集団の中で，中年という年齢層には社会的期待と責務，先の見えない不安という大きな圧

力がかかっている。

　さらに，中年期はさまざまな成人病の好発期でもある。若い頃のように無理がきかないことを実感させられ，否が応でも不安が募る。臨床心理学では，この中年期は思春期に継ぐ人生第二の危機とさえ言われる。体力の衰えを意識せざるをえなくなり，人生上のこの時期特有の出来事と相まって心のバランスを崩しやすい時期である。

　裕一はまさにこの中年期にあった。リストラの不安はなく順調に仕事をこなしてはきたが，最も頑張らなくてはならない時期に狭心症という生命の危険さえある病に襲われた。その結果，不本意な職場へ転属になった。体のためには無理はできないが不本意な仕事にも甘んじたくないという，まさに「社会的ジレンマ」といえる状況に裕一は置かれていた。このような社会的圧力の中で，個として裕一が取れる選択肢は生まれてこない。裕一自身は，育ち盛りの子供を抱える父親として，家族への責任から仕事を続けることに何のためらいもないと思ってはいるが，いざ会社に行こうとすると体の調子が悪くなって行けないのである。

　当初は体調が悪いので仕事に行けないと思っていた裕一は，カウンセリングを受けることによって，自分自身の心の奥にある，このジレンマの存在に次第に気づいていった。「弱い自分」は中年になって無理がきかなくなった「弱くなってしまった自分」であった。こんなはずではないと思いつつも，時計を巻き戻して後戻りもできない自分自身であった。意図せざる状況であってもどちらかの選択をしないとジレンマからは抜け出せないのである。

2) リーダーシップを取り続けることの苦しさ

　裕一は，まさに職場にあっては中核的な存在としてリーダーシップを発揮してきた。第3章に取り上げられている三隅（1984）のリーダーシップ論のいうところのPM型とでも言おうか。上司であっても必要な意見はしっかり言い，ときには部下をねぎらい会社組織の中でバランスのとれたリーダーとしてがんばってきた。裕一自身はそれを苦痛とは感じていなかった。むしろ，

自分にはそれだけの力が備わっていると自信を持っていたが，本当のところは強いストレスを，美食や飲酒で紛らわしていたと思われる。その結果は，狭心症の発症であった。病気も強気で乗り切ったつもりであったが，身体的な不安は出勤前の発作という形で現れた。発作は会社に行き，またストレスにさらされる危険を知らせる，警告のようなものであったかもしれない。

　第3章で述べられているように，集団に機能するリーダーシップは，必要に応じて変化していくことがある。裕一は，発病，転属によりこれまでと同様のリーダーシップを発揮することが難しくなった。しかし，訪ねてきた後輩が言った「先輩は僕の目標」という言葉は，裕一に新たな役割を与えるものだった。すなわち，ばりばりと働き部下の面倒を見るリーダーもあれば，後輩の心の中にあって目標として存在していくリーダーもあるのかもしれない。

　中年期にあって，しかも身体的な病気に見舞われた裕一は，何らかの形で自己認識を改め，今ある状況に適応していかなくてはならない。まさに，この出勤拒否は裕一にとってはその転機となったものと言えよう。

> 事例5 ●態度変容への介入
>   摂食障害の少女（五月，15歳）
>
> 【キーワード】態度変容，自己開示，変容惹起解釈
>   心理療法は心の変化を目指す。クライエントとカウンセラーの2人の相互交流から生じる出来事にカウンセラーは心を砕きながら，介入することで，クライエントは真の自己に気づいていく。思春期の摂食障害の少女の事例を通して，その過程を眺める。

1　五月が心を開くまで

　五月は15歳の高校1年生である。長い髪と黒い大きな瞳の美少女である。2学期明けから痩せが目立つようになり，心療内科の病院を受診し，医師から「摂食障害」と診断され，医師の診察以外に臨床心理士との心理療法を受けることになった。同行した母親が，カウンセラーとなったその臨床心理士との初回の面接で，今までの経過を話す間，五月は硬い表情でほとんど無言であった。五月は大学教員の父親と専業主婦の母親との間のひとり娘として育ち，とりたてて大きな問題もなかったという。学業成績は優秀であったが，対人関係は苦手で孤立しがちであった。高校入学後は友人もでき，友人の家へも行き来するようになり，母親は喜んでいた矢先だというのに，痩せる一方で生理も停止してしまい，「オロオロするばかりで…」と訴えた。五月は「痩せと心の問題がつながっていることなのかわからないけれど，人づきあいが苦手なので心理療法を受けてみたい」と述べた。

　五月は，週1回の面接の約束の時間にきちんと来院するのだが，寡黙で無表情なままで，ポツリポツリと紋切り的に話す程度で，なかなか治療は進展していかなかった。カウンセラーは，五月との間に，大事な心の問題に触れられず入り込めない膜がかかっているように感じた。栄養士による栄養指導も受けていたのだが，効果はあがらず体重は低下していき30キロを切り，五月は入院した。病院で出された食事を「きちんと食べている」というのだが，五月の頬は一向にふくらみはしなかった。病室で五月はひとりで黙々と

勉強していた。3学期を迎え五月は「先生たちと約束した30キロになったので退院します」と主張して退院した。退院後，その体重は自己申告によるものだったと判明した。カウンセラーは漠然と疑問を感じていたのに，きちんと確認できなかった専門家としての自分の甘さを責めた。また，五月から裏切られたようでやるせない気持ちで落ち込むのだった。

翌週の面接でカウンセラーは，五月に自己申告の体重で本当とは違っていたのではないかということを確認する質問をすると，五月は真っ青になった。カウンセラーは「嘘をつかれて悲しくてやるせない気持ちになりました。本当のことを言ってくれないとあなたを支えていけないのだから」と率直に自分の気持ちを伝えた。五月は，着ていた制服のポケットやあちこちから手帳，重たいキーホルダー，小銭の山など少しでも体重測定に有利になるようにと詰め込んできた小道具の数々を，カウンセラーの前に差し出し，「嘘をついてごめんなさい。私は本当の自分をどうやって表してよいのかわからないの！」と切羽詰まったような泣き顔で訴えた。

2 心を見つめるプロセス

そのことをきっかけとして五月は，徐々に自分のありのままの自分を見つめ，率直に語り出した。小学校時代までは，特に友だちが欲しいとも思わず，むしろおしゃれやお笑い番組や，アイドルの話に明け暮れる周囲はうっとうしかった。父親っ子だった五月は家で「なぜ人間は戦争をするのか」といった父親の話を聞くのが好きだった。父親の言いなりの母親をどこかで見下し，母親の言うことを無視していた。中学に入学して何となく周囲が気になりだした。しかし皆の中に入り込めず，浮いているような感覚や，疎外感や孤立感を時々感じては，一瞬どうしようもない気持ちに襲われるようになった。自分はどこかで友だちを求めていると漠然と感じた。周囲のクラスメートのひそひそ話が，自分への悪口のように感じた。五月は，そのような自分の気持ちを封印し平気を装い，家と学校を機械的に往復し，勉強にひたすら打ち

込み，地域の進学校へ進んだ。そこには今までのようなおしゃれにばかりうつつをぬかす女の子はいないだろうし，男の子だって勉強ができてしっかりした女の子を認めてくれるだろうと，五月は期待した。多くの中学から集まりみんなが同じスタートを切る場所で，一からやり直そうと決意した。昼休みは隣の子と話したし，学校行事のための共同作業にも参加して努力した。1学期の終わり頃，五月は学校の近くの友だちの家を，クラスメート数人と訪れた。その友だちの部屋は，藤のたんすや，レースのカーテンや，熊のぬいぐるみが可愛らしいベッドカバーの上に飾られていて，五月の部屋とまるで違う雰囲気であった。みんなは，友だちの母親手づくりのケーキに「太るから嫌！」と大騒ぎしながらパクパク食べ，いかにダイエットに挑戦しているか，しかし失敗だらけという話で盛り上がるのだった。五月はすっかり圧倒されて帰宅した。五月は夏休みにダイエットを決意した。持ち前の意思の強さで決めたとおりに実行し，やり遂げ目標を達成した。しかし2学期になってもその行動に歯止めがきかなかった。もともと下半身デブの体型は嫌いだった。もっと痩せて周囲をあっと言わせたかった。さらに痩せていったのだが，五月はこれでよいという感覚が持てず，いくらがんばっても努力不足としか思えず，また誰も「きれい」とか「痩せて羨ましい」と言ってくれないのだ。五月は「その頃，自分が何をしているのか，何を求めているのかわからなくなっていたようだ」とゆっくりと振り返っていった。

　27キロになった五月は，じっくりと治療を受ける決意をして再度入院した。紆余曲折はあったのだが，病院の多くの治療スタッフとの協力関係を築きながら，半年間をかけて35キロへ回復して退院した。学校は単位不足で留年となった。

　退院後，入院中の栄養士の立てた安全でバランスのよい食事をそのまま母親に強要し，母親が五月の思いどおりに応えられないと五月は傷つき怒り泣き，母親は疲れ不機嫌となり，互いに傷つけ合うことが繰り返された。一方で五月は母親との何気ない散歩や街中への買い物など日常生活のささやかな生活を喜んだ。このような母親と娘の愛憎をめぐる葛藤は，カウンセラーと

の間でも起きた。五月は，自分の心のひだにじっくりとつきあい，受け止め，聴き入ってくれていたカウンセラーを信頼し，自分の生きていく理想の女性モデルととらえていた。しかしカウンセラーは常に五月の思いを理解するとは限らず，五月の思い通りに振る舞ってくれるわけではなかった。あるときそのようなずれから，五月はカウンセラーに怒りをぶつけた。カウンセラーは，五月が感じたであろう自分に対する失望や幻滅を取り上げて，さらに似たようなことが母親との間でも，他の人々との間でも起きてはいるだろうかと尋ねた。五月は「いつも自分がすごくきれいでおしゃれ上手な女性になって街中を歩いて周囲が振り向いてくれることを想像したり，友だちととても楽しく遊ぶことを空想して，まるで違う現実に出会うたびに幻滅していた。裏切った相手を許せないと思い，切り捨てることを繰り返していたような気がする。先生は時々わかってくれなくて腹が立つけど，でもそれは時々。大体はわかってもらえて嬉しいし，自分でもわかってもらおうと努力しようと思う。大体でいいのかもしれない」と語り，理想と現実の落差に出会ったときの困惑や失望を語り，現実を受け止めていこうとした。

　4月からの復学を前に，1歳年下の新しいクラスメートからどう受け止められるかを不安がっていた五月は，おそるおそる学校へ入っていった。クラスメートは五月を自然に受け入れ，五月も彼らのさりげない親切や他愛ないおしゃべりをありがたく感じるのだった。五月はあまり勉強をしなくなった。もともと何になるかというはっきりした目標があったわけではない。五月は改めて自分がどうなりたいのかについて，それは広い意味で人間として成長していくこととか，魅力的な女性になるということであったが，カウンセリングの中で語るようになった。その後五月は「女性文化論を勉強したい」と自分の進路を見出し大学へ進学した。3年後のある日，五月はカウンセラーの元を久しぶりに訪れた。五月はかなりふっくらしていた。大学での授業と授業との間の空き時間は，「友だちとお菓子を食べておしゃべりしてつい太っちゃって，でも楽しいからこれでいいかなとも思う」と話した。

3 事例のまとめ

　本事例は，第3章2「態度・態度変容」の内容を念頭に置いて書かれた。2「態度・態度変容」では，ある意図から他者の態度変容をねらういろいろな説得のテクニックが紹介されている。具体例として店員が客の心理をたくみに読み取り，購買行動に導く「フット・イン・ザ・ドア」「ドア・イン・ザ・フェイス」などのテクニックである。

　臨床場面では，「態度変容」ということをどのように捉えたらよいのであろうか。第3章では，破壊的カルト集団のマインドコントロールのことが述べられており，たしかにそのマインドコントロールについての臨床例をあげるのもわかりやすいことなのかもしれない。

　ただ筆者は，心理臨床の主要な領域である「カウンセリング」や「心理療法」はそもそも心の変容を目指す営みなのだから，そのプロセスをひとつの臨床事例から眺めることも興味深いと考えた。第3章での社会心理学で捉える「態度変容」と，この事例から捉えた「態度変容」がどう重なるか考えてみたい。

1）　臨床から「態度変容」を考える

　心理療法やカウンセリングでは，クライエントとカウンセラーという2人の人間がいる。クライエントと呼ばれる人は，しばしば心に迷いや悩みを抱えてカウンセラーと呼ばれる心の専門家を訪れる。クライエントは，カウンセラーとの関わりを通して自らの心の問題を整理していき，考え方や行動が変わることを望む。そこでクライエントは，自分自身の心の有り様を正直に見つめ，ありのままの自分を受け止めていくことを仕事とする。カウンセラーは，クライエントに対して同情で支えるわけでもなく，指導してアドバイスするわけでもなく，中立的立場を保ちながらクライエントの話を共感的，受容的に傾聴し，クライエントがなすべき作業を進めていけるように後押しすることが求められる。クライエントにとって，じっと耳を傾けて聴いても

らえる体験，自己理解が進む体験は，それこそ自己開示が進み心の健康を取り戻せることなのだが，自分の正直な姿を見つめていくプロセスには苦痛が伴うものである。クライエントが，対人関係の問題から他者へ不信感や疑惑を抱く傾向が強いと，いくら専門家とはいえ見ず知らずの他人のカウンセラーに対して，いきなり自分の内面を裸にしてさらすことは難しいだろう。

また自分でも意識できない漠然とした心のモヤモヤや胸のうずきを言葉にすること，たとえばそれは人を愛したい欲求であるとか，激しい怒りが心の底に秘められているが故なのだということを語るまでには，相当の時間がかかるものである。

またカウンセラーにとっても，中立・共感・受容など求められる基本的態度が揺るがされる局面がときとして生じる。クライエントの言動に対して，カウンセラーはしばしば困惑，動揺，辟易などさまざまな感情を触発される。カウンセラーは常にクライエントを共感できるわけでもないのである。

このような2人がおりなす交流の世界でひとつの物語が展開されていくのだが，それぞれが望ましい役割を果たせず膠着状態に陥ったとき，カウンセラーはこの状況を打開しようといろいろ考える。たとえばカウンセラー自身が感じている自分の正直な気持ちに耳をすまし，その思いを治療的に生かせる手立てはないだろうかと考えるのだ。その方法として，ここでは「自己開示」，つまりカウンセラーにとっての自己開示の問題について，そしてクライエントの心の変容を引き起こす「変容惹起解釈」について述べたい。

2) クライエントの「自己開示」と，カウンセラーの「自己開示」

事例の五月との関わりの中で，カウンセラーは，五月の殻に覆われた外面を前にうろうろし，五月の心に触れられないでいた。それでいてさらりと嘘をついてその場その場をすり抜けていく五月のやり方に，愕然としてやり切れない悲しい気持ちを感じていた。カウンセラーは自分の内に感じたそのような気持ちを正直に伝えてみようと思った。そのカウンセラーの感覚は，五月が自分でもよく意識できていない五月自身に対するやるせない思いに通じ

るのではないか，五月はそういう自分こそを何とかしたいのではないかと理解したからである。カウンセラーの言葉を受けて，五月は「私は本当の自分を表現したいが，表現する術がない」と述べ，そこから本当の自分を表現する術を自ら模索していったのである。心理療法の過程では，カウンセラーがとる自己開示が新たな転機となり，進展へ至ることが珍しくない。もっとも自己開示の時期や頻度に対する注意深さ，限界，危険性をカウンセラーは自覚する必要はある。

3） 変化を引き起こす解釈

　松木は，精神分析による解釈を，よくストレイチー（Strachey, J.）の「変容惹起解釈」という概念を用いて説明する。カウンセラーが解釈という行為をすることで，クライエントがはっきりと意識できないでいた自らの不安や恐怖，愛情や敵意，さらに感謝といった感情に避けずに触れ，そこからクライエントの心の有り様が変化していくのである。五月は，カウンセラーを理想視していたが，それが崩れると幻滅し，そのとき心理療法は中断の危機に陥った。カウンセラーは五月から責められて困惑したが，今起きていることは，母親や他の人との間で繰り返されている，それこそ五月の対人交流の特徴を再現しているのだろうとじっと考えながら，その理解したことを「こういうことが起きていて，だからこそいつも人との間でうまくいかず悩みのもとになっているのではないだろうか」と伝えた。五月は自分自身の対人関係の問題を，知的にではなく，情緒を伴いながら洞察することができた。

　社会心理学で扱われる「態度変容・説得」「自己開示」と，ここで取り上げた心理療法で生じる変化のプロセスとは，必ずしも一致はしないだろう。ただ対人的な相互交流により，双方が内心感じつつも言葉にしえないでいる心の動きに焦点を当てていくことから，変化が起きるという点では共通するものがあると言えるだろう。

> **事例6 ● 自我同一性の模索**
> 　　　　自分のことがわからないと訴える女性（有香, 25歳）
>
> 【キーワード】自我同一性拡散, モラトリアム, 自己認知
> 　短大を卒業後, 別の学問領域の大学に編入学して卒業。就職はしたものの仕事が合わず, 退職しその後は時々アルバイトなどをしながら自宅で過ごす。何度か恋愛をするが, 結婚を相手から望まれると, どうしても踏ん切りがつかず別れてしまう。仕事も結婚も, 自分でも何がしたいのかわからない。次第に気持ちが落ち込み精神科を受診し, カウンセリングを受けることとなった。

1 治療までの有香

　有香は25歳の女性である。性格はどちらかというとおとなしく, 温厚な印象を人に与える。特別目立つ方でもなく, これまでどこにいてもいつも中庸を保ってきた。学生時代は成績が特別いいわけでもないが, 人並みの努力をしていつも中の上を保っていた。友人関係でもトラブルを起こすことはなく, しかしリーダーシップをとることもない。目立たないが安定感のあるタイプで周囲からはいわゆる"よい子"と見られることが多かった。

　両親の勧めと学力から見ても無理せず行ける地元の短大に進んだ。有香にはほかにどうしても行きたいところがあったわけではないので, 特別な抵抗もなく入学した。短大の2年は短い。入ったと思うともう次の年には就職活動が待っている。有香の短大はいわゆる一般教養を身につけるようなところだったこともあり, 卒業後にどんなところに勤めたらよいのか, 有香には全く方向が見えてこない。それで有香は, 短大と併設されている大学の英文学部の編入試験を受けた。特別に興味のある領域ではなかったが, 今より少し英語ができるようになるのもいいかと思った。編入後も, 必要な勉強はしていたが, やはり2年間の遅れは大きくそれほどの成果が上がらないまま卒業時期を迎え, 結局は父親の世話で, 地元の中小企業の事務職に就いた。仕事は単調なことの繰り返しで, 決められたことはこなしていたが, それほど面白みもなく, こんなことを何年続けていくのだろうと有香は気が遠くなる思

いだった。

　ほどなくして，同じ会社に勤める男性と交際が始まった。1年ほどつきあった後男性から結婚を申し込まれた。有香自身も好意を持ってつきあっていた男性である。結婚は当然の成り行きかと思うが，どうしても有香は結婚に踏み切ることができない。有香は大学時代にも友人の紹介で交際した男性がいた。この男性からも将来の約束を迫られたが，やはり有香は決断できず，次第に男性が遠ざかっていってしまったという経験がある。同じことを繰り返したくないと思いつつ，やはり決断ができない状態が長く続き，周囲の視線もだんだんと有香に厳しいものになっているように感じ，いたたまれなくなって有香はとうとう辞表を出してしまった。もともと，どうしても続けたい仕事でもなかった。

　会社を辞めたことで両親は不機嫌ではあったが，それまでの有香の交際相手をあまり気に入っていなかった両親は，次々と見合い話を持ってくる。断り切れずに会った相手と，結婚話が進んでしまった。特別したいことがあるわけでもなく，時々アルバイトに行きながら家でぶらぶらしている生活である。見合い相手も悪い人ではない。このまま結婚してそれはそれで平和な毎日なのではないかと思う。しかし，どうしても決心がつかない。そもそも自分はどうしたいのか，どんな人生を生きたいのかと有香は自問自答してみるが，答えがみつからない。25年間，自分でこうしたいと思って決定してきたことは何ひとつないように思う。自分という人間はどんな人間なのだろう。有香は，毎日浮かない気分で暮らすようになった。夜も眠っているのかいないのか，わからないうちに朝がくる。体もだるく気分が落ち込み，何をする気力も湧かなくなった。

2　有香の生い立ち

　有香は会社役員の父親と専業主婦の母親と兄との4人家族の中，何不自由なく育った。兄は6歳年上で有名大学を卒業し，いわゆる一流企業に勤める

エリートサラリーマンである。年が離れているせいか，有香には兄とは一緒に遊んだ記憶があまりなく，兄妹という感覚を持てずにきた。兄は両親の期待を受け，また自慢の息子でもあり，家の中にあっては特別な存在だった。有香は年の離れた女の子ということもあり，家族からかわいがられて育ち，両親，特に父親の言われるままの進路を歩いてきた。

　管理職の父親は自宅でもワンマンだった。家族思いで，家庭サービスも怠らないよい父親であるが，家の中のことは何ひとつ父親の許可がないと決められない。母親も，自ら何かを決定することはなく，すべて父親の判断に任せそのとおりに実行する人だった。両親は見合い結婚で，母親自身も人生上の大事なことは親の勧めに従ってきた。結婚してからは父親の決定に自分自身を委ねている。母親は普段はあまり疑問を持たずに生活しているが，時々ふっと自分の人生はこれでよかったのか空しくなることもある。

　有香は，高校進学，短大進学，就職と両親，特に父親の言われるままに人生の選択をしてきた。父親の関心は優秀な兄にもっぱら向いていて，有香は女の子ということもあって，ごく普通に教養を身につけて，結婚するというシナリオを父親は描いていた。母親も父親に同調しており，母親自身が歩いた道を有香がたどることに何の疑いも抱いていなかった。

3　有香の治療

　気分の落ち込みがひどくなり，両親もそんな有香を見かねて，精神科を受診させた。精神科医の診察の後，臨床心理士による質問紙検査やロールシャッハ・テストなどの心理テストが行われた。診察や臨床心理士から提出された心理アセスメントのレポートなどの結果から，医師から次のような説明が有香にされた。

　有香の診断は抑うつ状態で，これは人格の特徴に大きく関係していた。有香には，自分自身に対するイメージが曖昧で，主体的な自己決定ができないこと，葛藤場面に対する耐性が弱く，状況に適切に対処することができない

ために無力感を抱きやすいという人格特徴があり，それによってさらに自己イメージは悪くなり，気分の落ち込みや意欲の低下が生じていた。一言で言うならば自我同一性拡散を基盤に生じる抑うつ状態である。

　この診断に基づいて，有香の治療が始まった。医師による投薬，精神療法と並行して臨床心理士によるカウンセリングが開始された。臨床心理士は有香より少し年上の女性だった。

　父親や男性系列の生き方にめざとく，つい男性の価値観や判断に合わせることばかりしてきた有香には，カウンセラーという新しい対象と関わりながら自分の気持ちや考えに触れていくという体験は，最初戸惑うことが多かったが，とても新鮮な体験であった。有香は，日々出会う些細な出来事，たとえばアルバイト先でのトラブルや迷い，親戚から持ち込まれた縁談を断りたいが失礼ではないかと悩むこと，憧れるアーティストのことなど自由に思い浮かぶままカウンセラーに話し，カウンセラーから有香の表現をそのまま鏡のように反射して伝え返されたり，内心感じていた感情をはっきりとカウンセラーから言葉にして受け止めてもらうことを繰り返していった。カウンセラーは，有香の悩みに即助言してくれるわけではなかったが，ともに悩んでくれた。また有香がおそるおそる下した判断を尊重してくれた。カウンセラーは，有香の心を映し出す鏡のような働きをしてくれたのである。さらにその鏡であるカウンセラーを通して帰ってくる姿を，有香は改めて見つめて「これは自分なのだ」と実感することができた。少し年上の女性のカウンセラーのおしゃれや化粧，話の仕方，身振りなどをどこかで有香は取り入れていることに気づいた。カウンセラーも，有香が徐々に年齢相応の女性らしい雰囲気を漂わせてくることに気づいた。

　25年という年月をかけて形成されてきた有香の人格に変化が生じるのは簡単なことではない。数年の月日をかけて，カウンセラーを新たな同一化する対象としながら，これまで避けてきた葛藤場面にも取り組みながら，有香の自分づくりが続けられている。

4 事例のまとめ

　本事例は第4章「社会的な自己」に対応して書かれたものである。そこでは自分自身を理解していくこととはどのようなことなのかについて，ルネ・ザゾ（René Zazzo）の「鏡の顔」の実験，デュバルとビックランド（Duval, S. & Wicklund, R. A.）の「自己客体視」の理論などを通して説明がなされている。それらは臨床の場面にも通じる興味深い内容であり，事例の有香とのカウンセリングを進展させていくうえでも非常に有用な考えとなると思われる。

1）　自我同一性という課題

　人間は成長していく過程で，社会的な期待に合わせることや自ら同一視する対象からの取り入れを繰り返しながら「自分らしさ」を形成していき，それが自我同一性と言われるものである。

　有香は幼い頃から父親の期待に沿って生活しており，しかもいつも無理のない選択を行っているので，有香自身が自らぶつからなくてはならない障壁はいつも回避されてきた。そのために有香は，社会的な期待と自ら望むものとの間の葛藤を通して，自らの存在を確認していく機会を逸することとなってしまった。また兄も年の離れた特別な存在で，同一視して取り入れていく対象にはならなかったし，何よりも母親の問題が大きい。女性が成長していく過程の中で，母親は同性の同一視の対象として重要な役割を果たす。有香の母親自身が主体的な生き方を持たず，また一見安定して過ごしているようであるが，無意識にはそのような自分の生き方に疑問を抱えていた。有香にとっては安定した取り入れ対象にはならなかったのである。

　「自分らしさ」を形成されないままに成長してきた有香は，人生上の決定を自分ですることができずに，土壇場になると引き伸ばすというういわゆる「モラトリアム」状態に陥るのだ。就職，さらには結婚が目前に迫ると，これでいいのかという疑問と不安にかられ結論を出すことを避けるのである。特に結婚は，娘にとって母親の生き方と同じ生き方を繰り返すという捉え方

をしやすく，有香には無意識な不安をかりたてられてしまうのであろう。明らかに有香は結婚モラトリアム状態にあった。もともと幼い頃から優秀な兄に比較して，有香の自己認知はよくないところに，このようなことを繰り返し，さらに有香は自信を失い，無力感に強くとらわれるタイプの抑うつ状態に陥ったと考えられた。

　第4章①6)「同一性障害」の項では，エリクソン（Erikson, E. H.）の発達モデルとその生涯について述べられている。エリクソンは，人生を8つの段階に分け各段階で課題となる発達上の問題を定義し，それと取り組み乗り越えていくことで人は成長し，社会的存在として生きていくことを呈示した。特に青年期の発達課題としての「自分は何者なのか？」と問い自ら答えを見出していく「自我同一性の確立」は，その中でも中核的な概念であり，今日でも社会的な場面やまた臨床の世界で広く支持されている。

　「ピーターパン・シンドローム」や「青い鳥症候群」「シンデレラ・コンプレックス」など大人になりきれず，社会への参入にも逃げ腰の青年たちは，有香のように漠然とした不全感やむなしさ，抑うつ感などを訴えてしばしば臨床家を訪れる。

　気分の落ち込みは薬物療法で多少の改善はあるが，その原因となっている人格上の問題が改善されなければ，同様のことが繰り返されるのである。

2) クライエントとカウンセラーとの鏡像的な交流による自分探し

　カウンセラーは，プロの職業人としてどのようなクライエントに対しても同じように受け止め対応していくことが必要であるが，そうは言ってもクライエントとカウンセラーの性別や年齢などの組み合わせによる相性の問題はある。有香のように女性性の同一視の問題を抱え，結婚に対してモラトリアム状態に陥っていたクライエントにとって，少しだけ年上の女性であるカウンセラーに出会えたのは幸運であろう。有香は，家庭で圧倒的に優位な価値観である父親の教えに盲従してきた。夫に全面的に従う母親に同一視してきたとも言えるであろう。母親はそのような自分に内心では納得できず不全感

を感じており，その母親の無意識のメッセージを有香はどこかで微妙に感じ取り，依存しきっていた家族から分離を迫られるという状況に直面して決断ができずに，引き延ばしをしていたと言える。

　そのようなときには，父母よりも自分に近く，父母とは違う親密さや依存，同一化を共有できる対象との出会いが重要になるのである。そういう意味では，同じ女性で少し年上で，女性としての人生経験を積んできているカウンセラーは，有香の内的世界を感受性豊かに共感，理解して受け止め，また有香の発達上の課題を念頭に置きながらよいタイミングで介入していくことができた。カウンセラーは，クライエントの心を映し出す鏡の役割を果たすのだが，それは機械的な鏡映ではなく，クライエントの内心に響く，言葉にしきれないでいた感覚に訴えかける感受性が必要になるのである。有香は，カウンセラーとの互いの鏡像的な交流を繰り返しながら，自分を発見していっている。

> **事例7●青年期の自尊感情**
>   父親の威圧に反抗する高校生（健太，17歳）
>
> 【キーワード】自己概念，自尊感情，父子葛藤
>   健太は小学校時代明るく活動的で，いろいろな活動場面でリーダーとして活躍していた。そして中高一貫の進学校に進み，両親から将来を嘱望されたのだが，次第に成績不振をきたし健太の自尊感情は低下，その中で父親へ反抗的態度をとるようになっていった。

1 健太の悩み

　健太は高校1年生だが，学校生活がちっとも楽しくなく，毎日の登校が億劫で仕方がない。正直言ってすっかり学校に嫌気がさしている。朝の目覚めもすっきりせず，親から何度も声をかけられてやっとの思いで布団から出てくる有り様である。のろのろと身支度をして，ふらふらと緩慢な動作で歩きバス停に着いてもバスは出た後で，仕方なく母親が車で健太を学校まで送るという毎日である。何かのきっかけで学校を2，3日でも休むと，その後はずるずると気持ちが崩れ，もう学校にも行けなくなりそうな予感がしていた。

　健太の通う高校は，中高一貫の私立の進学校である。ここに入学するためには，小学校卒業時点で，かなりの好成績を必要とした。高等部で一定以上の成績を維持できていると，大学進学は有利と言われており，健太にはやれば自分はできるという確信があった。

　しかし今のところ，高校1年の前期の成績は最下位に近く，次々と出される課題，宿題を消化しきれなくなっていた。学習への自信喪失がいっそう意欲の低下を招き，悪循環となり，もうどこから手をつけてよいやらわからなくなり，投げやり寸前のところまで追い込まれていた。

2 教育相談を受ける

　健太の窮状を見かねた両親が，担任から紹介された民間の教育相談所を訪

ねたのは，健太が高校1年の初冬だった。両親は，健太に内緒で相談の申し込みをし，そこで親としての対応について3回の面接が持たれた。

　第1回目は，健太に対する両親の上述のような悩みが語られた。2回目は，健太のこれまでの生育歴や問題となることの経過について，もう少し補足して話された。それによると，健太は小学校時代までは運動神経，学習成績とも優れており，リーダーとして活躍し親や先生からの賞賛や期待も大きく，本人自身も自尊感情を高く持っていたことが語られた。しかし中学進学が転機になった。父親は交通関係の職場に勤務していたが，その職場ではよく子供の進学が話題になり，将来の大学進学や就職のためには中高一貫教育が有利だという情報を得た。父親は，その学校の説明会に参加し感銘を受け，ぜひとも息子にそこでの教育を受けさせ，その系列の有名大学に進学させたく，その思いを12歳の息子に熱く語り，なかば強引に説得し，健太の十分な納得を得ないまま中学を受験させ，入学に至ったということであった。

　健太の入学時の成績はまあまあだったのだが，元来こつこつと学習する習慣は乏しく，むしろスポーツや友人との集団活動を楽しむ活動的な少年であり，新しい環境にもすぐ慣れ友人もできたものの，成績は伸び悩んだ。自宅から学校までの通学路の途中にある繁華街のショッピングセンターで遊ぶことも覚えた。中学3年になる頃には，成績は下位を低迷していた。

　父親は，そんな健太に愕然とした。「こんなはずがない，怠けて遊び歩いているからこうなるのだ！」と何度も声を荒げて叱り，健太が素直に反省しないときには手をあげた。健太は中学3年の3学期になると学校を休みがちとなり，父親が問い詰めても負けずににらみ返すようになった。ときには父子で取っ組み合いにまでなり，父親は健太に殴られる始末で，息子への憤りを感じる反面，もう力でねじ伏せても無理だとも悟った。母親は，それまで夫にあまり逆らわなかった。夫に反対意見を言っても無視されるか，激しく罵倒されるかのどちらかだったのだ。妻からの夫への不満や批判は2回目の面接で語られた。

　3回目は，両親と相談員が今後の健太への対応について話し合った。健太

が今の学校で自分のプライドをほどよく満たすことができず，自尊心を失いかけていること，それでも課題が次々と出される中で過剰なストレスに陥り，集中力も根気も続かず，疲労状態が予測されることなどが，相談員から両親に説明された。その一方で長期欠席には至らず，週何回かの部活動には参加もし，友人との交流は保たれていること，非行などの逸脱行動までには至っていないことなど，健太の健康的な側面が確認された。そのようなことを念頭に置いて，相談員から親ができる子供への配慮として以下のような提案がされた。

①半分程度の体調で登校している健太の努力に敬意を払うこと。親子でもその理解をともに会話すること。建て前はこの段階では有害である。

②この体調の回復には，説得や薬が特効薬とはなりにくいことを知っておくこと。あるがままの自分を自分として受け止め，自尊心を回復していくにつれて体調も取り戻していける可能性があること。

③本人が大学進学希望を捨てないことを大切にし，最後までその可能性があるという立場で支援すること。大学進学を果たすためにという方向での助言を常に考えること。

④学力不振状態での授業参加なので，そのような生徒を支援する家庭教師機能は有効である。ただし安易に本人に押し付けても本人がその利用を面子を潰すと感じるのなら，拒否されるだろう。持っていき方の配慮をすること。また家庭教師機能もこの段階では父性的支援に固執せず，母性的支援の対応の方が本人を安心させるだろう。

⑤今の部活動はほどよい程度の活動なので継続してよい。友人関係を切らないことが重要である。

⑥朝起きられず遅刻しそうなときは，当面は母親が車で送ることも一概にだめとは言えない。状況を見て緊急避難的支援を与えることが必要なこともある。

⑦当面は現状を悪化させないこと，健太が今できる範囲で，ことを投げてしまわないで取り組むことなどがとりあえず目標になる。

相談員からのこれらの助言に，両親は理解を示し，健太への対応改善に取り組んだ。父親は自分ひとりだけの考えで強引に進めていかないように気をつけ，母親の意見も取り入れるように努力した。家庭教師の提案を健太は受け入れ，3歳年上の男子大学生の家庭教師から学習を見てもらい，また大学生活の体験などを彼から聞くことで，健太は将来の進路のイメージを具体的に膨らませていくことができた。定期テストでときには赤点ぎりぎりの点数を取ることもあったが，担任が各教科の教師との間に入ってくれ，健太は先生たちとコミュニケーションを交わし励まされ，健太なりの努力を先生たちに認めてもらうことができた。たとえ上位の成績でなくとも自分なりにやり遂げることで，父親も先生たちも認めてくれるということを知り，そういうことの積み重ねができてきた自分を健太は少し誇らしく思った。

2年後，健太がその相談員を訪問してきた。大学受験の面接指導をお願いしたいということであった。彼は目標だった大学に無事合格し，そして卒業した。卒業時に相談員に葉書を寄せ，民間の会社に就職が内定したので，落ち着いたらまた連絡すると書かれていた。健太には1回しか会ったことはなかったが，両親の喜ぶ様子が目に浮かび，また健太自身の人間的成長が感じられ，相談員は温かい気持ちに包まれた。

3 事例のまとめ

本事例は第5章「自己認知と対人関係」の内容を念頭に書かれた。第5章では自己をどう捉えるかについての「自己概念」の研究の諸相が幅広く取り上げられているが，事例では，その自己概念の評価的側面，また評価によって喚起される感情的側面としての「自尊感情」に焦点を当てている。青年期は自己への関心が強い時期だが，親や仲間からどのように理解され受け止められるか次第で，自尊感情は左右される。事例の健太をそのような視点から捉え直してみよう。

1) 青年期の自尊感情

　自分自身を高く評価したい，そして自尊心を保ちたいと多くの人は思う。「自尊感情が高いことは，不安を鎮め適応感を高める，失敗を克服しよい結果を得やすい」と第5章でも記述されている。反対に自尊感情が傷つき低くなると，やる気が失せ，困難に出会うと容易にくじけ投げ出してしまうことになるだろう。

　健太は，子供時代自信に満ち活動的でリーダーシップを発揮しており，そういう意味では自尊感情が高い子供であったと推測される。しかし中学進学を転機としてそれが崩れてしまう。小学校で上位の成績をとっていた子供が集まったこの中等部では，彼の自己概念を構成していた学力上位のプライドは保てなくなった。

　健太の進学した学校では，勉学に励み向上欲求を強く抱き努力し続けることに高い価値が置かれ，そのような求められる集団の規範からはみだしていった落ちこぼれの健太は，先生や仲間から受け入れられない感覚を抱いたのだろう。またそこの集団にしっかりと適応して優位な位置を保ち続けることは，父親の至上命令のようなものであったから，その父親から拒否される恐怖で苦しむことにもなった。青年の自尊感情は，両親や友人からの情緒的な受容や支持が強く影響すると指摘されている。とりわけ父親からの健太に対する激しい罵倒や叱責，否定は，健太にはこたえたであろう。また健太自身，漠然と「自分はやればできる」といううぬぼれや万能感に浸り，現実の中でやれることに目を向けず地道な努力から目をそむけている自分への情けなさにどこかで気づいていたのだが，そういう自分をどう捉えてよいのか，現実の何から手をつけてよいのかわからず，混乱状態に陥っていたと推察される。

2) 父と息子の交流

　健太の父親は，自分でよかれと思うことは家族の意見も眼中に入らず強要する直情型の人である。しかもそれが子供の幸せにつながると確信していた。思春期に入った健太は，このような父親の強大な権力に対して，力いっぱい

の反抗を試み，それが成績不振，断続的な不登校，街中への徘徊などといった形で示されていたと考えられる。

　教育相談所の相談員は，そのような父親を尊重する姿勢で応対した。父親が壁となり，息子に向き合ったからこそ，息子がそれに打ち勝ち心理的離乳を果たし，自我を形成しようと歩んでいるのだと，肯定的に伝えたのである。

　実際父親と息子が全面的にぶつかりあったことは，大きな意味があっただろう。健太は，堂々と父親に反発し，父親は息子のその体ごとぶつかってくる迫力に何かを感じ，自分自身の姿勢に疑問を感じ，相談所の扉を叩いたのだ。健太は，父親が心から悪意で自分に支配，干渉してくるわけではないことを知っていた。

　相談所での面接で，母親が，父親の専制的態度への不満や，父子の闘いに心を痛めていたことなどを語り，帰宅後に父親は母親に謝罪した。

　家族面接に際しては，親としての真摯な振り返りと子供の成長を望む気持ちをどう肯定的に引き出し，相談関係を作るかが重要と思われる。

3）　支援の方向

　相談員は，健太と直接顔を合わせることができないために，両親からの情報だけで健太への見立てと支援の方向を考えていかなくてはならなかった。

　現状では，遅刻気味でも登校し，部活動も何とかこなしているとのこと。しかし帰宅後の疲労は相当程度強そうであった。また友人との交流はあり，家での口数は少ないものの，友人からの携帯電話には気軽に話し軽口もたたいている様子であった。無気力，睡眠障害，陰うつな表情，自己否定的態度など抑うつ状態を考慮しつつも，重い状態には至っていないことが判断された。そしてその抑うつ感や自尊心の低下の背景にある健太のやや誇大的な自己概念から，どう現実的で妥当な自己概念を形成していけるかについて，相談員と両親との話し合いが持たれた。そのために学校での対人関係を持続させるようにと，たとえば健太が遅刻しても，誰かが一声かけて孤立感を持たせないようにと担任は陰で心配りをしてくれた。また一番自信を失っている

学力面では，担任は大学進学の可能性を念頭に置いて，苦手教科の補習を受けられるようなサポート場面を作っていった。家庭でも，本人の学習意欲を見計らいながら，家庭教師の活用を考えその協力を得た。家庭教師は，健太の歩むモデルのような役割を担ってくれた。

両親は健太への対応について，その後も必要に応じて電話で相談員とのカウンセリングを継続した。その結果，特に父親は，健太の人生は健太が決め健太が歩むのだという一歩距離を置いた見方ができるようになり，父子の葛藤は薄れていった。また母親が夫に訴えたかった苦しい胸のうちを表出できたことで，夫婦の緊張，わだかまりも軽減し，夫婦で協力しながら子供の問題に対応できるようになっていった。

このような家庭の雰囲気が和らぐ中で，健太は自分自身に対して否定的にならずに，目に見える華やかな成果をいきなりあげるわけではないが，自分なりに歩む姿に誇りを見出していった。そして進学してさらに自分に合う生き方を探したいと，将来の理想，つまり自我理想の実現に再度関心を示せるようになっていった。

事例8 ● 社会的スキルの育成
　　　　　自我が弱い女性（英子，26歳）

【キーワード】社会的スキル，ソーシャル・サポート，デイ・ケア
　症状の推移の中で「統合失調症」と診断された事例。病理の見立てを慎重に行いながら治療方針を立てた。それに基づいて内面の葛藤を見つめる治療より，持っている社会的な適応力を維持，サポートする支援が行われた。

1 英子を理解すること：見立てから方針を立てる

　英子は26歳のOL。清楚で理知的な印象を漂わせる美人である。1年ほど前から特にはっきりしたきっかけもなく気力があまり出ず，涙もろくなってきた。職場で同僚から何か言われるとすぐ涙が出てきて，その場にいられないような気持ちになって落ち着かなくなるのだ。相手が悪いわけでもないのに，妙に周囲の人を腹立たしく感じることもあった。我慢してきたのだが，これ以上どうすることもできないと英子は思い，メンタル・クリニックを受診した。

　クリニックの精神科医が，英子にきっかけを聞くと，英子はある男性との失恋を話した。恋愛相手だった彼は，英子の控えめで真面目な態度や清楚で理知的な美しさに惹かれたらしいのだが，何事にも自信がない英子は彼に愛されているのか不安でたまらず，些細なことを引き合いに出しては確かめた。たとえば彼が6時の鐘を聞いて「もう6時か」と言っただけで「長くつきあい過ぎたということなのか？」「もう終わりということなのか？」と英子は気になり，彼に何度もどういう意味なのかと尋ねるのだった。そしてとうとう彼の方が辟易してしまい，別れを切り出されてしまった。そのときは，結婚してもうまくやれるかどうか自信がなかったので英子はむしろほっとしたという。

　失恋後3ヶ月ほど経った頃，更衣室で一緒になった同僚から，「今日はデートですか？」と聞かれ英子は動揺した。さらに「英子さんは華やいで見えますから」と言われ混乱した。職場の同僚からの些細な一言が気になりだし

たのもその頃からのようだった。「人は人のことを何を根拠に決めつけるのだろうか？」「あの人のあの一言の意味は何なのだろう？」などと次から次に頭に浮かび，昔の体験などもワーッと浮かび辛くなっては涙があふれ，頭の中でぐるぐる取り留めないまま駆けめぐるのであった。

　精神科医は，英子の話がやや脈絡がなく理解しづらい面もあったが，失恋話でうっすら涙を流し，家族の不満を言いかけて口ごもったりする控えめな態度に，共感的に接しいたわりの言葉をかけた。おっとりした性格で自分のことをうまく話せない引っ込み思案な女性で，思春期以来の解決しきれていない問題があるのだろうと考えて，軽い精神安定剤を処方した。そして同じビルの2階で開業している心理相談室の臨床心理士の心理療法を受けるように勧め，英子も同意した。精神科医は，英子の脈絡がなくどこか辻褄が合わない話の仕方や幼さが気になったので，その前に心理検査による性格傾向や自我のまとまり方の分析を臨床心理士に依頼した。

　心理検査結果は，英子の知的能力のまとまりや，与えられた課題を手を抜かずに真面目に誠実にこなそうとする普段の人柄を反映させていた。ただし人格のより深い面を掴む投映法の検査では，気になる結果が示された。つまり知的な対応で大体のことを処理しようとして乗り切り，それで表面的なまとまりを呈しているのだが，内実ではかなり背伸びをしており，内部での混沌を覆いきれず汲々としているという自我の状態が示唆された。統合失調症の指標になる反応がところどころに出ていることも要注意であった。

　この結果をもとに臨床心理士は，精神科医とともに，神経症というよりは，もっと重い病気の可能性を考えて，連携していくうえで今後の治療方針を話し合った。精神科医は薬の処方を変え症状の推移を慎重に見守ることとし，臨床心理士は，葛藤を見つめさせる洞察的な方法は自我の弱い英子には負担が強いために，葛藤に深く入り込まずに保たれている社会適応力をサポートする関わりを重視することとした。

2 支えられながら生きる

　英子は，薬が変わって「楽になってきた」と述べた。前ほど周囲の人のことを考えなくなったという。英子は中学校時代から，ひとりで歩くと，周囲の人から笑われていたり，馬鹿にされていたりするように思っていた。そのためひとりでいることが恐ろしかった。英子には，親身になって世話してくれる友人がそのときそのときできて，そういう友人が一緒だと周囲から見られている感覚が薄れ普通に振る舞えたと言う。知的な能力や，ある程度の社会適応力があったこともあって，今までの高校から大学進学，就職などの社会生活を続けてこれたのだろう。それ以外にも英子と一体になって英子の自我の身代わりのような役割を果たしてくれる世話好きの友人を絶えず見つけることで，破綻を生じなかったということも考えられた。年頃になって人並みに恋愛相手を求めたが，英子にはよい年をして週末にデートの約束もない女性は馬鹿にされるという思い込みがあった。そして大学入学で親元から離れ，世界を希薄と感じるようになって，そのようなときに親切で心優しい男性に抱かれると一瞬，その希薄な感覚から抜け出せるのだ。英子にとっての性や恋愛は年齢相応の異性愛というより，あたかも幼児が父や母に抱かれて安心やぬくもりを感じるという，その代償行為としての恋愛だったのであろう。ただその男性から結婚話が出て英子は動揺した。大人としての自立を意味する結婚は，恐怖であった。会社でも，上司や先輩から指示されたことを機械的に忠実にこなすことには一生懸命努力し期待に応えたが，周囲の女性の同僚が次々と結婚退職をしたり，自らも先輩としてのリーダーシップや主体性を求められるようになりだして，英子は家庭に入ることも，職場での適応にもどちらにも身動きできずに混乱を呈し出した状況であったようだ。英子は，ひとりの大人の社会人として生きていく自信，スキルが弱く，常に他者に依存することで自分を何とか支えていこうとする脆弱な自我の持ち主のように思われた。

　英子は，クリニックのスタッフに支えられながら何とか社会生活を送って

いたのだが，ある恋愛問題からまた調子を崩し，会社を退職し，故郷に戻ることになった。このときは，実際は失恋したにもかかわらず「みんなから私と彼の仲を嫉妬されて…」と妄想状態を示し，医師から「統合失調症」の診断を下された。医師は，迎えに来た両親に英子の病状を説明し，故郷でかかる医療機関に紹介状を書いた。

3 デイ・ケアで社会的スキルを積む

今までの都会のビルの一角にあったクリニックとは違い，新しい病院は，広い敷地の中にいくつもの病棟がある古い精神病院であった。英子は，今までのように臨床心理士との個人面接を希望したが，その病院の臨床心理士の主な仕事は，デイ・ケア業務であり，英子にデイ・ケアへの通所を勧めたこともあり，週4日とありあえずデイ・ケアに通うことにした。

そのデイ・ケアには，精神的な病気を抱えながら，病状が比較的安定していても社会的スキルの弱さから，円滑な社会生活を送れていないという人たちが，社会復帰のためや，再発予防のため，また安心できる仲間とのつながりを求めて日中通い，ともにさまざまな活動をしていた。英子は，最初そういう集団に入ることを，正直言ってためらった。社会的落伍者のレッテルを貼られたように感じたりもした。最初はあまり周囲のメンバーとは交流せず，もっぱらスタッフ，たとえば臨床心理士や作業療法士とばかり話していた。しかしそこでの陶芸や，ヨガやリラクセーションなどの活動は楽しかった。細かいところをスタッフから指導されて茶碗に上薬をかけて釜から焼き上がった自分の作品を見たとき，またリラクセーションでゆったりと呼吸をしたとき，何か自分の身体がほんのりと暖かく感じた。パソコンの時間は，英子には事務職として経験があるだけにスムーズにこなした。隣の若いメンバーに教えてあげたことをきっかけに，他のメンバーからも声をかけられるようになった。社会で仕事をした経験がないメンバーも多く，英子は彼らから社会常識や作法のことなどで頼られる存在になっていった。話し合いで，司会

役が回ってきたときは，英子は嫌で休もうかと思ったのだが，スタッフに打ち明け，「大丈夫，一緒にやろう」と言われ，支えてもらうことで乗り切った。

そのような集団で役割を果たしたり，頼られ世話するという体験は，英子にはひどく苦手で自信がなかったことなのだが，デイ・ケアの活動を通して英子の社会的スキルは徐々に力がついていき，それとともに自分への自信を得ていった。

1年後，英子は仕事を始めた。ただそこでの仲間との交流をまだ必要と感じた英子は，アルバイトを続けながら，週1日はデイ・ケアに参加しながら，ゆっくりと歩んでいこうと思った。

4 事例のまとめ

1) 臨床現場におけるソーシャル・サポートの動向

本事例は第6章「社会的スキル」の内容に沿って書かれた。また第2章「社会の中の自己と他者との関わり」においても，詳細な説明がされている「ソーシャル・サポート」の項も参考にした。

臨床の場では，精神的な症状が長期に慢性化することで，職業就労や就学などの社会参加に困難が生じて長じて社会的スキルを培われないまま過ごす人への援助が，最近注目されている。

事例の英子は，精神医学的には「統合失調症」という診断がくだされた人である。かつては統合失調症の患者が示す諸症状は，一般的には了解不能で，彼らを一般社会から隔離収容する考え方が圧倒的であった。しかし現代では，かつての入院中心主義の考え方から，地域におけるノーマライゼーションの実現を目指す社会の動向の中での外来中心の医療が進んできている。

ここでは精神的な病理を見立てながら治療の方向性を探る心理アセスメントと，精神科リハビリテーション活動の中のデイ・ケアという2つの側面から，英子のような事例との関わり方について描いてみた。

2) 心理アセスメントの重要性

　統合失調症の示される病状の現れ方は軽症化に向かい，外面だけでは神経症との見分けが難しくなっていると言われている。そこでロールシャッハ・テストなどの人格のより深層の部分を捉えたり，自我が現実的に弾力的に機能できるかを見る心理テストが，威力を発揮することがあり，心の専門家としての臨床心理士がそれら使いこなす技量があるかどうかが問われるのである。そのような内面での自我のまとまり方の程度や，統合力の有無などを分析することで，病理の見立てがされ治療方針が方向づけられる。英子のように，心理テストで自我の脆弱さが予想された場合は，自分の内面を見つめて洞察を求めるような心理療法は患者に負荷を与えやすく，一般的には避けることが多い。

　そして内面の危うさを守ろうと覆いをしている表面上のまとまりや，今保たれている社会適応力を，まずは維持しサポートすることを重視しようという援助方針で，医師や看護師との連携がとられていった。つまり見立ていかんで，関わり方の方向性が違ってくるのである。

3) 精神科リハビリテーションの中の援助

　精神科リハビリテーションとは，精神障害者が病院を退院後，自宅で生活を続けながら社会復帰していく過程を支えるための，地域での精神医療や心理・社会的援助のことである。統合失調症などの精神障害者は，疾患が長期化しやすいため生活能力の障害，社会生活上の不利などが伴い，そのような能力の障害や社会的不利の改善を目指すことが必要になってくる。そのリハビリテーション活動のひとつの形態である「精神科デイ・ケア」では，英子の通ったデイ・ケアのように，在宅の精神障害者が医療施設に通所しながら精神医療と心理・社会的援助を受ける。スタッフには精神科医，臨床心理士，看護師，作業療法士などがチームを組み，手工芸，スポーツ，ハイキング，パソコンなどさまざまなプログラムが立てられ実践されている。英子もこのような集団活動の中で，苦手だったり未経験だった課題を達成し技能を修得

したり，仲間との交流を経ながら孤立感や自己評価の低さを改善したり，対人スキルなどを積んでいくことができた。

そのデイ・ケア活動のプログラムに「SST（Social Skills Training；生活技能訓練）」がある。つまり生活の中で必要とされる対人行動の獲得を目指し，体系的な体験学習を図る方法である。たとえば「家族に自分の希望や不満を表明したい」という行動目標を立て，治療者とともにそれに合わせた模擬場面を設定してロールプレイを行い，治療者や他のメンバーからフィードバックをしてもらいながら練習を重ね，日常生活に応用していくのである。

英子のように，寛解してもまた再発が起こりやすいとか，慢性の経過をたどることが予想される場合には，単に病気の治療という視点だけではなく，できるだけ社会との接点を大事にする関わり，つまり社会的ネットワークを通していろいろな人との日常的で具体的な交流を経ながら対人関係の広がりやスキルを得たり，人格的な成長を目指すような援助が必要になるだろう。

●事例・参考文献

氏原 寛 2002『カウンセラーは何をするのか』創元社

大貫敬一・佐々木正宏 1998『適応と援助の心理学：適応編』培風館

岡野憲一郎 1991「治療者の自己開示」『精神分析研究』35(3)，1-13

小此木啓吾・深津千賀子・大野 裕編 1998『心の臨床家のための必携精神医学ハンドブック』創元社

佐々木正宏・大貫敬一 2001『適応と援助の心理学：援助編』培風館

成田善弘 2003「共感，解釈，自己開示：他者と出会うということ」『精神分析研究』47(3)，1-8

松尾恒子ほか 1999『ライフサイクルの心理学：こころの危機を生きる』燃焼社

松木邦裕 2002『分析臨床での発見』岩崎学術出版社

松浪克文・熊崎 努 2001「現代の中年像」『精神療法』27(2)，4-13

引用文献

Abramson, L. Y., Seligman, M. E. P. & Teasdale, J. D.　1978　Learned helplessness in humans: Critique and reformation. *Journal of Abnormal Psychology*, 87, 49-74

Argyle, M. & Dean, J.　1965　Eye-contact, distance and affiliation. *Sociometry*, 28, 289-304

Asch, S. E.　1951　Effects of group pressure upon the modification and distortion of judgments. In Guetzkow, H.(Ed.)　*Groups, Leadership, and Men*. Carnegie Press

Bandura, A.　1965　Influence of models' reinforcement contingencies on the acquisition of imitative responses. *Journal of Personality and Social Psychology*, 1, 589-595

Baron, R. S.　1978　Invasions of personal space and helping: Mediating effects of invaders apparent need. *Journal of Experimental Social Psychology*, 14, 304-312

Baumeister, R. F.　1993　Understanding the inner nature of low self-esteem: Uncertain, fragile, protective, and conflicted. In Baumeister, R. F.(Ed.)　*Self-esteem: The puzzle of low self-regard*, 201-218, Plenum

Beck, A. T.　1967a　*Cognitive therapy and the emotional disorders*. International University Press

Beck, A. T.　1967b　*Depression: Clinical, experimental, and theoretical aspects*. Hoeber

Bem, D. J.　1965　An Experimental analysis of self-persuasion. *Journal of Experimental Social Psychology*, 1, 199-218

Bem, D. J.　1972　Self-perception theory. In Berkowitz, L.(Ed.)　*Advances in Experimental Social Psychology*, 6, 1-62, Academic Press

Biddle, B. J. & Thomas, E. J.(Eds.)　1966　*Role theory: Concept and research*. Wiley

Bracken, B. A.　1992　*Multidimensional Self Concept Scale*. Pro-Ed

Braginsky, B. M. & Braginsky, D. D.　1967　Schizophrenic patients in the psychiatric interview: An experimental study of their effectiveness at manipulation. *Journal of Consulting Psychology*, 31, 543-547

Brehm, J. W.　1966　*A theory of psychological reactance*. Academic Press

Brehm, S. S., Krassin, S. M. & Fein, S.　1999　*Social Psychology*（Fourth Ed.）. Houghton Mifflin Company

Brewer, M. B. & Miller, N.　1984　Beyond the Contact Hypothesis: Theoritical perspectives on Desegration. In Miller, N. & Miller, M. B.(Eds.)　*Groups in Contact: The Psychology of Desegregation*. Academic Press

Brodt, S. E. & Zimbardo, P. G.　1981　Modifying shyness-related social behavior through symptom misattribution. *Journal of Personality and Social Psychology*, 41, 437-449

Brown, R. J. & Turner, J. C. 1979 The Cross-Cross Categorization in Intergroup Discrimination. *British Journal of Social & Clinical Psychology*, 18, 371-383

Cialdini, R. B. 1988 *Influence: Science and Practice* (2nd Ed.). Scott, Foresman and Company.（社会行動研究会訳 1991『影響力の武器：なぜ，人は動かされるのか』誠信書房）

Cialdini, R. B., Borden, R. J., Thorne, A., Walker, M. R., Freeman, S. & Sloan, L. R. 1976 Basking in reflected glory. *Journal of Personality and Social Psychology*, 34, 366-375

Cialdini, R. B., Cacioppo, J. T., Bassett, R. & Miller, J. A. 1978 Low-ball procedure for producing compliance: Commitment then cost. *Journal of Personality and Social Psychology*, 36, 463-476

Cialdini, R. B., Vincent, J. E., Lewis, S. K., Catalan, J., Wheeler, D. & Darby, B. L. 1975 Reciprocal concessions procedure for inducing compliance: The door-in-the-face technique. *Journal of Personality and Social Psychology*, 31, 206-215

Coates, D., Wortman, C. B. & Abbey, A. 1979 Reactions to victims. In Frieze, I. H., Bar-Tal, D. & Carroll, J. S. (Eds.) *New approaches to social problems*. Jossey-Bass

Cohen, C. E. 1981 Person categories and social perception: Testing some boundaries of the processing effects of prior knowledge. *Journal of Personality and Social Psychology*, 40, 441-452

Cottrell, N. B. 1972 Social facilitation. In McClintock, C. G. (Ed.) *Experimental social psychology*. Holt, Rinehart & Winston

Coyne, J. C. 1976a Depression and the response of others. *Journal of Abnormal Psychology*, 85, 186-193

Coyne, J. C. 1976b Toward an interactional description of depression. *Psychiatry*, 39, 28-40

Csikszentmihalyi, M. & Figurski, T. J. 1982 Self-Awareness and Aversive Experience in Everyday Life. *Journal of Personality*, 50, 15-28

Dawes, R. M. 1980 Social dilemmas. *Annual Review of Psychology*, 31, 169-193

Donnerstein, E. 1980 Aggressive erotica and violence against women. *Journal of Personality and Social Psychology*, 39, 269-277

Donnerstein, E. & Berkowitz, L. 1981 Victim reactions in aggressive erotic films as a factor in violence against women. *Journal of Personality and Social Psychology*, 41, 710-724.

Dunning, D. 1995 Trait importance and modifiability as factors influencing self-assessment and self-enhancement motives. *Personality and Social Psychology Bulletin*, 21, 1297-1306

Dutton, D. G. & Aron, A. P. 1974 Some evidence for heightened sexual attraction under conditions of high anxiety. *Journal of Personality and Social Psychology*, 30, 510-517

Duval, S. & Wicklund, R. A. 1972 *A theory of objective self-awareness.* Academic Press

Ellis, A. & Harper, R. A. 1975 *A New Guide to Rational Living*（北見芳雄監訳 1981『論理療法』川島書店）

Epstein, S. 1973 The self-concept revisited or a theory of a theory. *American Psychologist*, 28, 405-416

Fenigstein, A., Scheier, M. K. & Buss, A. H. 1975 Public and private self-consciousness. *Journal of Consulting and Clinical Psychology*, 45, 522-527

Festinger, L. 1954 A theory of social comparison processes. *Human Relations*, 7, 117-140.

Freedman, J. L. & Fraser, S. C. 1966 Compliance without pressure: The foot-in-the-door technique. *Journal of Personality and Social Psychology*, 4, 195-202

Friedman, H. S., Prince, L. M., Riggio, R. E. & DiMatteo, M. R. 1980 Understanding and assessing nonverbal expressiveness: The affective communication test. *Journal of Personality and Social Psychology*, 39, 333-351

Gallup, G. G. Jr. 1970 Chimpanzees: Self-recognition. *Science*, 167, 86-87

Gibbons, F. X., Smith, T. W., Ingram, R. E., Pearce, K., Brehm, S. S. & Schroeder, D. J. 1985 Self awareness and self-confrontation: Effects of self-focused attention on members of a clinical population. *Journal of Personality and Social Psychology*, 48, 662-675

Goffman, E. 1959 *The presentation of self in everyday life.* Doubleday & Company, Inc.（石黒毅訳 1974『行為と演技：日常生活における自己呈示』誠信書房）

Goffman, E. 1963 *Behavior in Public Places: Notes on the Social Organization of gatherings.* Free Press（丸木恵祐・本名信行訳 1980『集まりの構造：新しい日常行動論を求めて』誠信書房）

Goldstein, A. P., Sprafkin, R. P., Gershaw, N. J. & Klein, P. 1980 *Skill streaming the adolescent:a structured learning approach to teaching prosocial skills.* Research Press

Gollin, S., Terrell, F., Weitz, J. & Drost, P. L. 1979 The illusion of control among depressed Patients. *Journal of Abnormal Psychology*, 88, 454-457

Greenwald, A. G. 1980 The totalitarian ego: Fabrication and revision of personality history. *American Psychologist*, 35, 603-618

Harvey, J. H., Harris, B. & Barnes, R. D. 1975 Actor-observer differences in the perceptions of responsibility and freedom. *Journal of Personality and Social Psychology*, 32, 22-28

Hersey, P., Blanchard, K. H. & Johnson, D. E. 1996 *Management of Organizational*

Behavior: Utilizing Human Resources (7th Ed.). Prentice Hall (山本成二・山本あづさ訳 2000『入門から応用へ 行動科学の展開：人的資源の活用（新版）』生産性出版)

Higgins, E. T. 1987 Self-discrepancy: A theory relating self and affect. *Psychological Review*, 94, 319-340

Higgins, E. T. 1996 The self-knowledge serving self-regulatory functions. *Journal of Personality and Social Psychology*, 71, 1062-1083

Hisata, M., Miguchi, M., Senda, S. & Niwa, I. 1990 Childcare stress and postpartum depression-An examination of the stress-buffering effect of marital intimacy as social support. 『社会心理学研究』6, 42-51

Holmes, T. H. & Rahe, R. H. 1967 The social readjustment rating scale. *Journal of Psychosomatic Research*, 11, 213-218

Homans, G. C. 1974 *Social behavior : Its Elementary forms*. Harcourt Brace Jovanovich Inc. (橋本 茂訳 1978『社会行動：その基本形態』誠信書房)

Horowitz, L. M., French, R. S. & Anderson, C. A. 1982 The prototype of a lonely person. In Peplau, L. A. & Perlman, D. (Eds.) *Loneliness: A sourcebook of current theory, research and therapy.* John Wiley & Sons

House, J. S. 1981 *Work stress and social support.* Addison-Wesley

Hull, J. G. & Young, R. D. 1983a Self-consciousness, self-esteem, and success-failure as determinants of alcohol consumption in male social drinkers. *Journal of Personality and Social Psychology*, 44(6), 1097-1109

Hull, J. G. & Young, R. D. 1983b The self-awareness-reducing effects of alcohol: Evidence and implications. In Suls, J. & Greenwald, A. G. (Eds.) *Psychological perspectives on the self*, 2, Erlbaum

Ingram, R. E. & Smith, T. W. 1984 Depression and infernal versus external focus of attention. *Cognitive Therapy and Research*, 8, 139-152

Jackson, J. M. 1960 Structural Characteristics of Norms. In Henry, N. B. (Ed.) *The Dynamics of Instructional Group: Sociopsychological Aspects of Teaching and Learning.* The National Sociiety for the Study of Education

Jones, E. E. & Davis, K. E. 1965 From act to dispositions: the attribution process in person perception. In Berkowitz, L. (Ed.) *Advances in Experimental Social Psychology*, 2, Academic Press

Kelley, H. H. 1967 Attribution theory in social psychology. In Levine, D. (Ed.) *Nebraska symposium on motivation.* University of Nebraska Press

Kelley, H. H. 1972 *Causal schemata and the attribution process.* General Learning Press

Kelly, J. A. 1982 *Social Skills Training : A practical guide for interventions.* Springer Publishing Company

Langer, E. J. 1975 The illusion of control. *Journal of Personality and Social*

Psychology, 32, 311-329
Langer, E. J. & Rodin, J. 1976 The effects of choice and enhanced personal responsibility for the aged: A field experiment in an institutional setting. *Journal of Personality and Social Psychology*, 34(2), 191-198
Latané, B. 1973 *A Theory of social Impact*. Psychonomic Society.
Latané, B., Williams, K. & Harkins, S. 1979 Many Hands Make Light the Work: The Causes and Consequences of Social Loafing. *Journal of Personality and Social Psychology*, 37, 822-832
Lewinsohn, P. M. 1974 A behavioral approach to depression. In Freedman, R. J. & Katz, M. M. (Eds.) *The psychology of depression: Contemporary theory and research*. Winston-Wiley.
Linville, P. W. 1985 Self-complexity and affective extremity: Don't putt all your eggs in one cognitive basket. *Social Cognition*, 3, 94-120
Markus, H. 1977 Self-schemata and processing information about self. *Journal of Personality* and Social Psychology, 35, 63-78
Mead, G. H. 1934 *Mind, self and society: From the standpoint of a social behaviorist.* (Edi, Morris, C. W.) University of Chicago Press. (稲葉三千男ほか訳 1973 『精神・自我・社会』青木書店)
Milgram, S. 1974 *Obedience to Authority: An Experimental View*. Harper and Row (岸田 秀訳 1980 『服従の心理：アイヒマン実験』河出書房新社)
Morse, S. & Gergen, K. 1970 Social comparison, self-consistency, and the concept of the self. *Journal of Personality and Social Psychology*, 16, 148-156
Nisbett, R. E. & Wilson, T. D. 1977 Telling more than we can know: Verbal reports on mental processes. *Psychological review*, 84, 231-259
Oakes, P. J. & Turner, J. C. 1980 Social Categorization and Intergroup Behavior: Does Minimal Intergroup Discrimination Make Social Identity More Positive? *European Journal of Social Psychology*, 10, 295-301
Pennebaker, J. W. & Beall, S. K. 1986 Confronting a traumatic event: toward an understanding of inhibition and disease. *Journal of Abnormal Psychology*, 95, 274-281
Pennebaker, J. W. & O'Heeron, R. C. 1984 Confiding in others and illness rate among spouses of suicide and accidental-death victims. *Journal of Abnormal Psychology*, 93, 473-476.
René Zazzo 1993 *Reflets de miroir et autres doubles*. Presses Universitaires de France. (加藤義信訳 1999 『鏡の心理学』ミネルヴァ書房)
Rodin, J. & Langer, E. J. 1977 Long-term effects of a control-relevant and intervention with the institutionalized aged. *Journal of Personality and Social Psychology*, 35(12), 897-902
Roethlisberger, F. J. & Dickson, W. J. 1941 *Management and the Worker*. Harvard

University Press
Rogers, C. R.　1951　*Client-centered therapy*. Houghton Mifflin.
Roid, G. H. & Fitts, W. H.　1988　*Tennessee self-scale, revised manual*. Western Psychological Services
Roid, G. H. & Fitts, W. H.　1994　*Tennessee self-scale, revised manual*. Western Psychological Services
Rook, K. S.　1984　The negative side of social interaction: Impact on psychological well-being. *Journal of Personality and Social Psychology*, 46, 1097-1108
Rosenberg, M. J. & Hovland, C. I.　1960　Cognitive, affective, and behavioral components of attitudes. In Rosenberg, M. J., Hovland, C. I., McGuire, W. J., Abelson, R. P. & Brehm, J. W. (Eds.) *Attitude organization and change*. Yale University Press, 1-14
Schachter, S.　1951　Deviation, rejection and communication. *Journal of Abnormal Psychology*, 546, 190-207
Schachter, S.　1964　The interaction of cognitive and physiological determinants of emotional state. In Berkowitz, L. (Ed.) *Advances in experimental social psychology*, 1, Academic Press
Schachter, S. & Singer, J. E.　1962　Cognitive, Social and Physiological Determinants of Emotional State. *Psychological Review*, 69, 379-399
Schlenker, B. R. & Leary, M. R.　1982　Social anxiety and self-presentation: A conceptualization and model. *Psychological Bulletin*, 92, 641-669
Seligman, M. E. P., Abramson, L. Y., Semmel, A. & von Bayer, C.　1979　Depressive attributional style. *Journal of Abnormal Psychology*, 88, 242-247
Seligman, M. E. P., Maier, S. F. & Geer, J. H.　1968　The alleviation of learned helplessness in the dog. *Journal of Abnormal and Social Psychology*, 73, 256-262
Selye, H.　1956　*The stress of life*. McGraw-Hill
Shirts, R. G.　1977　*BaFa BaFa: A cross culture simulation*. SIMULATION TRAINING SYSTEMS, P. O. Box 901 Del Mar, California 92014.
Shrauger, J. S. & Sorman, P. B.　1977　Self-evaluations, initial success and failure, and improvement as determinants of persistence. *Journal of Consulting and Clinical Psychology*, 45, 784-795
Snyder, C. R., Higgins, R. L. & Stucky, R. J.　1983　*Excuses: Masquerades in search of grace*. Wiley-Interscience
Snyder, M.　1974　The self-monitoring of expressive behavior. *Journal of Personality and Social Psychology*, 30, 526-537
Snyder, M. & Canter, N.　1979　Testing theories about other people: The use of Historical knowledge. *Journal of Experimental and Social Psychology*, 15, 330-342
Song, I. S. & Hattie, J.　1984　Home environment, self-concept, and academic achievement: A causal modeling approach. *Journal of Educational Psychology*, 76,

1269-1281

Takai, J. & Ota, H.　1994　Assessing Japanese interpersonal communication competence. *The Japanese Journal of Experimental Social Psychology*, 33, 224-236

Taylor, H. F.　1970　*Balance in Small Groups*. （三隅二不二監訳　1978『集団システム論』誠信書房）

Taylor, S. E., Neter, E. & Wayment, H. A.　1995　Self-evaluation processes. *Personality and Social Psychology Bulletin*, 21, 1278-1287

Tedeschi, J. T. & Norman, N.　1985　Social power, self-presentation, and the self. In Schlenker, B. R.（Ed.）*The self and social life*. McGraw-Hill

Tesser, A.　1988　Toward a self-evaluation maintenance model of social behavior. In Berkowitz, L.（Ed.）*Advances in experimental social psychology*, 21. Academic Press

Turner, J. C., Hogg, M. A., Oakes, P. J., Reicher, S. D. & Wetherell, M. S.　1987　*Rediscovering the social group: A self-vategorization theory*. Basil Blackwell. （蘭千壽・磯崎三喜年ほか訳　1995『社会集団の再発見：自己カテゴリー化理論』誠信書房）

Valins, S. & Nisbett, R. E.　1971　Attribution processes in the development and treatment of emotional disorder. In Jones, E. E., Kanouse, D. E., Kelley, H. H., Nisbett, R. E., Valins, S. & Weiner, B.（Eds.）*Attribution: Perceiving the causes of behavior*. General Learning Press

Weiner, B., Frieze, I, Kukla, A., Reed, L., Rest, S. & Rosenbaum, R. M.　1971　Perceiving the causes of success and failure. In Jones, E. E., Kanouse, D. E., Kelley, H. H., Nisbett, R. E., Valins, S. & Weiner, B.（Eds.）*Attribution: perceiving the causes of behavior*. General Learning Press

Wicklund, R. A.　1982　Self-focused attention and validity of self-reports. In Zanna, M. P., Higgins, E. T. & Herman, C. P.（Eds.）*Consistency in social behavior*. Lawrence Erlbaum

Wicklund, R. A. & Duval, S.　1971　Opinion change and Performance facilitation as a result of objective self-awareness. *Journal of Experimental Social Psychology*, 7, 319-342

Yamagishi, T.　1988　The provision of a sanctioning system in the United States and Japan. *Social Psychology Quarterly*, 51, 265-271

Yamagishi, T. & Yamagishi, M.　1994　Trust and commitment in the United States and Japan. *Motivation and Emotion*, 18, 129-166

Zajonc, R. B.　1965　Social facilitation. *Science*, 149,269-274

Zillmann, D., Katcher, A. H. & Milavsky, B.　1972　Excitation Transfer from Physical Exercise to Subsequent Aggressive Behavior. *Journal of Experimental Social Psychology*, 8, 247-259

相川　充　1996「社会的スキルという概念」相川　充・津村俊充編『社会的スキルと対人関係：自己表現を援助する』誠信書房

相川　充　1999「社会的スキル」中島義明・安藤清志・子安増生・坂野雄二・繁桝算男・立花政夫・箱田裕司編『心理学辞典』有斐閣

相川　充　2000『人づきあいの技術』サイエンス社

相川　充・佐藤正二・佐藤容子・高山　巌　1993「孤独感の高い大学生の対人行動に関する研究：孤独感と社会的スキルとの関係」『社会心理学研究』8, 44-55

東　洋・唐澤真弓　1988「道徳的判断過程研究のための一方法」『発達研究』4, 103-124

アルベルティ, R. E.・エモンズ, M. L.（菅沼憲治，ミラー・ハーシャル訳）　1994『自己主張（アサーティブネス）トレーニング』東京図書

安藤清志　1987「帰属過程と『自己』：セルフ・ハンディキャッピングの研究動向から」『対人行動学研究』6, 21-34

安藤清志　1990「『自己の姿の表出』の段階」中村陽吉編『「自己過程」の社会心理学』東京大学出版会

磯崎三喜年・高橋　超　1988「友人選択と学業成績二置ける自己評価維持機制」『心理学研究』59, 113-119

伊藤忠弘　1999「社会的比較における自己高揚傾向：平均以上効果の検討」『心理学研究』70, 367-374

伊東　博　1983『ニュー・カウンセリング』誠信書房

稲葉昭英　1998「ソーシャル・サポートの理論モデル」松井　豊・浦　光博編『人を支える心の科学』誠信書房

岩田和彦　2002「SSTの適応と効果」舳松克代編集代表・東京SST経験交流会編『事例から学ぶSST実践のポイント』金剛出版

浦　光博　1990「帰属理論」蘭　千壽・外山みどり編『帰属過程の心理学』ナカニシヤ出版

エリス, A. & ハーパー, R. A.（北見芳雄監修，國分康孝・伊藤順康訳）　1981『論理療法：自己説得のサイコセラピイ』川島書店

岡堂哲雄　2003「臨床心理査定総論」岡堂哲雄編『臨床心理学全書2　臨床心理査定学』誠信書房

小口孝司　1999「自己開示」中島ほか編，前掲書

菊池章夫　1988『思いやりを科学する：向社会的行動の心理とスキル』川島書店

グールディング, M. M.・グールディング, R. L.（深沢道子訳）　1980『自己実現への再決断』星和書店

栗林克匡　1995「自己呈示：用語の区別と分類」『名古屋大学教育学部紀要（教育心理学科）』42, 107-114

コーチン, S. J.（村瀬孝雄監訳）　1980（1976）『現代臨床心理学』弘文堂

國分康孝　1981『エンカウンター』誠信書房

國分康孝編　1990『カウンセリング辞典』誠信書房

国分康孝編　1992『構成的グループ・エンカウンター』誠信書房
コワルスキ，R. M.　2001「言い出しがたいことを口にする：自己開示と精神的健康」コワルスキ，R. M.・リアリー，M. R. 編著（安藤清志・丹野義彦監訳）『臨床社会心理学の進歩』北大路書房
榊　博文・説得問題研究会編著　1997『日本列島カルト汚染：勧誘と説得の社会心理学』ブレーン出版
坂野雄二　1996「臨床心理学から健康心理学へ」坂野雄二・菅野　純・佐藤正二・佐藤容子『臨床心理学』有斐閣
坂本真士　1997『自己注目と抑うつの社会心理学』東京大学出版会
佐治守夫　1993「人間理解と人間の成長」小谷英文編著『ガイダンスとカウンセリング』北樹出版
佐藤正二　1996「子どもの社会的スキル・トレーニング」相川・津村編著，前掲書
柴橋祐子　1998「思春期の友人関係におけるアサーション能力育成の意義と主張性尺度研究の課題について」『カウンセリング研究』31, 19-26
島田博司　2001『大学授業の生態誌：「要領よく」生きようとする学生』玉川大学出版部
ジョーンズ，W. H.　1988「孤独感と社会的行動」L. A. ペプロー・D. パールマン編（加藤義明監訳）『孤独感の心理学』誠信書房
菅沼　崇・浦　光博　1997「道具的行動と社会情緒的行動がストレス反応と課題遂行に及ぼす効果－リーダーシップとソーシャル・サポートの統合的アプローチ－」『実験社会心理学研究』37, 138-149
菅原健介　1984「自意識尺度（self-consciousness scale）日本語版作成の試み」『心理学研究』55, 184-188
菅原健介　1987「自意識尺度」掘　洋道監修、山本真理子編『心理測定尺度集Ⅰ』2001, サイエンス社
空井健三　2004「カウンセリングと心理療法の見方さまざま」『こころの科学』113, 47-50
津村俊充・星野欣生　1996『Creative Human Relations』Vol. Ⅰ～Vol. Ⅷ，プレスタイム
長島貞夫・藤原慶悦ほか　1967「自我と適応の関係についての研究（2）：Self-Differentialの作成」『東京教育大学教育学部紀要』13, 59-83
中野民夫　2001『ワークショップ』岩波新書
中村佳子・浦　光博　2000「適応および自尊心に及ぼすサポートの期待と受容の交互作用効果」『実験社会心理学研究』39, 121-134
西田公昭　1998『「信じるこころ」の科学：マインド・コントロールとビリーフ・システムの社会心理学』サイエンス社
西田公昭・黒田文月　2003「破壊的カルト脱会後の心理的問題についての検討：脱会後の経過期間及びカウンセリングの効果」『社会心理学研究』18, 192-203

ネズ, A. M.・ネズ, C. M.・ペリ, M. G.（高山　厳監訳）1993『うつ病の問題解決療法』岩崎学術出版社
ネルソン=ジョーンズ, R.（相川　充訳）　1993『思いやりの人間関係スキル：一人でできるトレーニング』誠信書房
パーソンズ, T.（武田良三監訳）　1973『社会構造とパーソナリティ』新泉社
パールズ, F. S.（倉戸ヨシヤ訳）　1990『ゲシュタルト療法』ナカニシヤ出版
馬場禮子　1997『心理療法と心理検査』日本評論社
平木典子　1993『アサーション・トレーニング』日本・精神技術研究所
廣兼潤子　1995「パーソナリズム」小川一夫監修『社会心理学用語辞典』北大路書房
フェルドマン, M. D.・フォード, C. V.（沢木　昇訳）　1998『病気志願者』原書房
深津千賀子　1998「精神医学的診断過程における検査情報の統合」小此木啓吾・深津千賀子・大野　裕編『精神医学ハンドブック』創元社
福井勝義　1991『認識と文化：色と模様の民族誌』東京大学出版会
藤井義久　1999「女子学生における就職不安に関する研究」『心理学研究』70, 417-420
ベック, A. T.（大野　裕訳）1990『認知療法：精神療法の新しい発展』岩崎学術出版社
觸松克代編集代表・東京SST経験交流会編　2002『事例から学ぶSST実践のポイント』金剛出版
堀毛一也　1994「人あたりの良さ尺度」菊池章夫・堀毛一也編著『社会的スキルの心理学』川島書店
前田重治　1994『続　図説　臨床精神分析学』誠信書房
マトソン, J. L.・オレンディック, T. H.（佐藤容子・佐藤正二・高山　厳訳）1993『子どもの社会的スキル訓練：社会性を育てるプログラム』金剛出版
三隅二不二　1984『リーダーシップ行動の科学（改訂版）』有斐閣
諸井克英　1994「孤独感」古畑和孝編『社会心理学小辞典』有斐閣
湯川進太郎・遠藤公久・吉田富士雄　2001「暴力映像が攻撃行動に及ぼす影響：挑発による怒り喚起の効果を中心として」『心理学研究』72, 1-9
リアリー, M. R.,・ミラー, R. S. 著（安藤清志・渡辺浪二・大坊郁夫訳）1989『不適応と臨床の社会心理学』誠信書房
ロジャーズ, C.（畠瀬　稔・畠瀬直子訳）1982『エンカウンター・グループ』創元社
渡辺文夫　2002『異文化と関わる心理学：グローバリゼーションの時代を生きるために』サイエンス社
渡辺浪二　1996「うつ病と社会的スキル」相川・津村編著，前掲書
渡邊席子　2001「地理的移動性のある選択的プレイ状況における、相互協力達成条件に関するコンピューター・シミュレーション研究」『北海道武蔵女子短期大学紀要』33, 197-229
渡邊席子　2002「仮想競争社会において生き残るのは誰？　―コンピューター・シミュレーション研究―」『北海道武蔵女子短期大学紀要』34, 199-229

索　引

ア　行

愛着形成	177
青い鳥症候群	214
悪徳商法	26
アタッチメント	176
アドバイス	160
アルコール(依存)	90
アンカパーリング	166
医学モデル	154
育児ストレス	177
育児相談	173
意思決定	5
一貫性	59, 75
逸脱行動	218
一般的信頼	18
異文化	21
因果関係	19
因果スキーマ	31
インテーク面接	158
インフォーマルグループ	87
ウェクスラー	161
うつ病	128
栄光浴	101, 110
ABC図式	115
SST	229
MSCSモデル	83
M行動	54
エリクソン	176
援助行動	5
オペラント条件づけ	13, 175

カ　行

解釈	208
外集団	95
ガイダンス	152
外的準拠枠	81
カウンセラー	182-3, 202-6
カウンセリング	152, 186, 206
鏡磨き	141
学習心理学	12
学習性無力感	33
仮説化	132
カタルシス	193
葛藤	5, 204
活動スケジューリング	117
家庭教師機能	218
カバーリング	166
過保護	189
空の巣症候群	182, 185
カルチャーショック	22, 184
カルテ	159
カルト・マインドコントロール	60
河合隼雄	150
環境調整	178
関係性	151
観察学習	13, 175
キーパーソン	179
規範	86
基本的信頼感	176
客体視	71
客体的自覚	36
教育モデル	152
強化の法則	84
共感	206-7
鏡像的な交流	214
共変モデル	30
協力行動	5
虚偽性障害	42
均衡	19
空想	205
クライエント	206
傾聴技能	160
ケリー	130
原因帰属	6, 29
現実	205
幻滅	205
権力	5
攻撃行動	14
交互作用	19

241

交差カテゴリー	95
構成的グループエンカウンター	131
公的自己意識	75
公的同調	52
行動療法	157
合理的基盤	15
コーチン	150
CORFing	110-1
互恵的な譲歩	58
心の専門家	206, 228
心の変容	206
個人差方程式	2
孤独感	127

サ 行

psychotherapy	155
作業検査	162
サクラ	50
察し	107
査定	157
詐病	42
自意識尺度	76-7
自我関与	106
自我同一性	213
――拡散	212
――の確立	214
自我理想の実現	222
自己	
――の統制力	114
――の二重性	72
客体的――	72
主体的な――	72
全体主義的――	98
自己意識	7, 69
自己開示	6, 34, 193, 207-8
自己概念	69, 78, 80
――尺度	80
作業――	83
作動的な――	83
妥当な――	221
自己カテゴリー化理論	94
自己監視尺度	108
自己犠牲	180, 183-4, 187
自己規定	193

自己啓発セミナー	26
自己高揚	62
自己主張スキル	127
自己紹介ゲーム	139
自己スキーマ	97
自己知覚理論	31, 57
自己中心性	98
自己呈示	38
自己認識	70, 201
自己認知	7, 192, 214
自己卑下	62
自己否定的態度	221
自己評価維持	104
自己不一致	73
自己複雑性モデル	96
自己モニタリング	108
自己要約	74
自尊感情	103, 217
自尊心	192
失望	205
質問紙法(検査)	162, 211
私的自己意識	75
私的同調	52
自分探し	25
自問法	117
社会化	6
社会生活技能訓練	130
社会的アイデンティティ	93
社会的インパクト	112
社会適応力	224-5
社会的コントロール	193
社会的ジレンマ	52, 200
社会的スキル	7, 123, 191, 226-7
――尺度青年版	192
――・トレーニング	130
社会的促進	74, 112
社会的手抜き現象	111
社会的ネットワーク	229
社会的比較	6, 36, 62, 101
――過程理論	62
社会的役割	184
社会的抑制	74, 112
社会復帰	226, 228
集団規範	88

自由連想法	156
出勤拒否	198
受容	206-7
準投映法	162
情緒的な引きこもり	192
情動の2要因理論(説)	31, 101
初回面接	158
ジョハリの窓	34, 135
人格	164
人生第二の危機	200
シンデレラ・コンプレックス	214
親密感均衡仮説	37
心理アセスメント	157, 211, 227
心理検査	224
心理・社会的援助	228
心理的離乳	221
心理テスト	162
心理療法	154, 202, 206
心理臨床	206
随伴性規則	74
スキーマ・ワーク	117
ストレス	23, 45, 218
生育歴	217
性格	164
性格テスト	162
生殖性	185-6
精神科リハビリテーション	227
精神障害者	228
精神分析	208
精神分析学	156
精神分析療法	156
精神療法	155, 212
摂食障害	202
説得	26, 56, 208
背中合わせのリラクセーション	141
セマンティック・デファレンシャル法	79
セルフ・スキーマ	90
喪失	185, 187
ソーシャル・サポート	6, 44, 190, 227

タ 行

ダイエット	204
対応推論理論	29
体験学習	130
対集団行動	93
対象からの取り入れ	213
対人影響過程	7, 106
対人関係能力	160
対人行動	7
対人不安	33, 41
態度	6, 55
——の一貫性	75
——変容	6, 56, 206, 208
体面を繕う	106
多次元階層モデル	82
試し	160
中立	207
デイ・ケア	226-7
DSM-Ⅳ	78
TSCS（テネシー自己概念尺度）	81
Tグループ	131
抵抗	160
適応	11-26, 64
ドア・イン・ザ・フェイス	57
トイレット・トレーニング	172
トイレの自立	174
同一視の対象	213
同一性拡散	76
同一性障害	76
too early, too deepな介入	160
投映法	162, 224
統合失調症	224, 226-7
統合性	185
洞察	208
統制力	114
同調	50, 89
道徳	17

ナ 行

内観療法	157
内集団	95
内的準拠枠	81
2者関係	151, 193
ニューカウンセリング	131
人間学的心理学	80
人間関係トレーニング	131
認知	192
認知情動療法	115

認知療法	115
能力テスト	162

ハ 行

BIRGing	110
パーソナリティ	164
破壊的カルト	61
バファバファ	22
反映過程	105
反抗	221
万能感	220
PM型	200
PM理論	54
P行動	54
ピーターパン・シンドローム	214
比較過程	105
非機能的思考記録	117
ヒステリー	156
ビネー	161
ヒューマン・ポテンシャル運動	131
Boosting	111
フォーマルグループ	86
フォロワー	54
服従	5, 61
フット・イン・ザ・ドア	56
不眠	33
ブラインドウォーク	141
Blasting	111
振り返り	132
フロイト	156, 176
プロセス	132
文化	16
――への適応	184
文章完成法	119
米国精神医学会（APA）	149
ベネフェクタンス	98-9
偏見	5
変容惹起解釈	207-8
ボウルビー	176
ホーソン研究	87
保守性	98-9
母性	187
補足的役割	87

マ 行

見立て	228
明確化	193
メスメリズム	155
モデル	13
模倣学習	175
モラトリアム	213
――結婚	214
森田療法	157

ヤ 行

役割	87
役割行動	7, 84
予期不安	196
抑うつ	33
――傾向	90
――症状	113, 183
――状態	186, 211-2
――スキーマ	116
欲求の階層	103

ラ 行

ライフイベント	24, 184-5, 187
ラポール	151
ラボラトリー・メソッド	130
リアクタンス理論	73
リーダー	53
リーダーシップ	53, 200
状況対応――	54
理想	205
リターンポテンシャル曲線	89
リラクセーション	142
リンゲルマン効果	111
臨床心理士	152, 202, 211
臨床心理面接	155
ルティット	149
ロー・ボール	59
ロールシャッハ	162
――・テスト	211, 228
ロジャーズ	157

ワ 行

割引原理・割増原理	31

編著者紹介

川俣 甲子夫（かわまた・かねお）

1948年　栃木県鹿沼市生まれ
1967年　栃木県立宇都宮高等学校卒業
1972年　北海道大学文学部卒業
1977年　北海道大学大学院文学研究科博士課程退学
現　在　札幌国際大学人文学部教授

〔主　著〕
『シングル・ケース研究法』（共著　勁草書房）
『オペラント行動の基礎と臨床』（共著　川島書店）
『現代心理学の基礎と応用』（共著　培風館）　ほか

社会心理学
―臨床心理学との接点

2004年6月15日　第1版1刷発行

編著者――川俣甲子夫
発行者――大 野 俊 郎
印刷所――シ ナ ノ㈱
製本所――㈲美行製本
発行所――八千代出版株式会社
　　　　　東京都千代田区三崎町2-2-13
　　　　　　TEL　03-3262-0420
　　　　　　FAX　03-3237-0723
　　　　　　振替　00190-4-168060

＊定価はカバーに表示してあります。
＊落丁・乱丁本はお取り替えいたします。

ISBN 4-8429-1331-2　　　Ⓒ 2004 Printed in Japan